W0177163

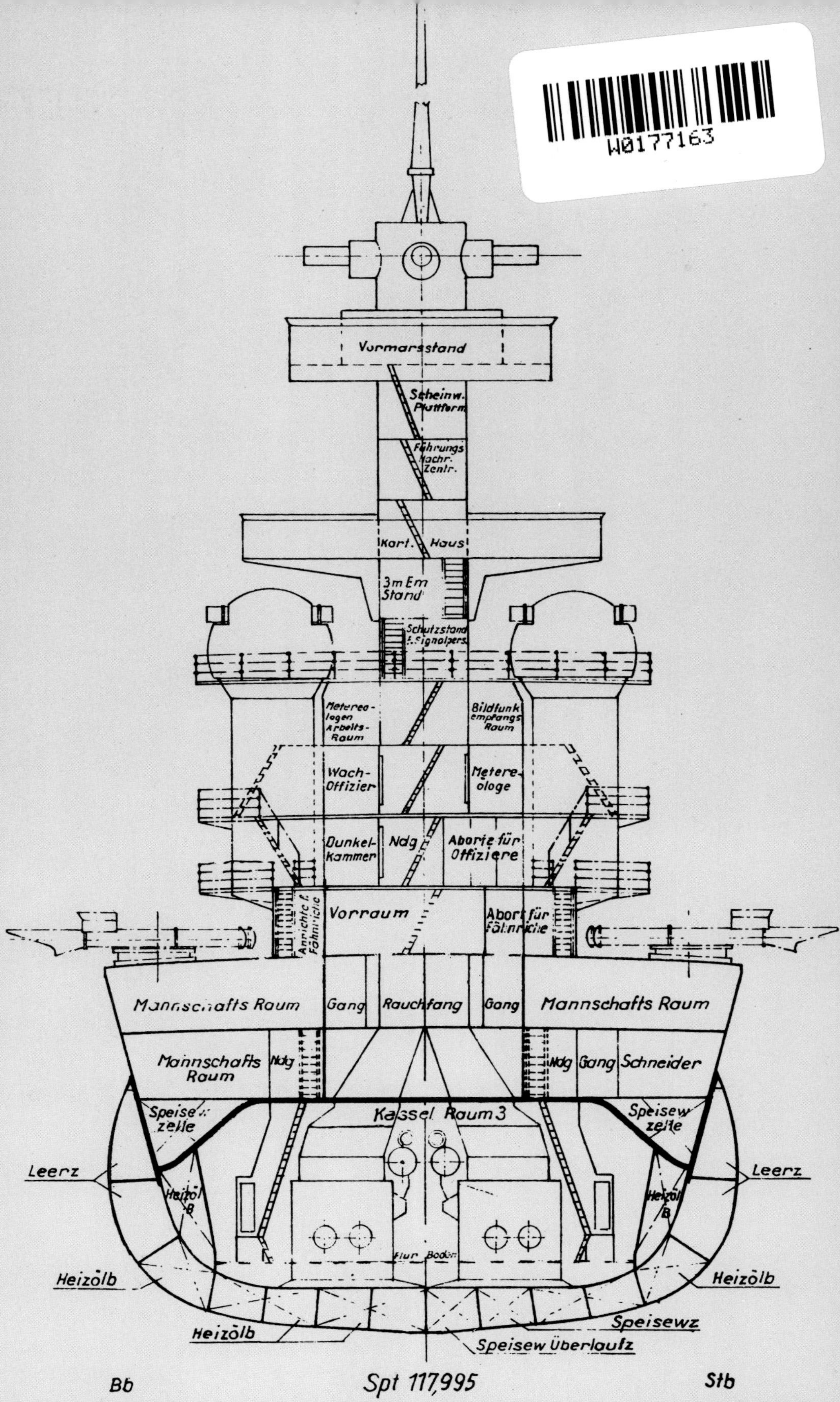
Vormarsstand
Scheinw. Plattform
Führungs Nachr. Zentr.
Kart. Haus
3m Em Stand
Schutzstand f. Signalpers.
Metereologen Arbeits-Raum
Bildfunkempfangs Raum
Wach-Offizier
Metereologe
Dunkel-kammer
Ndg
Aborte für Offiziere
Vorraum
Abort für Fähnriche
Mannschafts Raum
Gang
Rauchfang
Gang
Mannschafts Raum
Mannschafts Raum
Ndg
Ndg
Gang
Schneider
Kessel Raum 3
Speisew zelle
Speisew zelle
Leerz
Leerz
Heizöl B
Heizöl B
Flur Boden
Heizölb
Heizölb
Heizölb
Speisewz
Speisew Überlaufz
Bb
Spt 117,995
Stb

Frank Binder
Hans Hermann Schlünz

Schwerer Kreuzer BLÜCHER

FRANK BINDER
HANS HERMANN SCHLÜNZ

Schwerer Kreuzer BLÜCHER

2. Auflage

Koehlers Verlagsgesellschaft mbH · Herford

Fotonachweis:
Schutzumschlag: Ferd. Urbahns, Eutin

Bildteil:
Aftenposten / Oslo: (3)
Foto Ambor, Hamburg: (1)
Bundesarchiv Koblenz: (1)
Sammlung / Foto Binder, Hamburg: (10)
Sammlung Bieler / Goerz, Dorfmark: (13)
Sammlung Enger, Dröbak: (1)
Sammlung Hövding, Oslo: (4)
Siggi Mehrens, Hamburg / Copyright by BILD-Zeitung: (1)
Norges Sjökrig 1939/40 von Rolf Scheen im John Griegs Forlag 1947, Oslo: (2)
Sammlung Röhlig, Leverkusen: (12)
Sammlung Schlünz, Hamburg: (1) und Dokumente (5)
Ferd. Urbahns, Eutin: (3)
Wilhelmshavener Zeitung: (2)
Sammlung Wessel, Quickborn: (1)

CIP-Titelaufnahme der Deutschen Bibliothek

Binder, Frank:
Schwerer Kreuzer *Blücher*
Frank Binder; Hans Hermann Schlünz. — 2., verb. Aufl. — Herford: Koehler, 1991
ISBN 3-7822-0487-5
NE: Schlünz, Hans Hermann

ISBN 3 7822 0487 5; Warengruppe 21

© 1990 by Koehlers Verlagsgesellschaft, Herford
© 2. Auflage 1991
Alle Rechte, insbesondere das der Übersetzung, vorbehalten.
Schutzumschlag-, Einband- und Bildteilgestaltung:
Almut Schäferbarthold, Hamburg
Produktion: Heinz Kameier
Gesamtherstellung: Hans Kock Buch- und Offsetdruck GmbH, Bielefeld
Printed in Germany

Inhalt

Berichtigungen und Ergänzungen

Seite 19:

Zum *Blücher*-Wappen: Bug-Wappen des Schweren Kreuzers mit zwei diagonal gegenüberliegenden Reichsadlern, in der Mitte zwei Schlüssel, links unten das Eiserne Kreuz und rechts oben der Marschall-Stab mit gekreuztem Schwert, verbunden durch einen Lorbeerkranz.

Seite 187 (Fußnote)

Setze: * Anmerkung der Autoren: Kapitän zur See Heinrich Woldag war nach seiner Rettung umgehend zur Berichterstattung nach Berlin befohlen worden. Eine Transportmaschine vom Typ Junkers »Ju 52« sollte ihn dann wieder nach Norwegen zurückbringen. Doch auf dem Weg nach Oslo stürzte das Flugzeug in unmittelbarer Nähe der Untergangsstelle in den Fjord. War es ein gezielter Abschuß durch den Feind oder nur Zufall wegen technischen Versagens? Auch Sabotage kann nicht ausgeschlossen werden. Denn mit Woldag verunglückte ein unbequemer Zeuge, der mit seinen Aussagen das vollständige Versagen von Kummetz bei der ganzen Oslo-Unternehmung hätte ausführlich dokumentieren können. Jochen Woldag, der Sohn des Kommandanten, ergänzt: »Das dem Flottenkommando am 22. Oktober 1941 vorgelegte KTB enthält Unrichtigkeiten. Mein Vater flog bereits am 16. April 1940 und nicht am 17.4.40 von Kiel-Holtenau ab, um an der für 11 Uhr vorgesehenen Beisetzungsfeier für die gefallenen Besatzungsmitglieder teilzunehmen. Ich begleitete ihn damals zum Flugplatz.« Nach dem Absturz entdeckte ein norwegischer Fischer den im Wasser des Oslo-Fjordes treibenden Brief von Else Heymann an ihren Mann, den Ersten Offizier der *Blücher*. Das Papier wurde geborgen und umgehend an den Adressaten weitergeleitet. Frau Heymann erinnerte sich: »Ich übergab Woldag vor dem Abflug einen kleinen dunkelbraunen Handkoffer aus Leder. Darin hatte ich etwa 30 Briefe der Offiziersfrauen an ihre Männer gesammelt. Woldag versprach mir kurz vor dem Start, die Schreiben in Oslo zu verteilen . . .« Wie durch ein Wunder erreichten die Zeilen von Else Heymann ihren Gatten. Die anderen Briefe, der Kommandant und die Maschine blieben bis heute verschollen.
Streiche: Auch eine von Woldag initiierte Selbstmord-Aktion durch Sabotage kann nicht ausgeschlossen werden. Schließlich lastete das tragische Schicksal des als unsinkbar geltenden Kreuzers schwer auf der Seele des Kommandanten. Vielleicht ist er damit nicht fertig geworden.

Seite 193 (letzter Absatz)

Setze: Als die *Tirpitz* versenkt wurde, war Hövding als Funker im Spezial Service »Operation Elg« unter Generalmajor Paul M. Strande und Oberstleutnant Erlin Malm tätig. Einen Tag nach dem Untergang der *Tirpitz* hörte Hövding im Radio vom Drama in der Kjosen-Bucht. Da beschloß der ehemalige Rundfunktechniker, der vorher nie mit der Bergung von Schiffen zu tun hatte, das Wrack zu erwerben. Mit seinen Kameraden Harald Bergom und Arnold Slogsholm realisierte er später die Finanzierung des spektakulären Projekts.
Streiche: Hövding, er hatte davor noch nie etwas mit der Bergung von Schiffen zu tun gehabt, arbeitete zunächst als Rundfunktechniker und hielt sich Ende des Krieges als Widerstandskämpfer in den Wäldern verborgen. Bei einem Auflug nach Tromsö mit den Kameraden Harald Bergom und Arnold Skogsholm kam dem Trio die Idee, die *Tirpitz* zu erwerben. Der Deal soll durch einen weiteren Widerstandskämpfer aus der Hövding-Gruppe begünstigt worden sein, der in der zuständigen Kommission des Außenministeriums saß. Die geforderte Summe und die nötige Ausrüstung wurde durch Kredite finanziert.

Fortsetzung Seite 216

Einführung

Die deutsche Marinerüstung zwischen beiden Weltkriegen entwickelte sich bis zur Jahreswende 1938/39 im Rahmen vertraglicher Vereinbarungen, die das Reich eingehen mußte bzw. mit Großbritannien frei vereinbarte. Am Anfang stand 1919 der Friedensvertrag von Versailles, der alle deutschen Streitkräfte drastisch begrenzte und damit auch die personelle und materielle Struktur der Reichsmarine bestimmte. Den vorläufigen Abschluß bildete 1935 das deutsch-britische Flottenabkommen, das die künftige Größe der deutschen Marine auf 35 Prozent der Gesamtflottenstärke des britischen Weltreiches festlegte.

Die im Versailler Vertrag vorgeschriebene zahlenmäßige Höchstgrenze der im Dienst befindlichen Seestreitkräfte lag bei sechs älteren Linienschiffen, sechs Leichten Kreuzern, 12 Zerstörern und 12 Torpedobooten. U-Boote und Flugzeuge waren generell verboten. Damit fehlten der Marine moderne Waffensysteme, ohne die ein künftiger Seekrieg kaum denkbar schien. Die erlaubten Kriegsschiffe durften nur nach einer festgelegten Altersfrist durch Neubauten mit vorgeschriebener Wasserverdrängung ersetzt werden, z.B. bei gepanzerten Schiffen 10.000 Tonnen. Der Personalumfang war auf 15.000 längerdienende Freiwillige festgelegt.

Der materielle Neubeginn setzte erst allmählich mit dem Bau von einigen Torpedobooten und Leichten Kreuzern ein. Internationales Aufsehen erregte dagegen das Projekt eines 10.000-t-Panzerschiffes. Dieses bemerkenswerte Schiff, das 1927 entworfen wurde, ist in seiner Konzeption nur verständlich vor dem Hintergrund der internationalen Seerüstung, deren Entwicklung ab 1922 durch ein Flottenabkommen der führenden Seemächte geprägt war.

Nach 1919 waren die Siegermächte des Ersten Weltkrieges aus wirtschaftlichen Gründen daran interessiert, ihre Rüstungsausgaben zu begrenzen. Die amerikanische Regierung ergriff die Initiative und lud im Herbst 1921 die größeren Seemächte Großbritannien, Japan, Frankreich und Italien zu einer Konferenz ein, um eine Reduzierung der Flottenstärken und eine Rüstungspause durchzusetzen. Zwei Mächte blieben dabei unberücksichtigt: Das Deutsche Reich, das durch den Versailler Vertrag ohnehin in seinen Seerüstungen begrenzt war, und die Sowjetunion, die diplomatisch nicht zur Kenntnis genommen wurde.

Die fünf Mächte vereinbarten im Februar 1922 ein Stärkeverhältnis der Flotten zueinander anhand der Gesamttonnage der Großkampfschiffe und Flugzeugträger: Die Vereinigten Staaten und Großbritannien durften bei den Großkampfschiffen eine Gesamttonnage von 525.000 ts besitzen, während die Obergrenze für Japan bei 315.000 ts und für Frankreich und Italien bei jeweils 175.000 ts lag. Darüber hinaus

wurde für Großkampfschiffe ein Baustop und eine Baupause von 10 Jahren vereinbart. Die qualitative Beschränkung bezog sich auf Altersgrenze, maximale Tonnage und Bewaffnung für Großkampfschiffe und Flugzeugträger.
Mit Ausnahme der Flugzeugträger galt jedes Schiff über 10.000 Tonnen oder mit einem Geschützkaliber von über 20,3 cm als Großkampfschiff. Damit waren gleichzeitig die Grenzen der künftigen Kreuzerbauten markiert: Bis 10.000 ts Größe oder maximal 20,3-cm-Geschütze.
Die möglichen Operationsgebiete und die vorhandenen Stützpunkte der Vertragsmächte hatten bislang dazu geführt, daß diese bei ihren Kriegsschiffen unterschiedliche Fahrstrecken und damit Brennstoffvorräte berücksichtigen mußten. Um nun für alle Beteiligten die gleichen Voraussetzungen zu schaffen, wurde für die Größe der einzelnen Schiffstypen eine »Standard-Wasserverdrängung« (auch Typ-Verdrängung genannt) eingeführt. Diese Verdrängung umfaßt das Gewicht des vollständig ausgerüsteten und seeklaren Schiffes, angegeben in englischen tons (ts.) *Nicht* enthalten ist darin das Gewicht des Brennstoffes und des Speisewassers[1]. Unter Anwendung der Standard-Verdrängung konnte jetzt jede Marine im Vergleich zum potentiellen Gegner gleichwertige Schiffe bauen, was die Gewichtsanteile für Panzerung, Bewaffnung und Antriebsanlage betraf.
Die generelle Schwäche des Flottenabkommens lag darin, daß es die Seestreitkräfte nicht insgesamt, sondern lediglich die beiden wichtigsten Kriegsschifftypen, Großkampfschiff und Flugzeugträger, nach Zahl und Größe begrenzte. Eine Baubeschränkung für leichte Seestreitkräfte, insbesondere für U-Boote, fehlte ebenso wie eine Begrenzung der Seeluftstreitkräfte und des Personals. Die britische Forderung nach einer generellen Abschaffung der U-Boote war am Widerstand vor allem Frankreichs gescheitert.
Mit dem Washingtoner Abkommen war die künftige Struktur der Flotten auf Jahre hinaus festgeschrieben. Bei allen Seemächten dominierte das relativ langsame Großkampfschiff mit schwerer Artillerie. Lediglich Großbritannien und Japan besaßen noch Schlachtkreuzer, die bis zu 30 Knoten erreichten. Die Baupause bei den Großkampfschiffen und die Festlegung der Obergrenze bei den Kreuzern führten dazu, daß ein neuer Schiffstyp entstand — der Schwere Kreuzer: schnell, leicht gepanzert und mit einer Hauptbewaffnung von 20,3-cm-Geschützen.
Als sich Ende der 1920er Jahre ein Wettrüsten im Kreuzerbau abzeichnete, kam es im Frühjahr 1930 in London zwischen den USA, Großbritannien und Japan zu neuen Verhandlungen, die zum Londoner Flottenabkommen führten. Die Vertragspartner vereinbarten nicht nur eine Fortsetzung der Baupause für Großkampfschiffe bis 1936, sondern legten jetzt auch ihre jeweilige Gesamttonnage für Kreuzer, Zerstörer und U-Boote fest. Dabei wurden die Kreuzer je nach Artilleriebewaffnung in die Unterklassen A (= Schwerer Kreuzer, maximales Geschützkaliber 20,3 cm) und B (= Leichter Kreuzer, maximales Geschützkaliber 15,5 cm) eingeteilt[2].

In Berlin wurden die Auseinandersetzungen der großen Seemächte aufmerksam beobachtet. Bereits im Sommer 1923 kam die Marineleitung zu dem Ergebnis, daß die stillschweigende Übernahme der in Washington neu eingeführten »Standard-Verdrängung« Vorteile bringen würde. Denn im Versailler Vertrag fehlte bei der Begrenzung der Schiffsgröße eine genaue Definition der Wasserverdrängung. Nun war es möglich, die erlaubten Neubauten gegenüber der früheren Berechnungsgrundlage der Konstruktionsverdrängung (fertig ausgerüstetes Schiff mit 50 Prozent der Brennstoffvorräte an Bord) um etwa 20 Prozent zu vergrößern, ohne den Friedensvertrag zu verletzen[3].
Bei der Planung für den Ersatz der alten Linienschiffe ging die Marineleitung nach mehreren vergeblichen Anläufen, die zu keinem überzeugenden Kompromiß zwischen Standfestigkeit und Schlagkraft geführt hatten, ab 1927 neue Wege. Da der Kern der französischen Flotte, die als potentieller Gegner angesehen wurde, aus langsamen Großkampfschiffen und schnellen Schweren Kreuzern bestand, gab die Marineleitung ihrem 10.000-t-Ersatzbau mit sechs 28-cm-Geschützen und einer Geschwindigkeit von 28 Knoten ganz bewußt die Eigenschaften eines »kleinen Schlachtkreuzers«, um den Kreuzern zumindest artilleristisch und den Großkampfschiffen geschwindigkeitsgemäß überlegen zu sein.
Die Marineleitung sah jedoch im Panzerschiffbau nicht allein eine militärische Notwendigkeit, sondern auch einen militär-politischen Hebel, um die in Washington 1922 ohne deutsche Beteiligung festgelegte Systematik der internationalen Seerüstung zu stören, damit Deutschland die Chance erhielt, wieder in den Kreis der Seemächte aufgenommen zu werden. Die Einbeziehung Deutschlands in das Washingtoner Flottenabkommen wäre einer weitgehenden Annullierung der im Friedensvertrag festgelegten Rüstungsbeschränkungen für Seestreitkräfte gleichgekommen, da durch die Festlegung einer auch noch so geringen deutschen Gesamttonnage die Reichsmarine mehr Freiheit bei der Konstruktion des Einzelschiffes gewonnen hätte und darüber hinaus U-Boote und Flugzeuge wieder erlaubt gewesen wären.
Die militärische Argumentation, die durchaus für den Panzerschifftyp sprach, wurde auch von einem ausgeprägten machtpolitischen Kalkül der Marineführung getragen. Man wollte eben nicht auf den Status einer »Küstenmarine« absinken, sondern einen Weg gehen, der zu einer maritimen Machtposition des Reiches führen sollte, eine Machtposition, von der die Marineführung glaubte, daß nur diese dem deutschen Wirtschaftspotential angemessen sei[4]. Derartige Zielvorstellungen waren in einer parlamentarischen Demokratie kaum durchzusetzen. Es bedurfte erst einer diktatorischen politischen Führung, die von vornherein gewillt war, Streitkräfte nicht allein zur Landesverteidigung, sondern vor allem zur Erreichung einer deutschen Hegemonialstellung in Europa einzusetzen.
Nach der Machtübernahme durch Hitler im Jahre 1933 spielte die Marinerüstung zunächst nur eine untergeordnete Rolle, auch wenn bald die Beschränkungen des

Versailler Vertrages fielen und die Marine ab 1935 wieder über eigene Seeluftstreitkräfte und U-Boote verfügte. Die Konzeption des Panzerschiffes als »kleiner Schlachtkreuzer« wurde in Frankreich durchaus erkannt und führte bald darauf zu entsprechenden Reaktionen in Gestalt von neuen Schlachtkreuzern, die den deutschen Panzerschiffen in jeder Hinsicht überlegen waren.

Die Überlegungen der Reichsmarine für den künftigen Bau großer Einheiten konzentrierten sich daraufhin mehr und mehr auf schnelle Großkampfschiffe, die den vergleichbaren Einheiten der französischen Marine ebenbürtig, wenn nicht überlegen sein sollten. Der durchaus naheliegende Gedanke, mit den bisherigen Panzerschiffen und einer neuen taktischen Konzeption (Kampfgruppen) den gegnerischen Großkampfschiffen Paroli zu bieten, wurde zwar erwogen, doch dann verworfen. Die Forderung nach Gleichberechtigung überlagerte das Problem, welche Funktion Großkampfschiffe bei der Lösung der wichtigsten Kriegsaufgaben einer deutschen Marine eigentlich übernehmen sollten und konnten.

Die Aufrüstung der Marine nach 1933 benötigte etliche Jahre, die es außenpolitisch abzusichern galt. Daher drängte Hitler auf eine zeitlich begrenzte Beschränkung der Flottenstärke auf etwa ein Drittel der britischen Flotte, denn er hoffte langfristig auf ein Bündnis mit Großbritannien. Im übrigen ließ sich anhand der vorhandenen Werftkapazitäten ohnehin absehen, daß der Bau einer größeren Flotte auf Jahre hinaus überhaupt nicht möglich war. London ging auf das deutsche Angebot ein und schloß am 18. Juni 1935 mit dem Reich ein Abkommen, das die Gesamttonnage der deutschen Marine und die Gesamttonnage ihrer einzelnen Schiffstypen auf 35 Prozent der Gesamtflottenstärke des britischen Weltreiches begrenzte. Lediglich bei den U-Booten gab es eine Ausnahme, die Deutschland unter bestimmten Bedingungen einen Anteil bis zu 100 Prozent zubilligte. Es entstand nun eine sogenannte »Normalflotte«, die das verkleinerte Spiegelbild der Royal Navy war[5]. Die Marineführung in Berlin verfuhr nach der Maxime, was die übrigen Seemächte für richtig halten, müsse auch für die eigene Marine gelten. So übernahm die Kriegsmarine auch den Typ des Schweren Kreuzers, ohne sich vorher darüber Gedanken gemacht zu haben, welchen Stellenwert dieser Schiffstyp im Rahmen der operativen Planungen für eine mögliche Auseinandersetzung mit Frankreich überhaupt einnehmen sollte.

Bereits 1937 zeichnete sich ab, daß ein deutsch-britischer Konflikt nicht mehr auszuschließen war. Die Kriegsmarine mußte sich erneut mit dem Gedanken eines Seekrieges gegen Großbritannien auseinandersetzen und stellte bei den ersten Überlegungen schnell fest, daß die dafür erforderliche Flotte in wenigen Jahren den Rahmen des deutsch-britischen Flottenabkommens sprengen würde. Auf Anweisung Hitlers entstand 1938 der Plan für eine Schlachtschiff- und Panzerschiff-Flotte, die ab 1944/45 in der Lage sein sollte, im Atlantik gegen die britischen Seeverbindungen zu operieren. Im Januar 1939 erhielt die Marine für den Bau dieser

gigantischen Flotte die höchste Priorität in der gesamten deutschen Rüstungsproduktion.
Der deutsche Einmarsch in die Tschechoslowakei und die Kündigung des deutsch-britischen Flottenabkommens im Frühjahr 1939 waren allerdings für die nun wachsam gewordenen Westmächte offenkundige Warnsignale, die auf den künftigen Konfrontationskurs der deutschen Politik hinwiesen. Die ehrgeizige Flottenplanung blieb auf dem Papier stehen, nur sieben Monate später begann Hitler mit dem brutalen Überfall auf Polen den Zweiten Weltkrieg.
Im September 1939 sah sich die Marine mit einem zehnfach überlegenen Gegner konfrontiert, der darüber hinaus noch über eine hervorragende seestrategische Position verfügte. Für den sofortigen Einsatz im Atlantik waren nur zwei Panzerschiffe und 26 U-Boote verwendungsbereit. Eine kriegsentscheidende Wirkung konnte von derart schwachen Seestreitkräften nicht erwartet werden. Angesichts dieser völlig hoffnungslosen Lage war in der Marine von einer Kriegsbegeisterung nichts zu spüren. Ihr Oberbefehlshaber, Großadmiral Dr. h.c. Erich Raeder, hielt in einer Aufzeichnung zum Kriegsbeginn resigniert fest, daß die Marine für den Kampf gegen England keineswegs gerüstet sei und daß ihre Überwassereinheiten nur zeigen könnten, »daß sie mit Anstand zu sterben verstehen«[6]. Raeder zog jedoch aus dieser deprimierenden Lagebeurteilung keine persönlichen Konsequenzen, sondern stellte sich weiterhin einem Diktator zur Verfügung, der alles auf eine Karte gesetzt hatte und sich nun immer noch der trügerischen Hoffnung hingab, den vom Zaune gebrochenen Krieg zeitlich und räumlich begrenzen zu können. Demgegenüber ging die Marineführung schon sehr frühzeitig davon aus, daß eine lange Auseinandersetzung mit dem angelsächsischen Gegner bevorstand, die vor allem im Atlantik ausgetragen und entschieden werden mußte.
Die Ausgangsbasen für die deutsche Seekriegführung lagen wie im Ersten Weltkrieg am Südrand der Nordsee. Doch bereits am 3. Oktober 1939 hielt es Raeder für notwendig, Hitler bald »über die Möglichkeit zur Ausweitung der Operationsbasis nach Norden vertraut zu machen«[7]. Aus dieser ersten Anregung, die am 10. Oktober dem »Führer« vorgetragen und anschließend von Raeder immer wieder zur Sprache gebracht wurde, entstand der Plan zur gewaltsamen Sicherung der Nordflanke, um die Erzzufuhren aus Narvik zu schützen und damit gleichzeitig den Weg der eigenen Seestreitkräfte in den Atlantik zu verkürzen. Im Januar 1940 begann das Oberkommando der Wehrmacht mit den ersten operativen Vorbereitungen, doch Hitler blieb zunächst noch unschlüssig, ob das Unternehmen überhaupt anlaufen sollte[8]. Als sich im Februar 1940 die »Gefahr einer großen Aktion der Westmächte in Skandinavien« abzeichnete, um dem in einem schweren Abwehrkampf gegen die Sowjetunion stehenden Finnland zu helfen, war die Seekriegsleitung entschlossen, jede Festsetzung Englands in Norwegen »mit allen zu Gebote stehenden Mittel« zu verhindern[9]. Nach der Weisung Hitlers vom 1. März 1940

(»Fall Weserübung«) sollte das Vorgehen gegen Norwegen und Dänemark »den Charakter einer friedlichen Besetzung« haben[10]. Unter der scheinheiligen Zielsetzung »bewaffneter Schutz der Neutralität« dieser Staaten begannen die konkreten Vorbereitungen einer weiteren deutschen Aggression, obwohl die letzte Entscheidung Hitlers erst am 2. April fiel. Die spätere Entwickung der Ereignisse führt leicht zu der irrigen Einschätzung, als habe Deutschland nur auf das erkennbare Vorgehen der Alliierten reagiert. Tatsächlich kam jedoch der entscheidende Anstoß von Raeder persönlich, der dann im März gegenüber Hitler mehrfach auf die Durchführung des Unternehmens drängte, obwohl nach dem überraschenden sowjetisch-finnischen Friedensschluß vom 12. März eine massive militärische Intervention der Westmächte in Nordeuropa höchst unwahrscheinlich geworden war[11].
Die Kriegsmarine mußte für das riskante Unternehmen alle verfügbaren Seestreitkräfte einplanen, so daß der direkte Seekrieg gegen Großbritannien praktisch zum Erliegen kam. Die verantwortlichen Offiziere in der Seekriegsleitung waren sich darüber im klaren, daß »die Unternehmung an sich gegen alle Regeln der Seekriegslehre« verstoße, da in dem Operationsgebiet die Seeherrschaft »eindeutig in der Hand des Gegners« liege. Alle Erfolgserwartungen konzentrierten sich daher auf die Ausnutzung des Überraschungsmoments[12].
Bei der Einsatzplanung für die schweren Einheiten mußte die Marine auch Eingriffe der Wehrmachtführung hinnehmen, die für die Besetzung von Oslo das prestigeträchtige Erscheinen moderner großer Schiffe anstrebte und offensichtlich fest davon überzeugt war, daß dies ohne jede Gegenwehr durch norwegische Streitkräfte gelingen werde. So unterblieb bei den operativen Vorbereitungen für das Einlaufen in die engen und gefährlichen Gewässer des Oslo-Fjords ein nüchternes Abwägen der Erfolgsaussichten und Risiken. Dieses Versäumnis wurde dem Schweren Kreuzer *Blücher* zum Verhängnis. *Werner Rahn*

---

1 Teil 4 des Washingtoner Abkommens vom 6.2.1922, in: Handbuch über fremde Marinen, hrsg. vom Reichswehrministerium/Marineleitung, Berlin 1935, S. 376.
2 Londoner Vertrag vom 22.4.1930, ebd. S. 381–395. Begriffsbestimmungen für Kreuzer und Zerstörer in Artikel 15 (ebd. S. 391 ff.).
3 W. Rahn, Reichsmarine und Landesverteidigung 1919–1928, München 1976, S. 200 f.
4 Ebd. S. 191 ff., 243 f. u. 200 f.
5 M. Salewski, Die deutsche Seekriegsleitung 1935–1945, Bd. 1, Frankfurt/M. 1970, S. 18.
6 »Gedanken des Oberbefehlshabers der Kriegsmarine zum Kriegsausbruch 3.9.1939«, in: Kriegstagebuch der Seekriegsleitung 1939–1945, Teil A, im Auftr. d. Militärgeschichtl. Forschungsamtes in Verbindung mit d. Bundesarchiv-Militärarchiv u. d. Marine-Offizier-Vereinigung hrsg. von W. Rahn und G. Schreiber unter Mitw. von H. Maierhöfer, Bd. 1, August/September 1939, Herford, Bonn 1988, S. 15-E f.
7 Kriegstagebuch der Seekriegsleitung (wie Anm. 6), Bd. 2, Oktober 1939, S. 28.
8 Zur deutschen Strategie siehe Das Deutsche Reich und der Zweite Weltkrieg, hrsg. vom Militärgeschichtl. Forschungsamt, Bd. 2: Klaus A. Maier, Horst Rohde, Bernd Stegemann, Hans Umbreit. Die Errichtung der Hegemonie auf dem europäischen Kontinent, Stuttgart 1979, S. 19–27 (Stegemann) u. S. 189–202 (Maier).
9 Kriegstagebuch der Seekriegsleitung (wie Anm. 6), Bd. 6, Februar 1940, S. 228 (29.2.1940).
10 Hitlers Weisungen für die Kriegführung 1939–1945, hrsg. von Walther Hubatsch, 2. durchges. u. erg. Aufl. Koblenz 1983, S. 47–50.
11 Salewski, Seekriegsleitung (wie Anm. 5), Bd. 1, S. 184.
12 Kriegstagebuch der Seekriegsleitung (wie Anm. 6), Bd. 7, März 1940, S. 28 (5.3.1940).

Der Stapellauf

8. Juni 1937, Kiel.

Es war ein herrlicher Sommertag, blauer Himmel, strahlender Sonnenschein. Eine leichte Brise kräuselte das Wasser der Förde. Über den Docks, Hallen und Kränen am Hafen flatterten bunte Fahnen.

Die »Deutsche Werke Kiel Aktien-Gesellschaft« hatte geflaggt, präsentierte sich festlich. Aus gutem Grund. Denn das modernste deutsche Schiff sollte getauft werden und vom Stapel laufen. Dazu erwartete der Traditionsbetrieb hohen Besuch mit vielen Ehrengästen, darunter auch Generaladmiral Dr. h.c. Erich Raeder, den Oberfehlshaber der Kriegsmarine.

»Die Werfttore werden um 10 Uhr geöffnet«, stand auf den Einladungskarten. Doch Stunden vorher bevölkerten bereits Zehntausende von Menschen die Zufahrtsstraßen. Die Massen strömten aus allen Teilen des Reiches herbei, drängten ungeduldig und erwartungsvoll gegen das Hauptportal. Als der Eingang schließlich pünktlich freigegeben wurde, gab es für die meisten Schaulustigen kein Halten mehr. Wie im Wettkampf stürzten die ersten Zuschauer auf ihre Plätze.

Nachdem sich der Trubel gelegt hatte, begann die feierliche Zeremonie. Die Taufrede hielt Admiral Conrad Albrecht, Kommandierender Admiral der Marinestation der Ostsee.

Er sagte u.a.: »Im Aufbau der Kriegsmarine ist heute ein wichtiger (...) Tag. Vor unseren Augen steht ablaufbereit der Eisenrumpf eines neuen Kriegsschiffes, des schweren Kreuzers *G*. Im Namen der Kriegsmarine und meines Oberbefehlshabers danke ich allen (...), die das vor uns stehende Werk ersannen und erbauten (...). Der Kreuzer *G* soll den Namen des Mannes tragen (...), der vor 130 Jahren (...) die preußischen Fahnen (...) zu neuen Siegen führte: Feldmarschall Fürst Blücher von Wahlstatt (...). Noch als Greis war er seinen Soldaten ein (...) Beispiel (...). Er konnte von seinen Truppen Unmögliches verlangen, wenn sein ›Vorwärts‹ aus seinen Augen blitzte.

(...) Zum dritten Male soll nun ein deutsches Kriegsschiff den Namen *Blücher* führen (...). Wir gedenken dabei des Panzerkreuzers *Blücher* unter (...) dem Kommando von Fregattenkapitän Erdmann, der in der Doggerbankschlacht am 24. Januar 1915 durch überlegenes Artilleriefeuer und Torpedotreffer schwer beschädigt (...) sank. Achthundert deutsche Soldaten ließen hierbei ihr Leben (...).«

Albrecht schloß seine Ansprache mit der obligatorischen Lobeshymne auf Adolf Hitler, dem »aus dankbarem Herzen unbedingte Gefolgschaft bis zum letzten«

gelobt wurde. Von den Ehrengästen und Zuschauern ahnte niemand, wohin die so gepriesene »unbedingte Gefolgschaft« in wenigen Jahren führen sollte. Man sah ja nur die vermeintlichen »Erfolge« des Diktators und applaudierte den markigen Worten des Admirals kräftig. Dann jubelte die Menge der Taufpatin zu. Frau Erdmann, die Witwe des mutigen *Blücher*-Kommandanten von der Doggerbank-Schlacht, wünschte: »Dem Schiff und seiner Besatzung allzeit gute Fahrt und stets eine Handbreit Wasser unterm Kiel!«
Sekunden später zerplatzte eine Sektflasche am Bug. Um 12 Uhr rauschte der Schwere Kreuzer vom Helgen — erst ganz langsam und dann immer schneller, begleitet von begeisterten Zurufen und lautem Typhon-Geheul im Hafen.

Die Vorgänger der »Blücher«

Rund 60 Jahre zuvor war gleich nebenan, bei der Norddeutschen Schiffbau AG (später Krupp-Germaniawerft), die erste *Blücher* entstanden. Das Schiff war am 20. März 1877 vom Stapel gelaufen und hatte fast 2,7 Millionen Reichsmark gekostet.

Die technischen Daten:

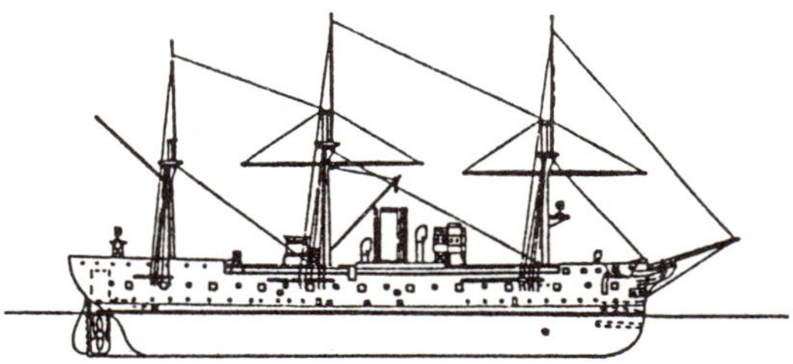

Größe: 2756 Tonnen
Länge: 72,20 Meter
Breite: 13,75 Meter
Tiefgang: 5,5 Meter
Maschinenleistung: 2500 PS
Geschwindigkeit: 13,8 Knoten
Besatzung: 400 Mann
Bewaffnung: 2 Stück 15-cm-Ringkanonen
später 2 bis 4 Stück 8-cm-Boots- oder Stahlkanonen
6 Stück 3,7-cm-Rev.-Kanonen.

Die gedeckte Korvette wurde schon während der Probefahrt zum Versuchsschiff für die damals in der Entwicklung begriffenen Torpedowaffen bestimmt. Einer der eifrigsten Verfechter der neuen Waffe war Alfred von Tirpitz, zunächst Erster Offizier und ab 1881 als Korvettenkapitän Kommandant des Schiffes. Unter seiner Führung trat die Geschütz-Bewaffnung in den Hintergrund. Die Über- und Unterwassertorpedorohre an Bug, Heck und den Breitseiten gaben für Versuche vielfältige Möglichkeiten.
Bei der Parade vor Kaiser Wilhelm I. fuhr *Blücher* von Friedrichsort her einen Angriff auf das in der Wiker Bucht gelegene frühere Transport- und Wohnschiff *Elbe*. Aus einer Entfernung von nur 400 Metern wurde aus dem Bugrohr ein Torpedo abgefeuert, der genau mittschiffs traf. Von der *Elbe* blieb nichts mehr übrig. Als Torpedo-Schulschiff und Begleitschiff der Torpedo-Flottillen war *Blücher* dauernd im Dienst. Oft lag das Schiff auch zur Ausrüstung oder Instandsetzung in der Kaiserlichen Werft.
»Positives ist leider nicht festzustellen«, vermerkte der Chronist der Deutsche Werke Kiel Aktien-Gesellschaft.
1902 kam das Schiff für den Rest seiner Dienstzeit nach Flensburg-Mürwik. Die letzte Schießübung fand am 25. September 1906 statt. Am 6. November 1907 gab

es an Bord eine Kesselexplosion. Mehrere Soldaten starben, viele wurden verletzt. Danach wurde *Blücher* außer Dienst gestellt. Zwei Jahre später erwarb eine Rotterdamer Firma für 142000 Mark das Schiff, um es weiter zu verkaufen. Im spanischen Hafen Vigo wurde *Blücher* als Kohlenhulk aufgebraucht.
Am 11. April 1908 lief der Panzerkreuzer *Blücher* (auch Großer Kreuzer genannt) vom Stapel.

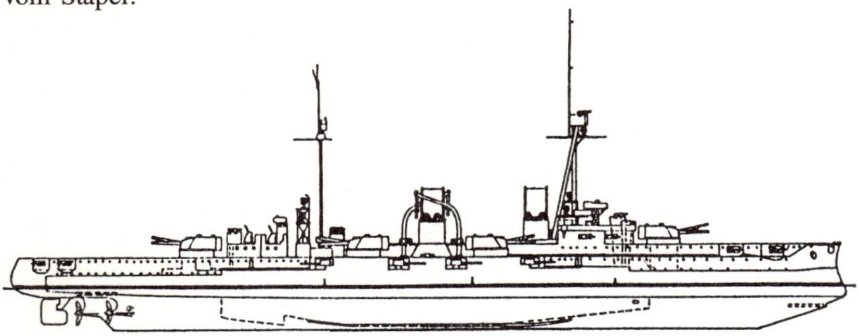

Die technischen Daten:

Größe: 15842 Tonnen
Länge: 161,5 Meter
Breite: 24,46 Meter
Tiefgang: 8,56 Meter
Maschinenleistung: 34000 PS mit drei stehenden vierzylindrischen Dreifachexpansionsmaschinen und 16 Wasserrohrkesseln gebaut auf der Kaiserlichen Werft in Kiel.
Geschwindigkeit: 25,8 Knoten
Besatzung: 888 Mann
Bewaffnung: 12 Stück 21 cm L/45
6 Stück 15 cm L/45
16 Stück 8,8 cm L/45
2 Maschinengewehre
4 Torpedorohre 45 cm/Unterwasser
Panzerung: Panzerdeck 50 bis 70 mm
Gürtelpanzer 120 bis 180 mm
Turmschutz 80 bis 180 mm
Baukosten: 28.532.000 Mark
Bauzeit: Winter 1906 bis Herbst 1909.

Am 1. September 1909 wurde der Große Kreuzer in Dienst gestellt, zunächst mit einem einfachen Fockmast. Später, im Dezember 1914, bekam *Blücher* als erstes Schiff der Kaiserlichen Marine einen Dreibeinmast. Bis Februar 1910 absolvierte der Kreuzer seine Probefahrten. Am 24. April 1910 wurde *Blücher* das Flaggschiff des Befehlshabers der Aufklärungsschiffe. Es folgten verschiedene Übungs- und Auslandsreisen in dänische, norwegische und schwedische Gewässer.
Im Oktober 1911 verließ *Blücher* die Hochseeflotte, trat als Artillerie-Versuchsschiff an die Stelle des veralteten Panzerkreuzers *Prinz Adalbert*. Kurz vor Beginn des Winters geriet *Blücher* auf der Rückreise von einer Schießübung im Großen Belt auf Grund. Nach zwei Tagen war das Schiff wieder flott, mußte aber zu umfangreichen Reparaturen in die Kaiserliche Werft Kiel. 1912 lief der Kreuzer mit dem Linienschiff *Elsass* zum Versuchs-Schießen im Nordatlantik aus. Die Übungen fanden in der Nähe der Faröer statt.
Zu Beginn des Ersten Weltkrieges lag *Blücher* in der Werft in Kiel, aber schon am 8. August 1914 nahm das Schiff Kurs auf die Jade zum Vorpostendienst in der I. Aufklärungsgruppe. Ende August stieß *Blücher* als Flaggschiff des Großadmirals Prinz Heinrich von Preußen in die östliche Ostsee vor. Am 3. September folgte in Begleitung des IV. Geschwaders der Wittelsbach-Klasse ein weiterer Vorstoß in den Finnischen Meerbusen. Am 6. September traf *Blücher* mit zwei russischen Panzerkreuzern der »Bajan«-Klasse (je 8000 Tonnen) zusammen. Zum Gefecht kam es jedoch nicht, die kaiserlich-russischen Schiffe drehten ab. Nach einer kurzen Demonstration vor Windau am 7. September folgten Rückmarsch und Rückkehr in die Nordsee. Dort nahm *Blücher* zusammen mit den Schlachtkreuzern *Seydlitz, Moltke* und *von der Tann* am 2./3. November an der ersten Beschießung der britischen Ostküste bei Yarmouth teil. Nur zwei Wochen später, am 15./16. November, folgte ein zweiter Vorstoß gegen Hartlepool, Whitby und Scarborough.
Blücher, *Moltke* und *Seydlitz* hatten die Aufgabe, die befestigte Küstenstadt Hartlepool anzugreifen und die englischen Küstenbatterien zu zerstören. Aber bevor dies gelang, erlebte *Blücher* unter dem Kommando von Fregattenkapitän Erdmann seine Feuertaufe.
Das Schiff wurde viermal getroffen. Es gab neun Tote, ein 8,8-cm-Geschütz, Visier und Entfernungsmesser eines 21-cm-Geschützturmes wurden zerstört. Doch die Einschläge konnten die Kampfkraft des Panzerkreuzers kaum schwächen. Der Torpedoboot-Angriff des Feindes brach im Abwehrfeuer zusammen, dem herannahenden Gros der »Grand Fleet« mußte jedoch ausgewichen werden. Sämtliche Streitkräfte der deutschen Hochseeflotte, die an dem Unternehmen beteiligt waren, kehrten unversehrt in die Heimat zurück.
Im Dezember wurde *Blücher* auf der Kaiserlichen Werft in Kiel überholt, Anfang Januar 1915 ging es zurück in die Nordsee.

Am 23. Januar erfolgte erneut ein deutscher Vorstoß gegen die britischen Streitkräfte in der Nordsee. Konteradmiral Hipper, Befehlshaber der Aufklärungsschiffe, hatte das Kommando. Der um 10.25 Uhr durch Funkspruch gegebene Auslaufbefehl lag der britischen Admiralität bereits wenig später entziffert vor.
Um 17.45 Uhr gingen *Seydlitz* als Flaggschiff, *Moltke*, *Derfflinger* und *Blücher*, vier kleine Kreuzer und 18 Torpedoboote in See.
Fast gleichzeitig machten im Firth of Forth und in Harwich die Engländer unter dem Kommando von Vizeadmiral Sir David Beatty zum Gegenstoß Dampf auf: »Fünf Schlachtkreuzer mit *Lion* an der Spitze, *Tiger*, *Princess Royal*, *New Zealand* und *Indomitable*, sieben kleine Kreuzer, 34 Zerstörer setzten sich in Marsch. Als Rückendeckung stand das III. Schlachtgeschwader — alles ältere Linienschiffe und in weitem Abstand die ›Grand Fleet‹ bereit.
Am nächsten Tag um 9.25 Uhr krachten die ersten Salven. *Blücher* feuerte mit seinen 21 cm gegen die 34-cm-Geschütze des Feindes. Um 10.12 Uhr schlug der erste Treffer durch *Lion* auf *Blücher* ein. Um 10.21 Uhr bekam *Lion* einen Gegentreffer. Um 10.43 Uhr erhielt *Seydlitz* einen verhängnisvollen Schlag. Die hinteren Geschütztürme wurden durch einen schweren Pulverbrand außer Gefecht gesetzt und mußten aufgegeben werden. 185 Mann verloren ihr Leben. Auch *Derfflinger* wurde schwer getroffen.
Am schlimmsten aber erwischte es *Blücher*. Um 11.30 Uhr wurde das Schiff durch einen schweren Treffer in seiner Kampfkraft entscheidend beeinträchtigt. Eine Granate zerstörte eine nur auf diesem Schiff versuchsweise eingebaute Munitionstransportbahn des Mittelganges, durchschlug das Deck, entzündete annähernd vierzig 21-cm-Kartuschen und durchschlug eine Hauptdampfrohrleitung. Mittschiffs entstand ein Flammenmeer, die Geschwindigkeit sank schnell auf 17 Knoten.
Ein Angriff der Torpedoboote sollte den Feind zum Abdrehen zwingen. Zu spät: Weitere Treffer in das immer noch zurückfeuernde Schiff besiegelten sein Schicksal. Langsam sackte der Panzerkreuzer achteraus und mußte von Konteradmiral Hipper zurückgelassen werden, um mit den übrigen Einheiten der feindlichen Übermacht zu entkommen.
Blücher verlor mehr und mehr seine Kampfkraft, der Gegner überschüttete das Schiff geradezu mit Granaten. Aber niemand an Bord dachte daran, sich zu ergeben. Als schließlich auch das letzte Geschütz an Deck ausfiel, sammelten sich die Überlebenden auf der Schanz und sangen das Flaggenlied. Kurz darauf versank das stolze Schiff in den Fluten. Um 13.13 Uhr war der ungleiche Kampf gegen den übermächtigen Gegner zu Ende.
260 Mann der *Blücher*-Besatzung wurden von englischen Zerstörern gerettet. Die amtliche britische Darstellung der Schlacht auf der Doggerbank ehrte den Todeskampf des tapferen Gegners *Blücher* mit den Worten: »Drei Stunden lang, während das Schiff der Brennpunkt einer überwältigenden Feuerkonzentration war, hat es

keinen Augenblick aufgehört, das Feuer zu erwidern. Zweimal waren unsere leichten Kreuzer vorgestoßen, um seine Vernichtung zu vollenden, und zweimal hatte *Blücher* diese gezwungen, sich wieder zurückzuziehen. Als ein Beispiel von Disziplin, Mut und kämpferischem Geist ist seine Haltung selten übertroffen worden.«

Gebhard Leberecht von Blücher

Im Zusammenhang mit der offiziellen und fairen Wertung der dramatischen Ereignisse um *Blücher* durch die Engländer soll an dieser Stelle auch der Mann gewürdigt werden, auf dessen Namen alle drei Schiffe getauft wurden: Gebhard Leberecht von Blücher. Er gilt als einer der tapfersten Soldaten in der deutschen Geschichte. Schon zu Lebzeiten wurde der preußische Feldherr zur Legende.
Er wurde am 16. Dezember 1742 in Rostock als Sohn eines verarmten mecklenburgischen Adligen geboren. Zu Beginn des Siebenjährigen Krieges trat Blücher freiwillig in schwedische Dienste. 1766 nahmen ihn preußische Husaren zunächst gefangen, danach wurde er Offizier Friedrichs des Großen. 1773 schien die militärische Karriere des Stabsrittmeisters von Blücher jäh beendet zu sein. Der 30jährige, der keine geregelte Schulausbildung hatte, der spielte und trank, fühlte sich bei der Beförderung übergangen und protestierte heftig.
Friedrich der Große reagierte ungnädig: »Er soll sich zum Teufel scheren.« 1773 nahm Blücher seinen Hut. Doch 1787 kam der Heißsporn unter Friedrich Wilhelm II. wieder zu Ehren. Als Major trat er in sein altes Regiment ein und zeichnete sich im Krieg der europäischen Monarchien gegen das revolutionäre Frankreich durch offensive Kühnheit als Reiterführer aus. 1801 wurde Blücher zum Generalleutnant befördert. 1805 forderte er in einer Denkschrift die Einführung der allgemeinen Wehrpflicht in Preußen.
1813 übernahm er — bereits im hohen Alter stehend — den Oberbefehl über die Schlesische Armee (104000 russische und preußische Soldaten), und schlug mit Unterstützung seines Generalquartiermeisters Graf August Wilhelm Neidhardt von Gneisenau (1760 bis 1831), die französischen Truppen an der Katzbach. Bei Wartenburg erzwang Blücher den Elbübergang und griff als preußischer Heerführer entscheidend in die Völkerschlacht bei Leipzig ein. Wegen seiner mutigen Attacken zu Pferde an der Spitze des Heeres nannten ihn seine Soldaten »Marschall Vorwärts«.
In der Neujahrsnacht 1813/14 überschritt Blücher mit seinen Truppen bei Kaub den Rhein und besiegte wenig später Napoleon Bonaparte (1769 bis 1821) bei La Rothiere. Den größten Sieg errang der 72jährige Marschall zusammen mit dem britischen General Arthur Wellington (1769 bis 1852). Der aus der Verbannung auf Elba zurückgekehrte Napoleon hatte Blücher am 16. Juni 1815 zwar bei Ligny in Belgien geschlagen, doch dessen Armee nicht vernichtet.
Zwei Tage später griff der französische Kaiser die Engländer bei Waterloo an. Wellington geriet in höchste Bedrängnis und rief: »Ich wollte, es wäre Nacht oder

die Preußen kämen!« Und die Preußen kamen, mit Blücher an der Spitze, bereiteten Napoleon und seinem Herrschaftsanspruch auf Europa die alles entscheidende Niederlage. Zur Belohnung ernannte ihn der König von Preußen zum Fürsten von Wahlstatt, schenkte ihm Geld und Güter.
Eine Lobrede auf seine Person bedachte er einmal mit den Worten: »Was ist's, was Ihr rühmt? Es war meine Verwegenheit, Gneisenaus Besonnenheit und des großen Gottes Barmherzigkeit.« Die letzten Lebensjahre verbrachte Blücher auf seinen schlesischen Besitzungen. Am 12. September 1819 starb er im Alter von 76 Jahren auf Schloß Krieblowitz bei Breslau. Der Ort wurde 1937 in Blüchersruh umbenannt, heißt heute Krobielowice.

Der Begriff »Schwerer Kreuzer«

Fast drei Jahre vor dem Stapellauf, am 30. Oktober 1934, wurde die dritte *Blücher* unter der Bezeichnung »G« (Ersatz »Berlin«) in Auftrag gegeben. Alle Risse stammten vom Konstruktionsbüro Burghardt. Die Kiellegung erfolgte am 27. August 1935 auf Helling 2. Der Neubau galt als Schwesterschiff der Schweren Kreuzer *Admiral Hipper* (Stapellauf 6. Februar 1937 bei Blohm + Voss in Hamburg), *Prinz Eugen* (Stapellauf 22. August 1938 bei der Germania Werft in Kiel), *Seydlitz* (Stapellauf 19. Januar 1939 bei Deschimag in Bremen, 1942 Umbau zum Flugzeugträger) und *Lützow* (Stapellauf 1. Juli 1939 ebenfalls bei Deschimag in Bremen, 1940 Verkauf an die Sowjetunion).
Die Schiffe waren die ersten sogenannten »Washington-Kreuzer«. Die Bezeichnung entstand nach dem 1922 dort getroffenen Flottenabkommen zur maritimen Rüstungsbegrenzung.
Die Bezeichnung »Schwerer Kreuzer« ergab sich aus der geschichtlichen Entwicklung. Weil Segelschiffe vom Wind abhängig waren, um einen bestimmten Punkt zu erreichen, mußten sie gegen den Wind kreuzen. Je höher das Schiff an den Wind gehen konnte, desto besser eignete es sich zum Kreuzen und für bestimmte Aufgaben zum Beispiel Kurierdienste, Aufklärung oder Verfolgung.
Deshalb bürgerte sich in der ersten Hälfte des 19. Jahrhunderts für derartige Schiffe der Name »Kreuzer« (englisch »cruiser«) ein, der 1884 auch amtlich in der Kaiserlichen Marine eingeführt wurde. Später unterteilte man vorhandene Korvetten nach ihrer Größe in Kreuzerfregatten und Kreuzerkorvetten. Bereits 1893 änderte sich die Einteilung, umfaßte auch kleine, schnelle Depeschenboote.
Dann wurden die Kreuzer in Klassen I bis IV unterschieden, je nach Wasserverdrängung, Panzerschutz und Bewaffnung. Aus den Kreuzern der I. und II. Klasse entwickelte sich der »Große Kreuzer« (ab 1900) und dann der Panzerkreuzer mit Panzerdeck, Seitenschutz, Panzer für die Schiffsführung und schwere Artillerie (ab 1906), der in seiner letzten Form auch als Schlachtkreuzer bezeichnet wurde. Kreuzer der III. und IV. Klasse wurden als »Geschützte Kreuzer« bezeichnet, wenn sie zumindest ein Panzerdeck besaßen. Als »Ungeschützte« galten die Schiffe, wenn sie ohne jeden Panzerschutz waren. Im Ersten Weltkrieg spielten »Ungeschützte Kreuzer« praktisch keine Rolle mehr. Die »Geschützten Kreuzer« oder Kleinen Kreuzer dagegen dienten als Aufklärer, Torpedobootführer und Handelsstörkreuzer.
Ende des Ersten Weltkrieges stellte Großbritannien überrascht fest, daß die amerikanische Flotte die eigene Stärke eingeholt hatte und sogar bald überflügeln würde. Um einen Rüstungs-Wettlauf auszuschließen und Japans Seerüstungen zu begren-

zen, lud die amerikanische Regierung die führenden Seemächte zu einer Konferenz nach Washington ein. Das Ergebnis war das bereits erwähnte Flottenabkommen, das die Gesamttonnage und die Anzahl der Schlachtschiffe und Flugzeugträger festlegte.

Weil aber die Zahl der Kreuzer nicht begrenzt wurde, stürzten sich die Marinen auf den Bau dieser Kreuzer. Bis Ende der 20er Jahre bauten England 15, Japan 11, die USA 9, Frankreich 7 und Italien 5. Neue Verhandlungen in London beendeten 1930 das Wettrüsten in diesem Bereich. Das Ergebnis war die Unterteilung der Kreuzer in »Schwere« und »Leichte«. Der Unterschied: »Schwer« bezog alle Geschütze über 15,5 cm bis einschließlich 20,3 cm ein, »Leicht« alle Geschütze bis 15,5 cm. Damit war der »Schwere Kreuzer« fest und endgültig bestimmt. Das Maß für die Schiffsgröße, ausgedrückt durch das Schiffsgewicht, war die englische Tonne (ts) zu 1016 kg. Dem Gewichtsmaß wurde »standard« angehängt, um den Zustand des Schiffes genau zu bezeichnen, für das dieses Gewicht galt.

Die »Standardverdrängung« ist die Summe aller Gewichte von Schiffskörper, Panzer, Haupt- und Hilfsmaschinen, von sämtlichen Waffen und Geräten, von Wasser und Treibstoff in der gesamten Antriebsanlage, ferner der Schlingerdämpfungsanlage und des Ballastes, der Ausrüstung mit Munition aller Art, normaler Verbrauchsstoffe und der Besatzung mit deren Ausrüstung und Lebensmittelbestand, ohne Brennstoff und Speisewasser.

Bis 1935 schränkte der Versailler Vertrag den Bau schwerer Kriegsschiffe in Deutschland ein. Mit dem in diesem Jahr abgeschlossenen deutsch/englischen Flottenvertrag wurden den Deutschen jedoch gestattet, bis zu 35 Prozent der Tonnage der Royal Navy zu bauen. Damit durfte Deutschland fünf Kreuzer nach den Bestimmungen des Washingtoner Vertrages beschaffen.

Diese wurden als A-Klasse (»Hipper«-Klasse) auf Kiel gelegt.

Der erste Entwurf für Schwere Kreuzer war 1934 — als auch mit der Planung der Schlachtschiff-Klasse *Bismarck* begonnen wurde — vorbereitet worden.

Als besondere Aufgabe war der A-Klasse zugedacht, die französischen Schweren Kreuzer in Schach zu halten und zu verhindern, daß Truppen und Versorgungsgüter von Nordafrika nach Frankreich verschifft würden.

»Die Kriegsmarine hat endlich wieder einen *Blücher*«, jubelte die gleichgeschaltete nationalsozialistische deutsche Presse beim Stapellauf. Doch bis zur Ablieferung des Schweren Kreuzers dauerte es noch fast zwei Jahre.

Der Werft-Chronist notierte: »Der Fertigbau ging zwar termingerecht, aber unter manchem Stoßzeufzer der Kopf und Handarbeiter, vor sich. Denn der Bauplan war aus militärisch sowie technisch unbequemen Kompromissen zusammengesetzt. Man hatte auf dem Papier etwas festgelegt, was sowohl schiffstechnisch als auch militärisch wenig sinnvoll war, aber die Briten wollten es so! Es war nicht zu vermeiden, daß das Schiff vor der endgültigen Fertigstellung manchmal zur Verzweif-

lung der Hersteller wiederholten Änderungen ausgesetzt war und letzten Endes den Fachmann doch nicht befriedigen konnte. Trotz allem war es ein beachtliches Schiff. Die schwache Artillerie und der damit beeinträchtigte Kampfwert enttäuschte, entsprach jedoch den internationalen Abmachungen. Die Geschwindigkeit konnte dieses Minus jedoch nicht wettmachen.«
Die Probe- und Übergabefahrten erfolgten am 6. September und 18. September.

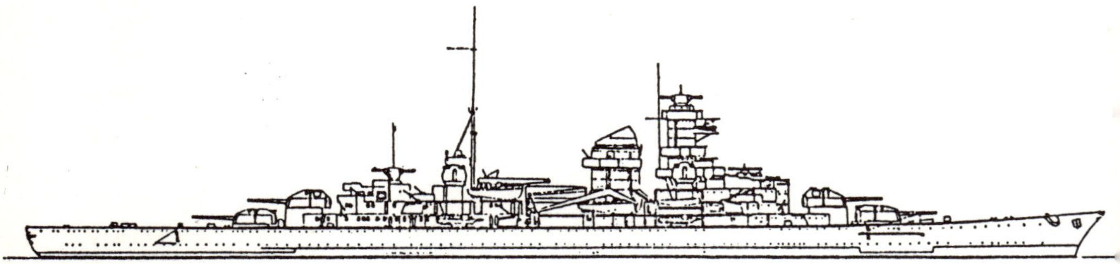

Die technischen Daten:

Größe: 13900 Tonnen
Länge: 195 Meter in der Konstruktions-Wasserlinie
Länge über Alles: 205,9 Meter
Breite: 21,3 Meter
Tiefgang: 5,8 Meter
Maschinen: Typ: BBC-Einfachgetriebe-Turbinen auf drei Wellen
Maschinenleistung: 132000 PS (Turbinen, Ölfeuerung) Geschwindigkeit: 32,5 Knoten
Kessel: Typ: Wagner. Anzahl: 12
Besatzung: 1380 Mann
Bewaffnung: 8 Stück 20,3-cm-SK L/55 in Doppeltürmen
12 Stück 10,5-cm-Flak in Doppellafetten
12 Stück 3,7-cm-Flak in Doppellafetten
8 bis 28 Stück 2,0-cm-Flak (Vierlinge)
12 Torpedorohre 53,3 cm in Drillingsgruppen
1 Flugzeugschleuder
3 Flugzeuge (Tiefdecker) vom Typ »Arado 196«
Panzerung: Seite (Gürtel): 70 – 80 mm
Deck (Ober-): 12 – 30 mm
(Panzer): 20 – 50 mm
Haupt-Artillerie: 70 – 140 mm.
Bunkerkapazität: 4320 Tonnen Öl.
Aktionsradius bei 19 Knoten Geschwindigkeit: 6800 Seemeilen.

Wasserverdrängung:

Typ-(Standard-) W.V. offiziell	Pt	=	10160 t	=	10000 engl. ts
Konstruktions-W.V. offiziell	Pk	=	12192 t	=	12000 engl. ts
Einsatz-W.V. offiziell	Pmax	=	14224 t	=	14000 engl. ts
Konstruktions-W.V. real	Pk	=	16490 t		
Einsatz-W.V. real	Pmax	=	18694 t		

Anmerkung:
Pt: Gewicht des fertig ausgerüsteten Schiffes einschließlich Ausrüstung und Munition aber ohne Brennstoff und Kesselspeisewasser.
Pk: Probefahrtgewicht mit etwa der Hälfte des gesamten Brennstoffs und Kesselspeisewassers an Bord. Mit dem Pk soll das Kriegsschiff auf der KWL schwimmen.
Pmax: Gewicht mit dem gesamten unterzubringenden Brennstoff und Kesselspeisewasser an Bord.
Baukosten: Etwa 87,855 Millionen Reichsmark.
Sonstiges: Zunächst gerader Steven, später Klipper-Steven.
Bug- und Seitenwulste
Zwei Fla-Richtgeräte
Passiv-Bugsonar

Noch etwas zur Technik: Ein besonderes Meisterstück war die Flugzeugschleuder, konstruiert von der Deutschen Werke Kiel Aktiengesellschaft. Die DWK hatte sich seit 1927 mit dieser für eine Werft etwas ausgefallenen Fertigung beschäftigt. DWK-Abteilungsdirektor Otto Richter, später Chefkonstrukteur, erhielt ein Buch mit der Aufschrift »Ganz Geheim« zum Studium. Daraus ging hervor, daß sich die nordamerikanische Marinewerft Philadelphia bereits von 1912 bis 1916 mit Gedanken über eine Flugzeugschleuder beschäftigt hatte. Aber die Idee war weder von den USA noch von England ernsthaft weiterbetrieben worden.
Erst Marinebaurat Krause von der Kaiserlichen Werft Danzig befaßte sich intensiver mit dem Problem der Flugzeugschleuder. Aber mit Ausgang des Ersten Weltkrieges wurde die Planung zu den Akten gelegt. In den 20er Jahren waren es dann wieder die Amerikaner, die sich von den Katapulten ernsthaft etwas versprachen. Die Engländer und Franzosen folgten, wobei die Briten sogar vier Systeme entwickelten. 1926 wurden auf 25 US-Kreuzern je zwei Schleudern eingebaut mit langen festen Gleitbahnen von erheblichem Gewicht. Der Abschuß erfolgte durch Entzündung einer normalen Kartusche (10 cm Geschütz). Dadurch wurde eine mäßige Abfluggeschwindigkeit erzielt, die durch die Fahrt des Schiffes aber erhöht werden konnte. Die Franzosen arbeiteten mit Preßluft, England setzte eine Öldruckschleuder ein. Trotzdem war die feste Gleitbahn immer noch sehr lang und vor allem zu schwer. Japan hatte die US-Katapulte in Lizenz übernommen. Vier maßgebliche Kriegsmarinen hatten sich nun bereits mit dem Problem der Flugzeugschleudern auseinandergesetzt. Was lag da näher, daß auch die deutsche Reichsmarine darin eine wertvolle Entwicklungsaufgabe sah.

Otto Richter hatte schließlich die zündende Idee: Er entwickelte eine verkürzte Gleitbahn, die sich beim Katapultieren in Schußrichtung mitdrehte. Der Vorteil: mehr Platz, weniger Gewicht. Richters Erfindung wurde in Deutschland und im Ausland zum Patent angemeldet. Schweden bezog man nicht mit ein, weil man bei kleineren Marinen kein Interesse für Katapulte voraussetzte. Später stellte sich das als Gegenteil heraus. In Großbritannien hatten sich übrigens zwei Mitglieder der Admiralität wenige Monate vor der deutschen Anmeldung zum Patent in einem Geheimplan das gleiche Prinzip sichern lassen.

Der erste Auftrag zum Bau einer Versuchsschleuder für 3,5 Tonnen schwere Flugzeuge mit einer Abschußgeschwindigkeit von etwa 30 Metern pro Sekunde = 108 km/h erging 1931. Der erste Abschuß eines Wasserflugzeugs fand am 17. September 1931 statt. Kurz vor 8 Uhr wurde die Doppeldeckermaschine vom Typ »He 43« mit dem Lufthansa-Piloten Walter Hagen erfolgreich katapultiert. Nach einigen Verbesserungen am »Schlitten« (z.B. Rollen statt Kufen) begann die Serienfertigung für alle Schiffe der Reichs- bezw. der Kriegsmarine. *Blücher* erhielt an Bord sogar eine besondere Halle, um die Flugzeuge sicher unterzubringen.

Am 20. September 1939 — drei Wochen nach Kriegsausbruch —, wurde der Schwere Kreuzer als modernstes Kriegsschiff der Welt in Dienst gestellt. Korvettenkapitän (Ing.) Helmut Karbe erinnerte sich: »Die Indienststellung ging ohne Pomp über die Bühne. Keine besonderen Besuche. Ein Antreten der Besatzung, eine dem Kriegszustand entsprechende kurze, markige Ansprache und dann: ›Heiß Flagge und Wimpel — Wegtreten‹. Die damaligen »Kieler Neuesten Nachrichten« hatten in den Tagen um die Indienststellung hierüber nichts berichtet. Die Zeitung hatte natürlich über den damaligen Polen-Feldzug sehr viel Markanteres zu erzählen.«

Das Kommando der *Blücher* bekam Kapitän zur See Heinrich Woldag. Woldag wurde am 19. Oktober 1892 in Rohrsheim bei Magdeburg geboren.

Am 1. Oktober 1937 wurde er zum Kapitän zur See befördert. Bevor Woldag *Blücher* übernahm, war er Kommandeur der Schiffsartillerieschule. Seine Freunde nannten ihn »Dackel Woldag«. Er war klein, lebhaft, blond und blauäugig, sah jugendlich aus. Die Besatzung schätzte seine stets vergnügte, menschlich-kameradschaftliche Art. Das spornte den Arbeitseifer der Mannschaft noch zusätzlich an. Als Woldag *Blücher* übernahm, war der Kreuzer allerdings noch nicht einsatzbereit. Hunderte von Arbeitern und Ingenieuren der Werft waren immer noch an Bord beschäftigt, testeten Maschinen, verbesserten die Technik, ergänzten Geräte und beseitigten Mängel, die bei verschiedenen Probefahrten festgestellt wurden.

Bemerkenswert war ein besonderer Besuch am 30. Oktober 1939. Der Leiter des sowjetischen Volkskommissariats für Kriegsschiffbau besichtigte den Schweren Kreuzer. Er interessierte sich vor allem für die Maschinenräume und stellte dem Leitenden Ingenieur, Fregattenkapitän Karl Thannemann, die Frage: »Warum hält

Deutschland an der alten Aufstellung ›Turbinenraum, Turbinenraum, Kesselraum, Kesselraum, Kesselraum‹ fest? Die Engländer bauen ihre Schweren Kreuzer doch auch nach dem Prinzip ›Turbinenraum, Kesselraum, Turbinenraum, Kesselraum...‹ «

Die Überlegung des russischen Offiziers war gar nicht so falsch. Denn die Antriebsanlage des *Blücher* bestand aus drei voneinander völlig unabhängigen Kraftwerken. Diese Anordnung war im Falle eines schweren Treffers insofern gefährlich, als die beiden Turbinenräume hinter allen drei Kesselräumen lagen. Dadurch ergab sich im Turbinenraum 2/3 und Kesselraum 1 ein gefährlicher Querschnitt, das heißt, Räume durch die alle Leitungen der drei Kraftwerke hindurch mußten. Verschärft wurde die Konstruktion noch dadurch, daß zu beiden Seiten vom Schott 88 fünf Räume lagen, die für alle drei Kraftwerke wesentlich waren — von Kraftwerk 11 der Kesselraum 1 und von den Kraftwerken 22 und 33 der Turbinenraum 2/3.

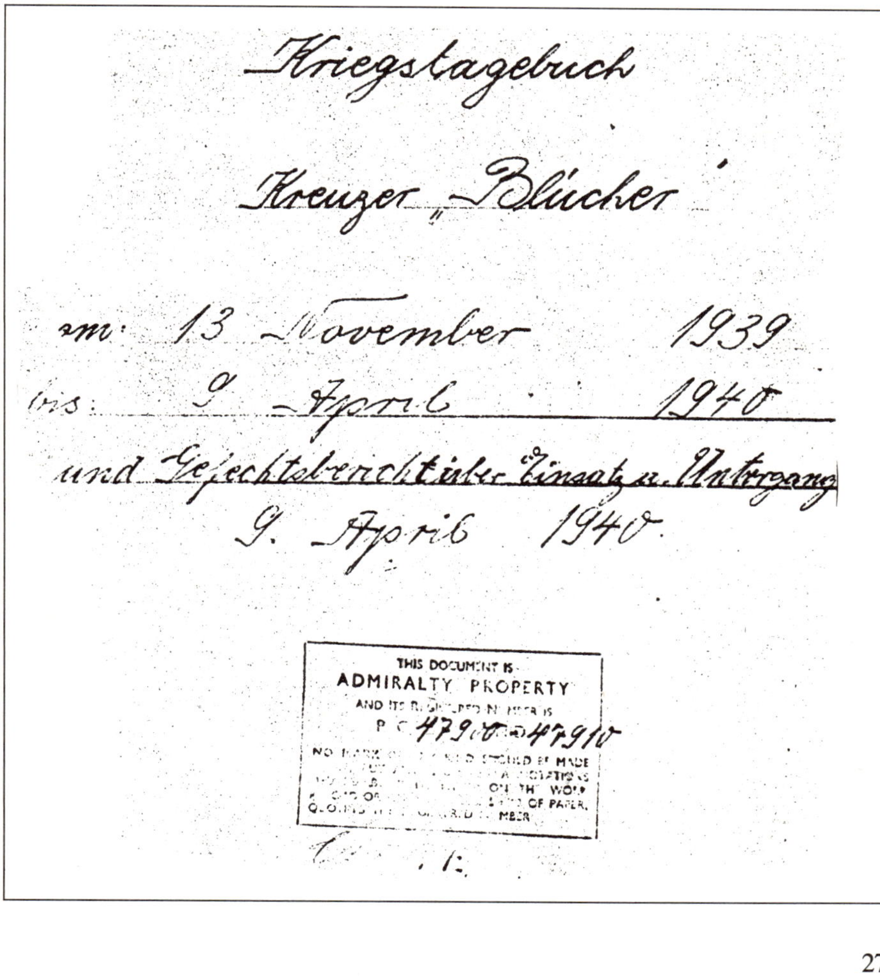
Kriegstagebuch

Kreuzer „Blücher"

vom: 13 November 1939
bis: 9 April 1940
und Gefechtsbericht über Einsatz u. Untergang
9. April 1940

THIS DOCUMENT IS
ADMIRALTY PROPERTY
P G 47910 – 47910

Kriegstagebuch Kreuzer »Blücher«

vom 13. November 1939 bis 31. März 1940

Ab 13. November wurden alle Vorkommnisse im Kriegstagebuch des Schweren Kreuzers festgehalten.
Die erste Eintragung lautete:
09.30 Uhr, Kiel, SSW 1. Boje A-8 los, ausgelaufen zur Seeklarbesichtigung. Nichts Besonderes. 13.16 Uhr: Friedrichsort, geankert.
14.11.: 09.45 Uhr, Friedrichsort, diesig, SW 2-3. Anker auf, Anschießen der 20,3- und 10,5-cm-Geschütze. 17.34 Uhr, Friedrichsort, geankert.
15.11.: 08.00 Uhr, Friedrichsort, SW 6-3, Anker auf, NEK-Erprobung, nichts Besonderes.
16.11.: 15.00 Uhr, Kiel, SW 5-2, eingelaufen, Boje A-9 fest.
17.11.–26.11.: Kiel, Instandsetzungsarbeiten an der Maschinenanlage für EKK-Erprobungen. Nichts Besonderes.
27.11.: 16.00 Uhr, Kiel, Boje A-9 los, ausgelaufen. Marsch in die östl. Ostsee. 21.50–22.03 Uhr, Gjedser Enge, Sperre passiert.
28.11.–30.11.: östl. Ostsee, SW 5-10, Brennstoff-Meßfahrten, nichts Besonderes.
30.11.: 8.35 Uhr, Nebel, S 2-5, Pillau Reede. Wegen Nebels geankert. 10.55 Uhr Sichtbesserung, bedeckt, böig. Anker auf, Brennstoffmeßfahrten, nichts Besonderes. 16.30 Uhr: vor Gotenhafen, sehr diesig, Seegang 3, SW 6-8, geankert, da außerhalb der Danziger Bucht. Meßfahrten wegen Seegangs nicht möglich. 20.24 Uhr: klar, sehr sichtig, helle Vollmondnacht. Anker auf, da sich das Schiff als dunkle Silhouette vor der erleuchteten Stadt abhebt, um in Danziger Bucht auf und ab zu stehen. 22.50 Uhr: Quadrat 9824 unten. Horchstelle meldet Schraubengeräusche, angeblich von E-Motoren und Ausfahren eines Sehrohres eines U-Bootes. Funkspruch 23.55 Uhr an B.S.O-Kommandantur Pillau: »22.50 Uhr Quadrat 9824 unten angeblich U-Bootsgeräusche gehorcht.« Da die Möglichkeit bestand, daß ein feindliches U-Boot in die Danziger Bucht eingedrungen sein konnte, lief ich aus der Danziger Bucht aus, zur Erprobung des Schiffes bei Seegang. In See WNW-9, Seegang 5.
1.12.: 17.47 Uhr: Gotenhafen, eingelaufen, Becken V fest.
4.12.: 09.00 Uhr, Gotenhafen, ausgelaufen. Östliche Ostsee, SW NW 3-6. EKK-Erprobungen, Meilen und Fahrbereichsmeßfahrten, nichts Besonderes.
6.12.: 14.47 Uhr: Gotenhafen, eingelaufen, Becken V fest, Ölübernahme.
7.12.: 08.00 Uhr: Gotenhafen, ausgelaufen. Östl. Ostsee, NO 1-4. Meilen- und Fahrbereichsmeßfahrten.
9.12: 14.13 Uhr: Pillau, eingelaufen, Kanaldamm fest, Ölübernahme.
11.12.: 08.00 Uhr: Pillau, ausgelaufen. östl. Ostsee 0-4, Nebel, Höchst-Dauerfahrt.
12.12.: 15.28 Uhr: Danziger Bucht. Wegen Nebels geankert. 23.45 Uhr, Danziger Bucht, Sichtbesserung. Anker auf.
13.12.: 03.11 Uhr: Gotenhafen, eingelaufen, Becken V fest. Ölübernahme.
15.12.: 07.00 Uhr: Gotenhafen, ausgelaufen. Östliche Ostsee, N 2-3. Höchst-Meile, Ölübernahme in See, anschl. Marsch nach Kiel.

16.12.: 08.50 Uhr–9.30 Uhr: Gjedser Enge, Minensperre passiert. 14.50 Uhr: Kiel, eingelaufen, DWK-Liegeplatz 2 fest.
17.12.–31.12.: Kiel, Durchführung von Restarbeiten.
1.1.–2.1.: Deutsche Werke Kiel, Liegeplatz 2. Notwendige Änderungen zur weiteren Fortsetzung der Erprobungsfahrten und kleinere Restarbeiten. Nichts Besonderes.
3.1.–4.1.: 12.00–16.00 Uhr: Schwimmdock B. Arbeiten an der Bugspier. Nichts Besonderes.
5.1.–7.1.: Deutsche Werke Kiel, Liegeplatz 2. Fortsetzung der Restarbeiten.
8.1.: 09.00 Uhr Kiel, NO 3, Seegang 1, ausgelaufen, Entgasungsversuche, Fahrübungen. 14.30 Uhr: Strander Bucht, geankert. Ausschiffung des Erprobungspersonals der C.P.V.A.* 16.10 Uhr: SO 3, Seegang 2. Anker auf, Marsch in die östliche Ostsee. 20.40–21.40 Uhr: Gjedser Enge, sichtige Nacht. Sperre passiert, Fahrbereichsmeßfahrten.
9.1.: 18.45 Uhr: 1 sm nördl. Pillau, Ansteuerungstonne, OSO 2, Nebel, wegen Nebels geankert.
10.1.: 8.35 Uhr: SSO 2, Nebel. Anker auf, Fahrt nach Gotenhafen. 13.12 Uhr: Ansteuerungstonne Gotenhafen, diesig S 1, O.K.M. 17.00 Uhr: Sichtbesserung, Anker auf, Fahrmeßbereichsfahrt. 18.17 Uhr: Anst. T. Gotenhafen, geankert, da in Danziger Bucht Eisgang und Nebel, sodaß Fortsetzung der Erprobungen nicht möglich.
11.1.: 07.00 Uhr: SO 2, Seegang 1, Anker auf Fortsetzung der Erprobungen. 15.56 Uhr: Gotenhafen, SO 1, eingelaufen, da in ganzer Danziger Bucht dichter Bodennebel, Passagier-Mole festgemacht.
12.1.: 07.30 Uhr: SW 1, Seegang 2, wechselnde Sicht, ausgelaufen, Durchführung der vorgesehenen Erprobung, nichts Besonderes. 15.45 Uhr: Gotenhafen, W 4, Passagier-Mole fest.
13.1.: Gotenhafen. Brennstoffergänzung, Vorbereitung A.V.K.-Erprobungen.
14.1. bis 15.1.: 13.00 Uhr: WNW 4-5, Seegang 3, ausgelaufen. Danziger Bucht. A.V.K.S.-Erprobungen, Fahrbereichsmeßfahrten, nichts besonderes.
16.1.: 04.00 Uhr: vor Pillau, NO 5, Nebel, wegen Nebels geankert. 07.50 Uhr: NO 4, Nebel, Seegang 3, Anker auf, Marsch nach Westen.
17.1.: 07.15–8.30 Uhr, Gjedser, N 2, Seegang 1, Sperre passiert. 13.00 Uhr: Kiel, S 3, Seegang 1, eingelaufen, Boje A-9 festgemacht.
18.1.: 06.45 Uhr: Beim Törnen der Maschinen zum Seeklarmachen brach Bolzen des Schäkels am Bojenstander, Schiff nahm geringe Fahrt voraus auf und beschädigte den davor liegenden Kreuzer *Köln* leicht am Heck. *Blücher* keine Beschädigungen. 07.05 Uhr: Kiel, S 2. Bei Boje A-9 geankert. 08.30 Uhr: SW 3, Seegang 1. Anker auf, Fla-MW-Schießen in der westlichen Ostsee, Erprobung mit Ottern** und Bugschutzgerät. 16.57 Uhr: Kiel, SW 3, eingelaufen, Boje A-10 fest.
19.1.–26.1.: Kiel, Boje A-10. Vorbereitungen zur Restarbeitszeit. Modelltorpedoschießen im Hafen. Geplante D.E.K.-Erprobungen wegen der Eisverhältnisse ausgefallen.

---

* Chemisch-Physikalische Versuchsanstalt
** Minensuchgeräte

27.1.: 9.15 Uhr–10.25 Uhr: von Boje A-10 zu den D.W.K. Liegeplatz 2 verholt. Beginn der Restarbeitszeit.
28.1.–31.1.: D.W.K. Kiel, Restarbeitszeit.
1.2.–15.2.: D.W.K. Kiel, Restarbeitszeit. Kommandant: Kapitän zur See Woldag.
5.2.–10.2.: durch Freg.Kpt. Heymann, 11.2.–15.2. durch Korv.Kpt. Förster vertreten, da beurlaubt.
15.2.–29.2.: D.W.K. Kiel, Restarbeitszeit.
Kommandant: Kapitän zur See Woldag. 16.2.–19.2.40 durch K.Kapt. Förster. 20.2.–25.2.40 durch K.Kapt. Engelmann vertreten, da beurlaubt.
1.3.–15.3.: D.W.K. Kiel, Restarbeitszeit.
16.3.–22.3.: D.W.K. Kiel, Restarbeitszeit.
23.3.: K.M.W. Kiel. Mit Schlepperhilfe verholt und aufgedockt, Schwimmdock *Bruno*.
23.3.–29.3.: K.M.W. Kiel, Restarbeitszeit, Schwimmdock *Bruno*
30.3.: Mit Schlepperhilfe verholt nach Scheerhafen, Abstimmole.
30.3.–31.3.: Abstimmole, Scheerhafen, Kiel. Abstimmen der Artillerie.

Während sich die Aufzeichnungen von Woldag kurz und sachlich lesen, setzte sich der Leitende Ingenieur Karl Thannemann später recht kritisch mit den baulichtechnischen Eigenschaften des Schweren Kreuzers auseinander. So bemängelte Thannemann unter anderem:
»Obwohl *Blücher* bereits ein halbes Jahr in Dienst war, fehlten alle Angaben im Schiffsbuch über Stabilität und Leckstabilität. Die entsprechenden Seiten waren — wie viele andere — völlig leer. Auch der Kommandant hatte unter den geheimen Kommando-Sachen keine Unterlagen über Stabilität und Leckstabilität. *Blücher* fuhr mehrere Monate in einem U-boot- und minengefährdeten Gebiet (westliche und mittlere Ostsee), ohne daß die nötigen Unterlagen für Leckrechnung und Beurteilung der Stabilität zur Verfügung standen. Das war militärisch im Krieg für ein so wertvolles Schiff nicht zu verantworten.
Die Verhältnisse in der Kommando- und Leckwehrzentrale waren zu eng. Eine Klärung dieser Frage hatte das OKM befohlen. Die Raumausnutzung in den Kesselräumen ging dagegen über das militärisch zulässige Maß hinaus. Eingebaute Anlagenteile waren zu wenig zugänglich. So war es nicht immer möglich, wünschenswerte Instandhaltungsarbeiten in einem erträglichen Zeitaufwand durchzuführen. Oft mußten vorher erst Teile abmontiert werden, dadurch fielen andere Anlagen kurzfristig aus. — Die Druckluftmeßanlage zum Peilen von Bunkern und Tanks war trotz häufiger Verbesserungsarbeiten der DWK noch nicht in einen Zustand gelangt, der eine Abnahme durch das Kommando und die Bauaufsicht des OKM ermöglichte. Die Anlage hatte noch keine befriedigenden Meß-Ergebnisse und unverhältnismäßig hohen und untragbaren Luftverbrauch.
Die Notbeleuchtung der Betriebsräume — besonders der Kesselräume — entsprach noch nicht den militärischen Erfordernissen. In mindestens zehn Fällen mußte nach

der Indienststellung festgestellt werden, daß die Entlüftungsrohre von Bunkern undicht waren. Dies stellte sich immer erst dann heraus, wenn einmal ein Bunker versehentlich überfüllt wurde. Das geschah leicht, weil die Druckluftpeileinrichtungen oft versagten. Die Geräte waren bis zum ersten Einsatz weder von der Bauaufsicht des OKM als betriebsbrauchbar noch von den DWK abgenommen worden. Die Folge: Einmal wurden erhebliche Mengen von Lebensmitteln unbrauchbar und am 6. Dezember 1939 entstand sogar ein Heizölbrand im Kesselraum 3.
Auch die Hilfseinrichtungen in den großen Betriebsräumen machten Schwierigkeiten. So glückte es nicht einmal, auf *Blücher* die Kesselraumbilgen leer zu bekommen. Dabei stand in der entsprechenden Vorschrift: ›Die Bilgen von Kesselräumen sind stets besonders sauber und möglichst trocken zu halten‹. Außerdem waren Bilgen wie Lenzbrunnen überhaupt nicht zugänglich. Durch unvermeidliche Rückstände, die in diese unübersichtlichen und unzugänglichen Bilgen fielen, verstopften die Saugekörbe. Oder, was noch viel schlimmer war, die wenigen und viel zu kleinen Durchtrittslöcher in den Kesselfundamenten. Um eine Bilge mit einem Wasserstand von 20 Zentimetern zu lenzen, vergingen meist Stunden. Dabei mußten mehrfach die Lenzbrunnen gereinigt werden. Kesselräume und Bilgen, wie sie auf Kreuzer *Blücher* eingebaut waren, überschritten das erträgliche Maß an Raumausstattung und bildeten eine Gefahr für Schiff und Besatzung bei oft harmlosen Störungen.«

Abkürzungen:

NEK	=	Nachrichtenmittelerprobungskommando
EKK	=	Erprobungskommando für Kriegsschiffneubauten
BSO	=	Befehlshaber der Sicherung der Ostsee
DWK	=	Deutsche Werke Kiel AG
CPVA	=	Chemisch-Physikalische Versuchsanstalt
AVK	=	Artillerieversuchskommando
AVKS	=	Artillerieversuchskommando — Schiffserprobungen
FLa-MW	=	Flakmaschinenwaffen
DEK	=	Dienstanweisung des EKK, s.o.
KMW	=	Kriegsmarinewerft

Endspurt an Bord — die letzten Werft-Tage

Überall an Bord sah man die Werftarbeiter mit ihren graugrünen Werkzeugkisten. Auf dem Oberdeck, wo die Schweißer mit Schutzbrillen und schweren Apparaten am Werk waren, sprühten Funken, schlängelten sich Preßluftschläuche. Tag und Nacht wurde gehämmert, pausenlos dröhnte der Lärm durch das ganze Schiff. Die Männer in ihren grauen oder blauen Overalls schufteten, was das Zeug hielt, wollten den Schweren Kreuzer unbedingt klar bekommen, legten sogar Nachtschichten ein. Die Decks, sonst tadellos sauber, waren verölt, schmutzig, Werkzeuge lagen herum. Von einem geordneten Dienstbetrieb oder gefechtsmäßigen Übungen konnte noch keine Rede sein. Außerdem warf der eisige Winter 1939/40 mit langanhaltenden Frostperioden alle ehrgeizigen Pläne über den Haufen. Lange lag *Blücher*, von einem dicken Eispanzer umgeben, an der Werftpier fest, auf der Kieler Förde türmten sich die Eisschollen, und weite Strecken der Ostsee waren zugefroren. Oft bedeckte das Eis die gesamten Aufbauten des Schiffes. Wer an Deck zu tun hatte, schlitterte an der Reling entlang, mußte aufpassen, daß er nicht ausrutschte und über Bord ging.

Im März war das Schlimmste überstanden. Die ersten warmen Sonnenstrahlen tauten das Eis, der Frühling hielt Einzug und ließ die harten Wintertage schnell vergessen. Sofort wurde wieder mit Hochdruck gearbeitet, um den Schweren Kreuzer so schnell wie möglich gefechtsbereit zu machen. Als die letzten Werftleute ihr Werkzeug zusammenpackten, freundlich winkend und begleitet von den scherzenden Zurufen der Matrosen das Schiff verließen, atmeten alle an Bord auf. Die überwiegend junge Besatzung, viele waren noch nie auf hoher See gewesen, brannte darauf, eingesetzt zu werden.

Den ganzen Monat März hindurch wurde an Bord der *Blücher* geübt und exerziert. Rund um die Uhr. Die Besatzung war fast ununterbrochen auf den Beinen, gönnte sich nur wenige Stunden Schlaf. Hoch her ging es für die Geschützbediener und Torpedomixer (Marine-Slang), die Munitonscrew, die Bootsbesatzungen und das Brückenpersonal. Auch die Signalgäste, Entfernungsmesser und Befehlsübermittler waren ununterbrochen im Einsatz. Genauso aktiv waren die Männer in der Maschine und die jungen Offiziere, von denen viele gerade erst die Marineschule hinter sich hatten und noch keine praktische Erfahrung sammeln konnten. Das Ausbildungspensum der gesamten Besatzung, das sonst mehrere Monate dauerte, mußte in wenigen Wochen durchgezogen werden.

Der Grund: Seit Anfang des Jahres wurde im OKW an einem Plan gearbeitet, der nur einigen Offizieren bekannt war. Danach stand für das Frühjahr 1940 der Einsatz fast aller deutschen Seestreitkräfte bevor. Ein großangelegtes Landungsunternehmen unter Beteiligung der *Blücher* sollte minutiös ablaufen. Niemand an Bord ahnte etwas. Die Gefechtsausbildung erstreckte sich bis zum Einsatz des Schiffes auf Einzelexerzieren und Unterricht auf den Gefechtsstationen, Ausbildung im Betrieb und im Lecksicherungsdienst auf den Stationen. Klarschiffübungen dagegen, Leckwehrübungen, Maschinengefechtsdienst und Schießen der schweren Artillerie hatten noch nicht stattgefunden — sie waren im Laufe des April geplant, auch die Torpedowaffe war noch nicht erprobt. Als vorgesehener Zeitpunkt für die Gefechtsbereitschaft war der 3. Mai gemeldet worden.

Am 30. März wurde das Schiff aus dem Erprobungsverhältnis entlassen. Am 1. April lag *Blücher* auf der Werft in Kiel, wurde für fünf Wochen ausgerüstet. Aus Tarnungsgründen wurde Waffenleitern und Abschnittsoffizieren eine längere Gefechtsausbildungszeit in der östlichen Ostsee angekündigt. Der Erste Offizier, Fregattenkapitän Erich Heymann, stellte zufrieden fest: »Endlich kamen auch die bis dahin trotz vieler Bemühungen noch nicht gelieferten 10 bis 12 Marks-Rettungsinseln, die je nach Größe 15 bis 40 Mann tragen konnten, an Bord. Dazu bekam die gesamte Besatzung auch Schwimmwesten. 700 davon waren aus Gummi, bestimmt für das Personal, das Gefechtsstationen unter Deck hatte. Für den Rest der Mannschaft waren Kapok-Schwimmwesten an der Reeling des Aufbaudecks angebändselt«. Die notwendigen Schwimmwesten für das einzuschiffende Heeres- und Luftwaffenpersonal kamen ›aus Tarnungsgründen‹ nicht, wie vom Ersten Offizier gefordert, an Bord.

Bootsmaat Abel erinnerte sich: »Draußen war es sehr kalt. Überhaupt war das Frühjahr 1940 lausig kalt. Ich kann mich entsinnen, daß wir auf der Ostsee nach einer Nacht vor Anker ein ungewöhnliches Schauspiel erlebten, wir waren sozusagen eingefroren. Soweit man sah, nur Eis. Am 3. April ging es wieder hinaus, um Schiff und Besatzung zu einer Einheit zu formen. Das hieß, Rollenschwof in allen Variationen.«

Im Anschluß an die Werftzeit war Artillerie-Schießen geplant. Deshalb hatte *Blücher* neben der gesamten Gefechtsmunition die gemäß Jahresübungsprogramm vorgesehene Übungsmunition aller Kaliber an Bord. Sie wurde vor dem Auslaufen zur Unternehmung in den Munitionskammern unter der Gefechtsmunition verstaut. Denn aus Geheimhaltungsgründen und auf Befehl des Kommandanten sollte die Abgabe der Übungsmunition nicht mehr durchgeführt werden. Inzwischen waren auch sämtliche Boote für die später auszuschiffenden Heerestruppen an Bord. Dagegen waren von den drei für *Blücher* vorgesehenen Flugzeugen nur zwei mit Besatzung eingetroffen. Eine Maschine stand mit geringem Tankinhalt auf der Schleuder, die andere ohne Sprit, aber einsatzbereit in der Flugzeughalle. Hier lagerten ebenfalls die 50 kg Flugzeugbomben, zwei waren für jede Maschine bestimmt.

Bordflieger Oberleutnant zur See Ballier: »Das vorgesehene dritte Flugzeug war zuerst nicht genehmigt und konnte später wegen Raummangels (Torpedos in der Flugzeughalle) nicht an Bord genommen werden.«

Bis dahin hatten alle ihr Bestes gegeben, ehrlichen Willen gezeigt und ihre Pflicht erfüllt. Die Besatzung war stolz auf den Schweren Kreuzer. Das Schiff bot ein prachtvolles Bild. Die hoch aufragende Back, der mächtige Turm mit den Gefechtsständen, der abgeschrägte Schornstein und die lange, niedrige Schanze ließen die Herzen der Mannschaft höher schlagen. Nur zu Übungen mit scharfer Muniton reichte die Zeit nicht mehr. Kein Schuß wurde abgefeuert.

Am 5. April kam der Befehl: »Seeklar machen! Auslaufen zu einer Nachtübung mit anderen Seestreitkräften.«

Gegen 18 Uhr glitt das graue Schiff am rotweißgestreiften Leuchtturm von Friedrichsort vorbei, passierte das Ehrenmal bei Laboe, lief in die Strander Bucht. Hier schiffte sich Konteradmiral Oskar Kummetz — klein, drahtig, verwittertes Gesicht — auf *Blücher* ein. Kummetz war davor Chef des Stabes im Flottenkommando. Vom Kreuztopp, der Spitze des achteren Mastes, wehte nun die weiße Konteradmiralsflagge mit den beiden schwarzen Bällen am inneren Liek. Dann standen Scheinwerferübungen mit dem Schulkreuzer *Emden* auf dem Dienstplan.

Die Nacht war dunkel, ein schneidend kalter Ostwind wehte, trieb Gischt über das Vordeck. Die Männer auf der Brücke und an der freistehenden Mittel- und Flak-Artillerie fröstelten. Trotz ihrer dicken Mäntel, Schals, Kopfschützer und Pelzstiefel fuhr ihnen die Kälte in die Glieder. Plötzlich brachen grelle Lichtstrahlen durch die Finsternis, Kommandos und Befehle wurden gerufen. Die Scheinwerfer der *Blücher* hatten die *Emden* im Visier. 15 Minuten später war es umgekehrt.

Nachts um zwei Uhr wurde die Übung abgebrochen. Als das Beendigungssignal ertönte, scherte *Emden* ins Kielwasser von *Blücher* ein und folgte dem Schweren Kreuzer auf östlichem Kurs. Jetzt geht's gegen den Feind, vermuteten bereits einige Matrosen. Aber die Spekulationen bewahrheiteten sich noch nicht.

Zur Überraschung der Crew lief der Verband mittags in den Hafen von Swinemünde ein. Während *Blücher* die Einfahrt mit den langen Molen passierte, stand die Bordkapelle an Deck des Schweren Kreuzers und spielte flotte Märsche. Und das Erstaunen der Männer wurde noch größer, als sie mehrere Fracht- und Passagierdampfer sahen. An Deck standen seemäßig verpackte und gezurrte Sturm-Geschütze, Panzer und Lastwagen, überall wimmelte es von Soldaten fast aller Waffengattungen. Jeder spürte, daß etwas in der Luft lag.

Bootsmaat Abel: »Alle waren in freudiger Erregung und rechneten fest mit einem Landgang am Abend. Viele kannten Swinemünde noch nicht. An der Pier lagen große Transportschiffe, voll beladen mit Landsern. Wegen der starken Strömung in der Swine bekamen die Schlepper die Leinen nicht auf *Blücher.* Wenn die Maschinen gestoppt wurden, was einige Male geschah, trieben wir in der Swine gefährlich nah an den Transportern vorbei. Wir schlierten etwas an der *Monte Rosa.* Zum Glück ging alles weitere klar. Endlich waren dann die Schleppleinen fest. *Blücher* wurde an seinen Liegeplatz Eichstaden gebracht und vertäut.«

Korvettenkapitän Hugo Förster, Navigationsoffizier der *Blücher*, stellte fest: »Wir hatten am 5. April abends über Bülk einen Lotsen zum Einlaufen in Swinemünde angefordert. Dem Lotsenwachschiff vor der Swinemünder Sperre war davon aber nichts bekannt. Zunächst war es unterlassen worden, das Lotsensignal zu setzen. Aber nachdem es gesetzt worden war, dauerte es noch 20 Minuten, bis der Lotse an Bord war.

Wie sich später herausstellte, kannte der Mann lediglich die Durchfahrt durch die Sperre, nicht aber die Strom- und Fahrwasserverhältnisse auf der Swine. Deshalb war er auch nicht in der Lage, die Schiffsführung bei dem schwierigen Drehmanöver zum Anlegen hinsichtlich der Stromverhältnisse zu beraten.

Der erste Versuch, das Schiff mit Schlepperhilfe nördlich des Eichstadens zu drehen, scheiterte an dem starken auslaufenden Strom und der Unfähigkeit der zur Verfügung stehenden vier Schlepper, die sowohl zu schwach waren als auch teilweise schlecht manövrierten. Südlich der Fähre Hafenamt-Ostswine wurde dann das Schiff vor dem Heckanker gedreht und machte mit Schlepperhilfe gegen 13 Uhr am Eichstaden fest.«

Gleich anschließend fand auf *Blücher* eine Besprechung mit dem Heerestransportoffizier und dem Ersten Offizier der *Emden* statt. Es ging um die Einschiffung der Truppen der 163. Infanteriedivision und die Anbordnahme von Waffen und Geräten. — Danach kam der Befehl: »Landgang verboten. Reinschiff!«

Und kurze Zeit später hieß es: »Vorbereitungen treffen zur Übernahme von Heeressoldaten, die im Lauf der Nacht an Bord kommen. Eine Landungsübung soll durchgeführt werden.« Um 18 Uhr hatten auch die drei Torpedoboote *Möwe*, *Albatros* und *Kondor* hinter *Blücher* und *Emden* am Eichstaden festgemacht.

Am Abend unterrichtete Admiral Kummetz die Führer der beteiligten Marine- und Heereseinheiten einschließlich der Kompaniechefs persönlich eingehend über das geplante Unternehmen. Gegen 19 Uhr dämmerte es, und als die Dunkelheit hereinbrach, wurde es am Hafen und in der Stadt lebendig.

Aus dem Bord-Lautsprecher der *Blücher* schallte das Kommando: »Aus jeder Korporalschaft ein Mann zur Wache ans Oberdeck.«

Die Pier war inzwischen überfüllt von Landsern mit Kanonen, MG's, Munitionskisten. Vom Swinemünder Bahnhof hatten sich lange, graue Kolonnen über das Kopfsteinpflaster in Bewegung gesetzt. Die Männer waren mit Güterzügen herangebracht worden. Beim Anmarsch Richtung Hafen verhielten sich die Soldaten so ruhig es ging. Zwar wurde nur geflüstet, aber trotzdem klapperten Kochgeschirre, schepperten Spaten und Gasmasken, schlug Metall gegen Metall, polterte es bei jedem Schritt. Dafür fiel aus den Häusern kein verräterisches Licht auf die Straße.

Bootsmaat Hans Hermann Schlünz erinnerte sich: »Wir landeten mit unserem Sonderkommando ›C‹ der MAA 301 (später 501) von Ostswine kommend am Eichstaden. Wir sollten an Bord der *Kondor* eingeschifft werden. Wir tasteten uns an *Blücher* und *Emden* vorbei und entdeckten viele feldmarschmäßig ausgestattete Landser, Infanteristen und Pioniere, die wie wir auf die Schiffe verteilt wurden. Marineblaue waren auch darunter. Plötzlich hörte ich eine Stimme: ›Mensch... Schlünz, Sie auch hier und in Feldgrau!‹ es war der Leutnant-Sonderführer Werner Bohne der 1. Marine-PK. Ich antwortete: ›Ja, Herr Leutnant, ich gehöre zu Raeders Spielzeug (Marine-Slang für Marinestoßtruppkompanie) — man hat mich sogar zum außerplanmäßigen Bootsmannsmaaten befördert und das ohne Kursus!‹ Bohne: ›Ich soll auf den Großen da drüben‹ (er zeigte auf *Blücher*). ›Und ich auf den Kleinen da hinten (*Kondor*)‹. Bohne fragte: ›Haben Sie genug Filme mit?‹ Ich: ›Ja, ja... fünf. Obermaat Dietrich Kaiser hat ebenfalls...‹ Bohne: ›Das ist gut. Kamera immer ruhig halten, nicht wandern und kommen lassen. Na, denn Mast und Schotbruch und gutes Gelingen. Wir sehen uns hoffentlich bald!‹ Leutnant Bohne verschwand in der Menge, strebte mit seinem Assistenten Claus Groth der *Blücher* zu. Ich war als Verbindungsmann zur 2. Marine-PK Swinemünde übrigens mit einer Siemens 8 R-Schmalfilmkamera ausgerüstet.«
Fregattenkapitän Erich Heymann, Erster Offizier der *Blücher*, und Kapitän zur See Wolfgang Loeper (Erster Offizier der *Emden*), standen mit langen Listen an der Gangway. Drum herum warteten im Schein einer Blendlaterne mehrere Matrosen. Bevor die Soldaten an Deck gingen, bekam jeder Anweisungen für das Verhalten an Bord. Besatzungsangehörige der *Blücher* brachten die Soldaten an Bord. Die Feldgrauen wurden durch Schottüren unter Aufbauten hindurch zu ihren Schlafplätzen geführt. Mühsam stolperten die Landser mit ihren benagelten Knobelbechern auf dem ungewohnten Terrain vorwärts. Einige rutschten auch die glatten Niedergänge hinab bis zum nächsten Deck.
Da der Raum knapp war, drängten sich die Männer wie Ölsardinen in den Unterkünften. Alle rückten zusammen. Jüngere Offiziere mußten ihre Kammern für Gäste räumen, krochen zum Schlafen in Hängematten, auf Matratzen oder Decken. Die Aufenthaltsräume der Mannschaften waren ebenso überfüllt wie die Offiziers- und Unteroffiziersmessen. Insgesamt wurden auf *Blücher* im Verlauf der Nacht etwa 800 Mann Heerestruppen mit vollständigem Gerät und ein Stab von der Luftwaffe eingeschifft. Das Gewicht der Ausrüstung und Munition betrug etwa 31 Tonnen. Weil in den Munitionskammern der *Blücher* kein Platz mehr war, konnte die Heeresmunition nicht unter dem Panzerdeck verstaut werden. Vier Pak mit allem Zubehör, Maschinengewehre, Handgranaten und Gewehrmunition wurden am Oberdeck und im Torpedoarbeitsraum untergebracht.
Ein weiterer Befehl des Kommandanten ließ alle noch mal aufhorchen: »Kein Truppenangehöriger darf an Deck gesehen werden. Wer Luft schöpfen will, muß sich

von den Seeleuten eine Bordmütze, eine blaue Jacke oder einen langen Mantel leihen. Keine feldgrauen Uniformen mehr am Oberdeck.«
Am nächsten Morgen um sechs Uhr, es war Sonntag, der 7. April, liefen die Kreuzer *Blücher* und *Emden* mit den Torpedobooten *Möwe*, *Albatros* sowie *Kondor* aus, ließen den Hafen von Swinemünde hinter sich. Außer Sichtweite vom Land ging der Verband, der zunächst in einem großen Bogen nach Osten ausholte, auf westlichen Kurs nach Kiel zur Strander Bucht. Auf dem Weg fanden Fahrübungen statt — Wenden, Abstand und Schwenken nach Flaggensignalen und U.K.-Befehlen. Anschließend unternahmen die Schiffe Einzelübungen. *Blücher* testete die Flugzeugschleuder, katapultierte zwei Maschinen von Bord, feuerte einmal mit jedem 20,3-cm-Geschütz. Das waren übrigens die einzigen scharfen Schüsse der Schweren Artillerie, die *Blücher* je abgab.

Bordflieger Oberleutnant zur See Ballier: »Start und Einsatzmanöver gingen reibungslos bei sehr ruhigem Wetter vonstatten. Die Flugdauer beider Maschinen betrug 60 bis 90 Minuten. Der Start des ersten Flugzeugs war allerdings schon zwei Tage vorher, am 5. April, für 10 Uhr vormittags befohlen worden. Das Flugzeug war auch startklar, die Besatzung auf ihren Plätzen. Der Schlitten der Schleuder befand sich in Zurrstellung. Die gesamte Anlage wurde auf 80 Grad querab geschwenkt, der Schlitten in Schleuderstellung gefahren. Dabei stieß der Steuerbordrandbogen gegen Anbauten des achteren Mastes und wurde beschädigt. Der Start mußte ausfallen. Daraufhin wurde sofort versucht, den Schaden auf der Schleuder zu reparieren. Aber das dazu notwendige Beiklappen der Tragflächen bereitete derartige Schwierigkeiten, daß dabei noch zusätzlich das Flettnerruder der Steuerbordverwindungsklappe verletzt wurde. Das Flugzeug mußte in die Halle gesetzt werden, nachdem die dort lagernden Torpedos herausgenommen worden waren. Im Laufe des Nachmittags konnte das Flugzeug wieder klar gemacht werden. Zu dem Unfall muß ich bemerken, daß der Schleuderstart nur genau querab erfolgen kann. Und auch in dieser Stellung entsprach der Abstand zwischen Randbogen und Teilen des achteren Mastes nicht dem von der Luftwaffe geforderten Sicherheitsabstand. Obwohl der Sachverhalt schon Anfang Dezember während der Werftliegezeit in Kiel beanstandet worden war, wurden die nötigen Änderungen auch während der letzten Werftliegezeit im März nicht genügend durchgeführt.
Solange also die Manövrierfähigkeit des Flugzeuges im Kran und auf der Schleuder derartig durch Konstruktionsmängel begrenzt war, mußte der Einsatz des Bordflugzeuges stets äußerst fraglich sein.«
Bevor Fehmarn passiert wurde, meldete Woldag dem OKM auf Anfrage: »Kreuzer *Blücher* für einfache Aufgaben einsatzbereit; kein Schießen der S.A. (schweren Artillerie), keine Klarschiffübungen, kein Maschinengefechtsdienst, keine Leckwehrübungen.«

Die Meldung erfolgte bewußt in dieser Form, weil sowohl beim Kommandanten als auch beim Ersten Offizier die Überlegung maßgebend war, einerseits der Besatzung, die nach über sechs Monaten zum Teil langweiligen Indiensthaltens des Schiffes eine kriegerische Verwendung sehnlichst wünschte, endlich Gelegenheit zu geben, an einem Einsatz teilzunehmen, andererseits aber auch auf noch bestehende Mängel hinzuweisen.

Gegen 21 Uhr trafen *Blücher*, *Emden* und zwei Torpedoboote (*Albatros* bekam zu der Zeit gerade bei den Deutschen Werken Kiel eine neue Speisewasserpumpe) in der Strander Bucht den Schweren Kreuzer *Lützow* unter dem Kommando von Kapitän zur See August »Curry« Thiele. *Lützow* war für einen neunmonatigen Einsatz ausgerüstet, sollte eigentlich im Atlantik Handelskrieg führen. Ursprünglich sollte sich *Lützow* der Drontheim-Gruppe mit dem Schweren Kreuzer *Admiral Hipper* unter dem Kommando von Kapitän zur See Heye anschließen. Zehn Stunden vor dem Auslaufen stellte die Werft in Wilhelmshaven Risse im Motorenfundament fest. Sie wurden behelfsmäßig repariert. Abends übernahm das Schiff 400 Gebirgsjäger und 50 Mann Bodenpersonal der Luftwaffe. Von Wilhelmshaven ging es bei herrlichem Wetter durch den Kaiser-Wilhelm-Kanal nach Kiel in die Strander Bucht.

Dort befahl ein Signal die Kommandanten der Einheiten zu Konteradmiral Kummetz auf *Blücher*. Die Kommandantenboote von *Lützow* und *Emden* sowie die Motorjollen der Torpedoboote rauschten in der Dunkelheit heran, gingen nach und nach beim Flaggschiff *Blücher* längsseits. Die Kapitäne zur See August Thiele (*Lützow*), Werner Lange (*Emden*) sowie die Kapitänleutnants Helmut Neuss (*Möwe*) und Hans Wilke (*Kondor*) meldeten sich zur Führerbesprechung an Bord. Korvettenkapitän Gustav Forstmann konnte nicht teilnehmen. Er kommandierte die ebenfalls zum Verband gehörende Räumbootflottille mit den acht Booten *R 17*, *R 18*, *R 19*, *R 20*, *R 21*, *R 22*, *R 23*, *R 24* sowie den zwei bewaffneten Walfangbooten *Rau 7* und *Rau 8*. Dèr Verband war von Kiel gesondert zur Unternehmung ausgelaufen.

Die Sitzung fand im Admiralsraum statt. Kummetz erläuterte dort seinen Offizieren anhand von großen Übersichts- und Spezialkarten die bevorstehende Aktion »Besetzung des Oslo-Fjords«. Seine Parole lautete: »Durchhalten! Auch wenn Küsten-Batterien das Feuer eröffnen oder die Sperrbrecher auf Minen laufen. Dann gebe ich das Signal ›Durchhalten‹! Bei schweren Beschädigungen Hauptfahrwasser freihalten! Den Befehl ›Durchhalten‹! werde ich auch bei Nebel, oder wenn die Norweger ihre Küstenfeuer gelöscht haben sollten, geben.«

Der Operationsplan

Am 27. Januar 1940 befahl Hitler die Bildung eines Sonderstabes innerhalb des OKW. Unter seinem persönlichen Einfluß sollte ein Operationsplan für die Besetzung Norwegens und Dänemarks erstellt werden — natürlich unter höchster Geheimhaltungsstufe. Die Hintergründe: Englands damaliger Marineminister Winston Churchill hatte in einer Denkschrift vom 19. September 1939 — einen Tag vor der Indienststellung des Schweren Kreuzers *Blücher* — an seinen Ersten Seelord und andere einflußreiche Persönlichkeiten erstmals auf die Notwendigkeit hingewiesen, die deutsche Erz-Zufuhr aus Nordschweden über den norwegischen Hafen Narvik zu unterbinden. Fast gleichzeitig ließ der Oberbefehlshaber der deutschen Kriegsmarine, Großadmiral Erich Raeder, die gesamte Norwegenfrage durch die Seekriegsleitung prüfen, nachdem das Amt »Abwehr/Ausland« des OKW von britischen Absichten auf Stützpunkte in Norwegen berichtet hatte. Das Ergebnis trug Raeder am 10. Oktober 1939 Hitler vor. Dabei stellte er die strategische Bedeutung Norwegens für England und Deutschland eingehend dar und betonte: »Die strikte Aufrechterhaltung der norwegischen Neutralität angesichts der britischen Seeherrschaft muß das von der deutschen Politik anzustrebende Ziel bleiben.«
Der Ausbruch des finnisch-russischen Winterkrieges am 30. November 1939 rückte dann den Norden Europas in noch stärkerem Maße in das strategische Interesse. Churchill war fest entschlossen, seine norwegischen Pläne energisch weiterzuverfolgen bzw. sogar auf Schweden auszudehnen unter dem Vorwand, Finnland zu helfen.
Am 16. Dezember 1939 forderte er in einem detaillierten Aktenvermerk die Besetzung von Narvik und Bergen, da »die britische« Beherrschung der norwegischen Küste ein »strategisches Problem ersten Ranges sei«. Vor allem deshalb, weil »die Unterbindung der schwedischen Erzlieferungen über Norwegen nach Deutschland die Bedeutung einer größeren Offensivoperation hat«. Damit kam er auf den früheren Gedanken zurück, die norwegischen Hoheitsgewässer zu verminen.
Am 22. Dezember 1939 beschäftigte sich das englische Kabinett eingehend mit der Thematik. Churchill konnte sich damals zwar noch nicht durchsetzen, erreichte aber den Beschluß, Pläne für eine britische Landung in Narvik zur Unterstützung Finnlands zu entwerfen.
Auch in Deutschland wurde die Norwegenfrage weiter verfolgt. Der Leiter des außenpolitischen Amtes der NSDAP, Alfred Rosenberg, veranlaßte einen Besuch des früheren norwegischen Kriegsministers, Staatsrat Vidkun Quisling in Berlin. In einem Gespräch mit Raeder am 11. Dezember 1939 erklärte Quisling, daß England

auf Dauer nicht die Absicht habe, die Neutralität Norwegens zu achten, und daß die norwegische Regierung mit England sogar ein Geheimabkommen geschlossen habe, »daß im Kriegsfall Norwegens gegen eine Großmacht der Einmarsch Englands mit norwegischer Genehmigung erfolgen solle«. Raeder unterrichtete daraufhin sofort Hitler, der Quisling wenige Tage später zu einer Unterredung empfing.
Nach dieser Besprechung befahl Hitler dem OKW, eine Studie über die Norwegenfrage vorzulegen. Damit liefen die ersten Planungen für eine militärische Aktion gegen Norwegen in Berlin und London fast zeitgleich an.
Allerdings warf die Fertigstellung der »Studie Nord« durch die Abteilung L im Wehrmachtsführungsstab eine Fülle von Problemen auf. Die Berichte von den drei Wehrmachtsteilen Heer, Kriegsmarine und Luftwaffe mußten ausgewertet und unter einheitlicher Leitung zusammengefaßt werden. Eine schwere Aufgabe, zumal die geplante Operation das erste Unternehmen im dreidimensionalen Raum darstellte und ein eingespielter Führungsstab nicht vorhanden war. Deshalb wurde zunächst erwogen, einen Operationsstab unter dem Kommando eines Luftwaffengenerals zu bilden. Die Kriegsmarine sollte den Chef des Stabes und das Heer einen 1. Generalstabsoffizier abstellen.
Am 23. Januar 1940 wurde die »Studie Nord« auf Befehl Hitlers zunächst zurückgezogen. Die Aufstellung eines Stabes beim Oberbefehlshaber der Luftwaffe unterblieb. Die Ausarbeitung sollte jetzt im OKW stattfinden. Da die Besetzung Norwegens auch noch keinesfalls endgültig beschlossen war, galten die ersten Vorarbeiten nur für den Fall einer sicher bevorstehenden Landung der Alliierten. Der damit verbundene Neutralitätsverlust Norwegens und der drohende Zufuhr-Stop des schwedischen Erzes über Narvik waren dabei berücksichtigt worden.
Vier Tage später nahm der eingangs erwähnte Sonderstab »Weserübung« seine Arbeit auf. Die Leitung hatte Kapitän zur See Theodor Krancke. Dazu wurde Oberst i.G. Knauß abkommandiert. Beide waren frühere Kommandeure der Luftwaffen- und Marineakademie. Oberstleutnant i.G. von Tippelskirch und einige Offiziere der drei Wehrmachtsteile im Hauptmannsrang ergänzten somit den Sonderstab.
Mit der Führung des Gesamtunternehmens wurde Mitte Februar 1940 der General der Infanterie, Nikolaus von Falkenhorst, Kommandierender General des XXI. Armeekorps, beauftragt. Den ausgearbeiteten Operationsplan hielt er zunächst nicht für durchführbar, stimmte ihm aber nach intensiver Prüfung und eingehenden Besprechungen schließlich zu.
Am 23. Februar, noch vor dem Zusammentreffen seines engeren Stabes in Berlin, erteilte Hitler von Falkenhorst (bürgerlicher Name war ursprünglich Nikolaus von Jastrzembski, den er schon als Leutnant im Grenadierregiment 7 in Liegnitz 1911 abgelegt hatte) die grundsätzliche Genehmigung.

Die neuartige Organisation des Stabes mit drei gleichberechtigten Chefs bewährte sich. Die Zusammenarbeit funktionierte ausgezeichnet. Am häufigsten wurde jedoch der Zeitpunkt diskutiert, zu dem das Unternehmen stattfinden sollte. Vor oder nach dem Fall »Gelb« war die Frage.
Hitler entschied: »Der Angriff im Westen (Fall ›Gelb‹) und die Besetzung Norwegens und Dänemarks sind so vorzubereiten, daß sie zeitlich und kräftemäßig unabhängig von einander werden.«
Zugleich gab er Weisung, der Dänemark- und Norwegen-Operation den Charakter einer friedlichen Besetzung zu geben. Das Ziel sei, die Neutralität beider Staaten bewaffnet zu schützen.
Am 1. März erging bereits die Weisung vom OKW an die drei Wehrmachtsteile über operative Vorbereitung einer Besetzung Norwegens und Dänemarks — das Unternehmen »Weserübung«. Prompt kam Widerspruch. Reichsmarschall Hermann Göring reagierte verärgert, weil die Kräfte der Luftwaffe der Gruppe XXI unterstellt werden sollten.
Daraufhin erging die Regelung: »Alle an der Weserübung beteiligten Kräfte der Luftwaffe treten zum X. Fliegerkorps. Es erhält seine Befehle auf Anforderung der Gruppe XXI vom OKL.«
Am 3. März wurde entschieden: » ›Weserübung‹ beginnt vor Fall ›Gelb‹ «. Ziffer 1 der Weisung hatte folgenden Wortlaut: »Die Entwicklung der Lage in Skandinavien erfordert es, alle Vorbereitungen dafür zu treffen, um mit Teilstreitkräften der Wehrmacht Dänemark und Norwegen zu besetzen (Fall ›Weserübung‹). Hierdurch soll englischen Übergriffen nach Skandinavien und der Ostsee vorgebeugt, unsere Erzbasis in Schweden gesichert und für Kriegsmarine und Luftwaffe die Ausgangsstellung gegen England erweitert werden...«
Am 5. März 1940 wurde der Operationsbefehl für die Besetzung Norwegens erlassen: »Die Besetzung Norwegens soll in einer gemeinsamen Operation der drei Wehrmachtteile durchgeführt werden. Die Größe und Bodengestaltung des Landes erfordern den Einsatz räumlich weit getrennter Kampfgruppen, die erst im Laufe der Operation in Verbindung miteinander kommen und verstärkt werden... Ziel der Besetzung Norwegens ist es, dieses Land in einen starken deutschen Stützpunkt zu verwandeln, jeden Landungsversuch britisch-französischer Kräfte zu vereiteln, und darüber hinaus eine starke Basis für die deutsche Luft- und Seekriegsführung zu schaffen.«
Die Kriegsmarine hatte dabei den schwierigsten Auftrag. Sie sollte nicht nur die ersten Staffeln des Heeres zeitgleich an Land setzen, sondern mußte auch fast sämtliches Gerät, Munition und Versorgung für das Heer sowie Teile der Luftwaffe nach Norwegen schaffen. Außerdem sollten die Lande-Unternehmen von See abgeschirmt werden. Erschwerend kam hinzu, daß das Kräfteverhältnis zwischen der Royal Navy und der Kriegsmarine etwa 10:1 betrug.

Hitler und Raeder waren sich des hohen Risikos wohl bewußt, nahmen sie mit diesem Unternehmen doch den möglichen Totalverlust der deutschen Flotte in Kauf — vorausgesetzt, die britische Home Fleet war nur halbwegs auf dem Posten. Der Kriegs-Erfolg hing also in erster Linie von der Überraschung, dem blitzschnellen Handeln mit gleichzeitiger Besetzung aller strategisch wichtigen Punkte ab.

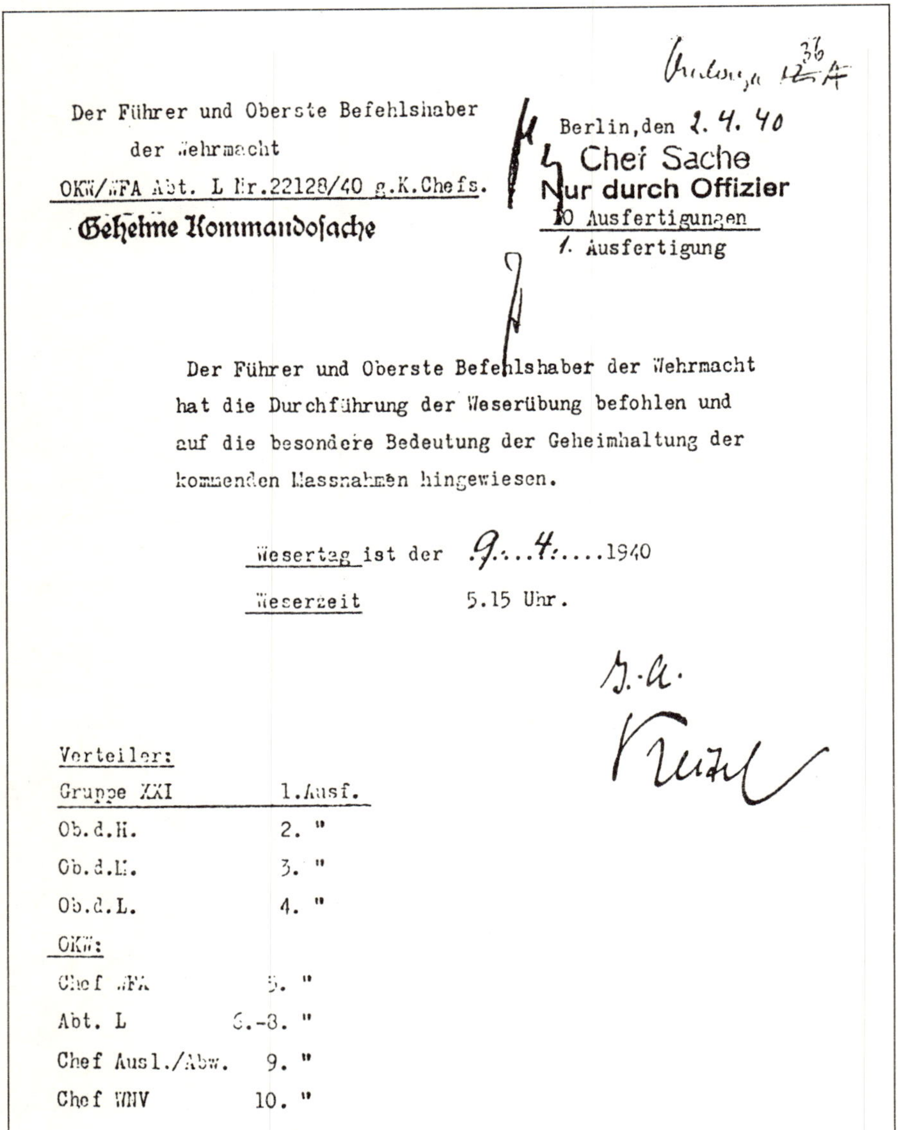

Der Führer und Oberste Befehlshaber
der Wehrmacht
OKW/WFA Abt. L Nr.22128/40 g.K.Chefs.
Geheime Kommandosache

Berlin, den 2. 4. 40
Chef Sache
Nur durch Offizier
10 Ausfertigungen
1. Ausfertigung

Der Führer und Oberste Befehlshaber der Wehrmacht hat die Durchführung der Weserübung befohlen und auf die besondere Bedeutung der Geheimhaltung der kommenden Massnahmen hingewiesen.

Wesertag ist der 9. 4. 1940
Weserzeit 5.15 Uhr.

I.A.
Keitel

Verteiler:

Gruppe XXI	1.Ausf.
Ob.d.H.	2. "
Ob.d.M.	3. "
Ob.d.L.	4. "
OKW:	
Chef WFA	5. "
Abt. L	6.-8. "
Chef Ausl./Abw.	9. "
Chef WNV	10. "

Gliederung der gesamten Flotte

Führung: Flottenchef Vizeadmiral Lütjens.
Sicherung des Gesamtunternehmens: Schlachtschiffe *Gneisenau* und *Scharnhorst.*
Gruppe 1/Narvik. Führung: Kommodore Bonte. Zehn Zerstörer.
Gruppe 2/Drontheim. Führung: Kapitän zur See Heye. Schwerer Kreuzer *Admiral Hipper* und vier Zerstörer.
Gruppe 3/Bergen. Führung: Befehlshaber der Aufklärungsstreitkräfte Konteradmiral Schmundt. Leichte Kreuzer *Köln* und *Königsberg* sowie Schulschiff *Bremse,* 2 T-Boote, 5 S-Boote.
Gruppe 4/Kristiansand, Arendal. Führung: Kapitän zur See Rieve. Leichter Kreuzer *Karlsruhe,* dazu Torpedoboote, Schnellboote und Begleitschiff *Tsingtau.*
Gruppe 5/Oslo. Führung: Konteradmiral Kummetz. Schwere Kreuzer *Blücher* und *Lützow,* Leichter Kreuzer *Emden,* dazu drei Torpedo- und acht Räumboote sowie zwei bewaffnete Walfangboote.
Gruppe 6/Egersund. Führung: Korvettenkapitän Thoma. Minensuchboote.
Gruppe 7/Korsör, Nyborg. Führung: Kapitän zur See Kleikamp. *Schleswig-Holstein,* dazu Minensuchboote, Schul- und Hilfsfahrzeuge.
Gruppe 8/Kopenhagen. Führung: Korvettenkapitän der Reserve Schroeder. Minenschiff *Hansestadt Danzig,* dazu Vorpostenboote.
Gruppe 9/Middelfart (Kleine Belt-Brücke). Führung: Kapitän zur See Leißner. Minensuch und Vorpostenboote, Hilfsschiffe.
Gruppe 10/Esbjerg und Gruppe 11/Thyboron, Skagerrak. Führung: Kapitän zur See und Kommodore Ruge. Minensuch- und Räumboote, Minenschiffe. Zur Sicherung des Unternehmens waren außerdem alle verfügbaren U-Boote im Seegebiet von Skapa, im Skagerrak und in den norwegischen Fjorden abgestellt.
Dazu kamen 42 Transportschiffe. Von den 15 Schiffen der 1. Seetransportstaffel die am 6./7. April 1940 aus Stettin ausliefen, waren fünf für Oslo bestimmt: *Antares* (Argo-Reederei, Bremen), *Ionia* (Hapag), *Itauri* (Hapag), *Muansa* (DOAL) und *Neidenfels* (DGG *Hansa*, Bremen). *Antares* wurde am 10. April durch das britische U-Boot *Sealion* und *Ionia* am 11. April durch das britische U-Boot *Triad* versenkt. Am 8. April lief die für Oslo bestimmte 2. Seetransportstaffel von Gotenhafen und Königsberg mit elf Schiffen aus: *España* (Hamburg-Süd), *Friedenau* (Bugsier, Bremerhaven), *Hamm* (Hapag), *Hanau* (Hapag), *Kellerwald* (Hapag), *Rosario* (Hamburg-Süd), *Scharhörn* (Aschpurvis & Veltjens, Hamburg), *Tucuman* (Hamburg-Süd), *Wandsbek* (Knöhr & Burchard, Hamburg), *Wigbert* (Hamburg-Bremer-Afrika-Linie) und *Wolfram* (Hamburg-Bremer-Afrika-Linie). *Friedemann,*

Wigbert und das Vorpostenboot *Vp 1507* wurden am 10./11. April durch das britische U-Boot *Triton* versenkt.
Aus Hamburg setzte sich am 6. und 13. April die Tankerstaffel mit den Schiffen *Euroland* (BP, Hamburg) und *Senator* (Waried, Hamburg) nach Oslo in Marsch. Zur 3. Seetransportstaffel mit Bestimmungshafen Oslo gehörten zwölf Schiffe, darunter der Tanker *Friedrich Breme*. Er hatte Betriebsstoff für die Luftwaffe geladen. Aus diesem Geleit wurde am 14. April der Dampfer *Florida* von dem britischen U-Boot *Sunfish* torpediert und versenkt.

Eingeschiffte/Kampfgruppe »V« (Oslo)

Kreuzer *Blücher*	
Ein Teil des Stabes der Heeresgruppe XXI mit Generalmajor E. Engelbrecht.	50
Ein Teil des Stabes der 163. Infanteriedivision	50
Vorgeschobenes Vorauskommando des Stabes Falkenhorst	12
Stab, Musikkorps des Infanterieregimentes 307.	80
2. Bataillon des Infanterieregimentes 307 der 163. Infanteriedivision	600
Postpersonal/Rundfunktechniker f. Sender Oslo	20
Kriegsberichterstatter, Prop.Komp.Heer/Marine	10
Insgesamt auf *Blücher*	822
Kreuzer *Emden*	
1. Bataillon v. Infanterieregiment 307 und 2/3 der dritten Kompanie	460
1/3 der 3. Pionierkompanie des Pionierbataillons Nr. 234	50
MAA (Marine Artillerie Abteilung)	100
Insgesamt auf *Emden*	610
Kreuzer *Lützow*	
Ein Bataillon des Gebirgsjägerregimentes 138 der 3. Gebirgsjägerdivision	400
Bodenpersonal der Luftwaffe	50
Insgesamt auf *Lützow*	450
Torpedoboot *Albatros*	
2/3 der dritten Kompanie des 1. Bataillons des Infanterieregiments 307	100
Torpedoboot *Kondor*	
MAA (Marine Artillerie Abteilung) Sonderkommando »C« der MAA 301 (später 501)	100
Insgesamt eingeschifft i. Gruppe »V«/Oslo	**2082 Personen**

Das Unternehmen »Weserübung«

Nach der bereits erwähnten Besprechung mit Konteradmiral Kummetz an Bord der *Blücher* kehrten die Kommandanten wieder auf ihre Einheiten zurück. Erst am nächsten Tag gaben sie den Besatzungen Ziel und Zweck des Unternehmens bekannt, mit dem das Deutsche Reich brutal ein neutrales Land überfiel, um sich die strategische und wirtschaftliche Ausgangsbasis für die weitere agressive Kriegführung zu sichern. Im Erlaß des Oberbefehlshabers der Kriegsmarine lautete die Begründung für das rücksichtslose deutsche Vorgehen freilich anders:

»Der Führer und Oberste Befehlshaber hat der Wehrmacht zur Sicherung der deutschen Lebensinteressen eine Aufgabe gestellt, deren Erfüllung höchste Bedeutung zukommt. Im Rahmen dieser Unternehmungen treten an die Kriegsmarine im besonderen Maße Anforderungen höchster Verantwortlichkeit heran. (...) Die Durchführung und Sicherung der Landungsoperation durch die Kriegsmarine wird überwiegend in einem Raume stattfinden, in dem nicht Deutschland, sondern England mit überlegenen Streitkräften die Seeherrschaft auszuüben in der Lage ist. Die Erfüllung unseres Kampfauftrages muß und wird uns trotzdem gelingen, wenn jeder Führer in der Erkenntnis der Größe seiner Aufgabe das Äußerste daransetzt, das ihm gesteckte Ziel zu erreichen. (...) Die Erfahrung lehrt, das Glück und Erfolg auf der Seite desjenigen stehen, der höchste Verantwortungsfreudigkeit mit Kühnheit, Zähigkeit und Geschicklichkeit verbindet. Überraschung und schnelles Handeln sind die Voraussetzungen für das Gelingen der Operation.

Ich erwarte, daß die Führer aller Gruppen und alle Kommandanten von dem unbeirrbaren Willen beherrscht sind, die ihnen befohlenen Zielhäfen trotz aller auftretenden Schwierigkeiten zu erreichen, daß sie beim Einlaufen in die Ausschiffungshäfen mit größter Entschlossenheit und Härte vorgehen, um möglichen Widerstand zu brechen. (...)«

Anschließend beschwor Raeder »das unbedingte Vertrauen zu unserem Führer« und wies dabei auf die vermeintliche »Gerechtigkeit« der Sache hin, die den eigenen Verbänden Siegesgewißheit geben solle.

Kapitän zur See Woldag ließ die wachfreie Mannschaft auf der Schanze antreten, um sie über das bevorstehende Unternehmen zu unterrichten.

Korvettenkapitän Kurt Zoepffel, Adjutant auf Kreuzer *Blücher*, erinnerte sich:

» ›Alle Mann achteraus!‹ erscholl das Kommando. Der Kommandant schritt an der Front der angetreten Besatzung entlang nach achtern. Dann bestieg er ein kleines Podest (›Palaverkiste‹), um die Mannschaft von der geplanten Aktion zu unterrichten. Aber der Wind verwehte die ersten Worte.

Woldag hob die rechte Hand: ›Rumschließen‹, erging der Befehl. Alle drängten heran, um zu hören, was der Kommandant zu sagen hatte.
Er berichtete von seinem letzten Besuch in Berlin bei Hitler, von den Absichten der Briten, im Norden den Krieg auszuweiten, das Deutsche Reich von dort aus einzukreisen, um ihm den Zugang zum Erz abzuschneiden und den Weg in das Weltmeer zu versperren. Um diesen Plänen zuvorzukommen und die Neutralität von Norwegen und Dänemark zu sichern, seien Heer, Luftwaffe und Marine angesetzt, die wichtigsten Häfen dieser Länder zu besetzen.
Wenn es irgendwie gehe, in friedlicher Weise, nicht als Feinde sollte die Aufgabe gelöst werden. Widerstand aber sei mit allen Mitteln zu brechen. Woldag schloß seine Rede: ›Unser Schiff hat den Auftrag erhalten, zusammen mit anderen Streitkräften und mit den Truppenteilen des Heeres an Bord, Oslo, die Hauptstadt Norwegens, zu besetzen und dort die Kameraden des Heeres auszuschiffen. Kameraden, die Stunde unseres Einsatzes ist früher gekommen, als wir alle geglaubt haben.
Nun gilt es zu zeigen, was jeder einzelne zu leisten vermag. Schwere Befestigungen sichern den Fjord nach Oslo. Enge Durchfahrten müssen unter Umständen erzwungen werden. Ich weiß aber, daß ich mich auf Euch verlassen kann. Der Sieg wird unser sein! Vorwärts *Blücher*!‹ «
Solche markigen Sätze wirkten motivierend auf die Männer. Ein »Hurra« begleitete die letzten Worte.
Hermann Himstedt bestätigte: »Wir alle haben ›Hurra‹ geschrien, jeder hat gejubelt.« Himstedt kam als Matrose auf *Blücher*. Sein Posten war im hinteren Gefechtsstand. Von dort hatte er die Befehle des 3. Artillerie-Offiziers weiterzugeben.
Als der Kommandant sich wieder auf die Brücke begeben hatte und der Erste Offizier wegtreten ließ, entlud sich die Stimmung der Männer in erregten Gesprächen und Ausrufen.
Mit ganz anderen Augen sahen alle nun den Verband. Die beiden Kreuzer hinter *Blücher*, die Torpedoboote, die zum Schutz gegen feindliche Unterseeboote vorlich und seitlich standen und Kreise fuhren. Von diesem Augenblick an herrschte an Bord des Schweren Kreuzers und auf den anderen Schiffen eine seltsam bedrückte und zugleich befreite Stimmung. Jeder wußte nun, was es mit dem eigenartigen Aufbruch von Swinemünde auf sich gehabt hatte.
Aus der angeblichen Übung sollte nun ein Landemanöver werden. Die Ungewißheit nach dem Wohin war genommen. Das ständige Fragen hatte ein Ende. Aber schon ergaben sich neue Fragen. »Wie werden sich die Norweger verhalten, wenn plötzlich deutsche Kriegsschiffe auftauchen, um die Hauptstadt Oslo zu besetzen? Waren sie darüber schon informiert und bereit, alles ohne Widerstand über sich ergehen zu lassen? Oder hatten sie schon in Alarmbereitschaft ihre Batterien besetzt, um die Mündungen ihrer Geschütze drohend auf jeden zu richten, der ungebeten in ihr Land eindringen will?«

An Bord waren viele Männer, die lange in Norwegen gelebt hatten, das Land und seine Stärken kannten. Wegen ihrer Sprachkenntnisse sollten sie als Dolmetscher eingesetzt werden. Gerade sie waren es, die ihren Nachbarn schwere Gedanken um das Gelingen des Unternehmens ins Ohr raunten. Und gleichzeitig beschwichtigten: »Gewiß, die norwegische Wehrmacht ist nicht groß. Ganz Norwegen hat kaum mehr Einwohner als Groß-Berlin. Die Zahl der unter Waffen stehenden Männer und die ihrer Geschütze beträgt nur einen Bruchteil dessen, was Deutschland bereits auf die Beine gebracht hat. Aber: eine Felsenfestung, bestückt mit schwerer Artillerie und Torpedo-Batterien und dazu noch durch Minen-Sperren gesichert, vermag selbst einer zehnfachen Übermacht lange und erfolgreich zu widerstehen. Denn in dieser schmalen Durchfahrt und der dadurch nur kurzen Schuß-Entfernung, mußte jede Granate, die die Rohre der Fels-Batterie verließ, einfach treffen.«
Auch Bootsmaat Schlünz an Bord der *Kondor* machte sich seine Gedanken. Er kannte Südnorwegen gut. Als Wandervogel war er 1930 und 1932 in Schweden und Norwegen unterwegs gewesen. Häufig hatte er den Fjord besucht. Auch später, als Seemann, war er mit einem Schoner nach Frederikstad, Sandefjord, Tofte und Scarpsborg gekommen. Wie sollte er den Menschen, die er dort kennengelernt hatte, gegenübertreten?

Der Marsch nach Norden

Am 8. April um 3 Uhr wurde »Seeklar!« befohlen. Der Verband lichtete pünktlich die Anker. Der Marsch durch den Großen Belt nach Norden begann. Die Reihenfolge der Schiffe *Blücher*, *Lützow*, *Emden*, *Möwe*, *Albatros* und *Kondor*. Damit war für die Kampfgruppe V das Unternehmen »Weserübung« angelaufen.

Sieben Tage zuvor hatte Hitler seinen Admiralen und Generalen beim Frühstück stolz mitgeteilt: »Das kühnste und frechste Unternehmen der neueren Kriegsgeschichte.«

Und in einem Geheimbericht des OKM sagte er: »Die Nervenbelastung dieser Tage bis zum Gelingen der Besetzung ist eine der stärksten Nervenbelastungen meines Lebens.«

Am nächsten Tag legten die Nachrichtenoffiziere den Seebefehlshabern Ost und West das SSD-Fernschreiben »Wesertag ist der neunte April« vor. Das Unternehmen steuerte in seine letzte Phase.

Korvettenkapitän Kurt Zoepffel: »Zwei Stunden, nachdem der Verband sich — kriegsmarschmäßig abgeblendet — in Bewegung gesetzt hatte, dämmerte es im Osten. Gegen 5.30 Uhr lagen die dänischen Inseln des Langeland- und Großen Beltes zu beiden Seiten des Fahrwassers friedlich da. Die Schiffe glitten in strahlendem Sonnenschein dahin, vorbei an den Häusern von Langeland, Fünen und Seeland.

Ob die da an der Küste wohl was merken? Oben am blauen Himmel zogen ruhig und sicher große Verkehrsmaschinen ihren Weg nach Süden. Nichts deutete darauf hin, daß etwas Besonderes bevorstehen würde. Nichtsahnende dänische Fischerboote wurden passiert. Ihre Glühkopfmotoren knatterten durch den Morgen.«

Auf dem Weg nach Norden wurde zunächst Fla-Kriegswache mit U-Bootausguck gegangen. Später, vor dem Eintritt ins Kattegat, zog die volle Kriegswache mit verstärktem U-Boot- und Luftausguck auf. Der Kriegswachleiter — Steuerbord war es Korvettenkapitän Engelmann (1. Artillerie-Offizier), Backbord Kapitänleutnant Pochhammer (2. Artillerie-Offizier) — gaben ruhig ihre Anweisungen.

Vor allem die Ausgucks und die ebenfalls am Ausguck abgestellten Bedienungen der Flak und Flawaffen mahnte er, gut auf Sehrohre, Ausstoßschwall und Torpedo-Laufbahnen zu achten. Die drei Torpedoboote liefen vorlich und seitlich, beschrieben Zick-Zack-Kurse und sicherten den Verband.

Vormittags fanden an Bord der *Blücher* erstmals die in der Klarschiffvorschrift niedergelegten Vorbereitungen statt. Der Erste Offizier und der Waffenleiter prüften alle Maßnahmen eingehend und führten Übungen durch. Dazu erfolgten mehrere

Antrete-Übungen mit den Heerestruppen, um die Ausschiffung im Oslo-Fjord zu exerzieren. Jederzeit konnte von Norden oder Nordwest ein Sehrohr, ein nadelfeiner Mast, die hauchdünne Ölfahne aus dem Schornstein eines Zerstörers auftauchen.

Um 13.05 Uhr wurde die im Kattegat liegende Insel Anholt passiert. Um 16.02 Uhr schlug der Kommandant der *Lützow*, Kapitän zur See Thiele, in einem Winkspruch an Konteradmiral Kummetz vor, im Verband für die Feuererlaubnis eine einheitliche Regelung festzulegen. Erstaunlicherweise war dieser heikle Punkt bis dahin von Kummetz noch nicht eindeutig befohlen worden. Jetzt ging er auf den Vorschlag Thieles ein, der im Kern darauf hinauslief, daß die Voraussetzungen für die Feuererlaubnis erst gegeben sein sollten, wenn »von norwegischer Seite aus einwandfrei scharf geschossen« werde. Auf Warnschüsse sollte noch nicht mit eigenem Feuer reagiert werden.

Um 17.15 Uhr stand der Verband auf der Höhe der kleinen Insel Hirtsholm vor Frederikshavn und näherte sich Skagen. Die Dünung war stärker geworden, als die Schiffe Kurs auf Skagen-Feuerschiff nahmen. Die Torpedoboote holten schwer nach beiden Seiten über und warfen schäumende Bugseen auf. Je näher der Verband dem offenen Skagerrak kam, desto stärker stieg die Spannung an Bord. Kein Wunder, schließlich konnten feindliche U-Boote der Engländer angreifen.

Oberleutnant Ballier: »Dem Kommandanten wurde der Einsatz der Bordflugzeuge zur U-Bootsicherung bis zur Dämmerung mehrfach vorgeschlagen. Kapitän Woldag lehnte aber mit der Begründung ab, das Manöver sei in dem von englischen U-Booten verseuchten Gebiet zu gefährlich und ein Entlassen in die Heimat solle wegen der geplanten späteren Verwendung nicht stattfinden. Außerdem reiche die U-Bootsicherung der begleitenden Torpedoboote aus. Somit blieb die eine Maschine enttankt, aber einsatzbereit in der Halle. Das andere Flugzeug stand mit sehr geringem Tankinhalt (40 Liter) klar zum Warmlaufen auf der Schleuder. Die Startbereitschaft war für den 9. April um 5 Uhr befohlen.«

Plötzlich wurde Alarm gegeben.

Von der Brücke erscholl der Ruf: »*Emden* hat Flaggensignal: U-Bootalarm! Laufbahn an Backbord in Sicht.«

Korvettenkapitän Zoepffel: »Plötzlich, rechts voraus! Was ist das? Das Sehrohr eines Unterseebootes! ›Alarm! Feindliches U-Boot getaucht rechts voraus. Feuer-Erlaubnis!‹ Alarmglocken rasselten. Die Kriegsfreiwache stürzte aus Schottüren und Niedergängen an ihre Geschütze, ein Signal flog hinauf zur Rah. Im gleichen Moment ratterten die vorderen 3,7-cm-Flawaffen. Ihre beiden Leuchtspuren sausten an beiden Seiten der Brücke vorbei. Ein Feuerhagel prasselte auf die Stelle nieder, wo das Sehrohr zu sehen war. Das Hämmern der Maschinengewehre gellte in den Ohren. Die Torpedoboote rasten im Zickzack auf die Stelle zu, bereit, Wasserbomben zu werfen.«

Auf einmal übertönte die Stimme des *Blücher*-Kommandanten den Tumult mit Alarm, Signalen, Manövern und Abwehrfeuern: »Halt! Batterie, halt! Feuer einstellen!«
Erstaunt sahen die Umstehenden auf. Nur ein oder zwei Mann hatten gesehen, begriffen.
»Das Sehrohr ist ein harmloses Fischerzeichen!« sagte Woldag ruhig. Die Brücken-Besatzung brach in erlösendes Gelächter aus. Die Spannung wich. So etwas konnte vorkommen im Eifer des Gefechts.
Zoepffel: »Die Geschützführer suchten wieder nach Torpedo-Laufbahnen. Sie freuten sich, daß bei ihnen alles so gut geklappt hatte. Es war eine erste Probe und als solche bestens bestanden. Jedermann hatte bewiesen, daß er auf dem Posten war.«
Plötzlich wurde erneut U-Boot-Alarm gegeben! Sofort hißten alle Einheiten das Signal, der Leichte Kreuzer drehte hart über Steuerbord auf den Gegner los, um dem Angriff auszuweichen. *Blücher* und *Lützow* drehten ebenfalls auf Befehl des Verbandsführers, steuerten Zickzack-Kurse. Die drei Torpedoboote machten in rasender Fahrt mit steil aufragendem Bug und wild wirbelnden Heckwellen Jagd auf den unsichtbaren Gegner, warfen Wasserbomben. Schwere Detonationen zerrissen die Stille. *Blücher* feuerte mit seinen Flakgeschützen über Backbord voraus, wo *Albatros* in der U-Bootsicherung stand.
Die Geschosse verfehlten das Torpedoboot nur um Haaresbreite, weil *Albatros* in letzter Sekunde scharf abdrehte, um nicht von den eigenen Granaten getroffen zu werden. Dann kam die Entwarnung, die Torpedos rauschten vorbei. Dicht vor dem Bug der *Lützow* gingen die Wassergeschosse durch, abgefeuert von dem englischen U-Boot *Trident* unter dem Kommando vom Lieutenant Commander Seale.
Sein Fahrzeug gehörte zu einer Gruppe britischer U-Boote, die im Skagerrak und im Kattegat »vorsorglich« auf der Lauer lagen. Falls die Deutschen reagierten, sollten sie den Booten vor die Rohre laufen. Das geschah. *Trident* hatte mittags schon den deutschen 8000-Tonnen-Tanker *Posidonia* versenkt. Auch *Lützow* sollte dran glauben. Commander Seale machte zehn Torpedos los — ohne Erfolg. »Alarm beendet«, erklärte Admiral Kummetz einigen Armeeoffizieren.
»Das bedeutet, kein Sehrohr und keine weiteren Blasenbahnen wurden gesichtet. Unsere Schiffe haben den Feind offenbar in die Flucht geschlagen bzw. tief unter Wasser gedrückt. Die Engländer können unsere Fahrt nicht aufhalten, also keineswegs mehr in eine günstige vorliche Schußposition zum Verband kommen.«
Die Heeresoffizier nickten ernst. Ganz wohl war ihnen nicht zumute. Sie ahnten, daß trotzdem jederzeit ein neuer Angriff erfolgen konnte.
Der Signalgefreite Fritz Limbach erinnert sich: »Bei dem U-Boot-Angriff im Skagerrak halfen einige Kumpels und ich — die wachfrei waren, aber immer in der Nähe des Signalmeisters sein mußten — Leutnant Bohne von der Marine-PK. Wir hielten ihn und seinen Assistenten beim Filmen des Angriffs fest, da unser Kreuzer

dauernd Zick-Zack-Kurse fahren mußte und dabei immer schwer überholte. Wir sahen auch einen Gefreiten von der Pk fotografieren. Er trug einen blauen Colani von uns über seiner grauen Uniform. Er hieß Ehlert.«

Bootsmaat Hans Hermann Schlünz auf *Kondor* erlebte die Situation so: »Unser Torpedoboot fuhr mit Höchstfahrt U-Boot-Sicherung an der Steuerbordseite des Verbandes. Meine Schmalfilm-Kamera surrte. Herrlicher Sonnenschein, leicht bewegte See. *Kondor* drehte weite Bögen um die drei Dickschiffe und holte mehrfach schwer über. Die Mittel-Artillerie und die Flak schossen kräftig in Richtung des feindlichen U-Bootes. Die Einschläge waren manchmal in bedenklicher Nähe. Ich hoffte auf eine gute filmische Ausbeute. Auch Obermaat Dietrich Kaiser auf *Albatros* filmte kräftig.«

Korvettenkapitän Kurt-Eduard Engelmann ließ durch seinen Haupt-Befehlsübermittler auf *Blücher* durchsagen: »Wir befinden uns in gefährlichem Gebiet. Hier wimmelt es von englischen U-Booten. Schärfsten Ausguck halten, auch bei den 10,5 cm-Geschützen und Flawaffen. Alles Verdächtige sofort melden.«

Den gleichen Befehl gab auch der Wachoffizier seinem Brückenausguck.

Korvettenkapitän Zoepffel: »Spannung lag auf allen Gesichtern. Die auf der Brücke ihre Kriegswachstation hatten, die auf den Seitendecks an den gefechtsklaren Geschützen standen, wetteiferten, wer zuerst die Blasen-Laufbahnen von Torpedos sieht. Alle waren aufgerüttelt, suchten mit doppeltem Eifer die in der Abendsonne flimmernde See ab. In der normalen Marschformation erreichte der Verband die Höhe von Skagen.«

Während der Verband Kurs auf den Skagerrak nahm und weiter nach Norden stampfte, meldete der dänische Sender Kjöbenhavn-Kalundborg: »Stärkere Verbände der deutschen Kriegsmarine haben heute vormittag auf nördlichem Kurs den Großen Belt passiert.«

Damit erfuhr die Welt noch in der gleichen Stunde von der großen Aktion der Wehrmacht. Auch die Männer auf *Blücher* hörten die Nachricht im Radio.

Gegen 19 Uhr passierten die deutschen Einheiten das Skagen-Feuerschiff. Mit Sonnenuntergang wurde die Kriegsflagge niedergeholt. Sorgfältig blendete die *Blücher*-Besatzung das Schiff ab.

Korvettenkapitän Hugo Förster, der Navigationsoffizier, bereitete mit seinen Leuten Ansteuerung und Einlaufen in die breite Mündung des Oslo-Fjords vor. Ganz bestimmte Stellen mußten exakt zur befohlenen Zeit passiert werden. Die Peilung dafür lief über ganz bestimmte Leuchtbojen, -baken und -feuer. Während des Vormarsches der Kampfgruppe V wurde »Klar Schiff zum Gefecht« befohlen.

Korvettenkapitän Zoepffel: »Ein jeder war auf seiner Gefechtsstation, die Bereitschaft des Schiffes war bis zum Äußersten hergestellt. Jeder wußte, nun wird es ernst. Möchten die Batterien des Gegners auch alt sein, es ging aufs Ganze. Im Inneren vertraute jeder darauf, daß die Norweger sich mit den Tatsachen abfinden und unnützes Blutvergießen vermeiden würden. Dunkel schob sich der Verband in den Fjord hinein. Das Besteck stimmte einwandfrei. Zur errechneten Zeit, gegen 22.30 Uhr, leuchteten Lille Faerder und Torbjörnskjär Feuer auf. Beide brannten. Na, also! Schien alles klar zu gehen. Man meinte es gut mit uns. Norwegen hatte seine Lage erkannt. Oder erwartete das Land vielleicht sogar die Engländer? Und die Feuer brannten für die Briten? Über die allgemeine Lage hatte uns bisher keine Nachricht erreicht.«

Um 23.25 Uhr meldete der Erste Funkoffizier dem Kommandanten auf der Brücke: »Eben hat der Sender Oslo einen Befehl der norwegischen Admiralität durchgegeben, sofort alle Feuer zu löschen.«

Woldag antwortete: »Danke. Da haben wir's, Herr Admiral. Aber vorläufig brennen sie ja noch. Also die Norweger sind mißtrauisch geworden. Das ist eine eindeutige Abwehrmaßnahme. Sie erwarten uns.«

»Gut, daß wir wenigstens die genaue Anfangsposition haben«, bemerkte Navigationsoffizier Förster.

Unbeirrt wurde der Vormarsch fortgesetzt. Eine Zeitlang beherrschte das monotone Ausrufen der Peilung die Brücke. Weiter im Landesinneren liegende Feuer kamen in Sicht.

»Da, die Feuer werden gelöscht«, schrie der Steuermannsmaat der Wache.

Der Ruf ging wie ein Lauffeuer durchs ganze Schiff. Nun war die große Stunde der Steuermannscrew gekommen. Doppelt so stark mußte aufgepaßt werden. Denn die Fahrt durch den felsigen Fjord war schwer und gefährlich. Tückische Felsen lauerten unter dem ruhigen Wasser. Mit scharfen Gläsern durchbohrten unzählige Augenpaare das Dunkel, versuchten Seezeichen zu erkennen oder einen Lichtschein von Orten zu erhaschen, die noch nicht ganz abgedunkelt waren.

Langsam tastend ging es weiter. Hier und da zeigte ein winziges Licht eine Boje an. Noch genauer wurde gepeilt, gekoppelt, die Spannung stieg. Während die Kampfgruppe V in Kiellinie mit 18 Knoten weiterlief, wurde vom Schlußschiff *Emden* das Aufkommen der 1. Räumflottille gemeldet. Trotz der völligen Dunkelheit, der gelöschten Feuer und dem unbekannten Fahrwasser waren die acht Boote von Flottillenchef Kapitänleutnant Gustav Forstmann und seinem Flottilleningenieur Kapitänleutnant Erich Grundmann wie verabredet zur Stelle.

Die Flottille wurde später für ihr umsichtiges und tapferes Verhalten bei dem Unternehmen vor Horten ausgezeichnet. Zwei Kommandanten, der Flottilleningenieur, Stabsobersteuermann Horst Rixecker und Stabsobersteuermann Arthur Godenau bekamen das Ritterkreuz des Eisernen Kreuzes verliehen.

Unterwegs informierte Forstmann alle Kommandanten seiner Einheiten über die bevorstehende Aufgabe: »Wir haben Sturmtrupps zu den verschiedenen Befestigungen, die noch vor dem Kriegshafen Horten liegen und zu diesem selbst zu bringen. Die Flottille wird in Rotten zu je zwei Booten aufgeteilt. An einem Treffpunkt mit

der Gruppe V, auf der Truppen zur Besetzung der norwegischen Hauptstadt eingeschifft sind, werden die Rotten die für sie vorgesehenen Stoßtrupps an Bord nehmen.
Der Sinn unserer Aufgabe ist, die im äußeren Oslo-Fjord liegenden Batterien Bolärne und Rauöy sowie den Kriegshafen Horten auszuschalten und für die Wehrmacht sicherzustellen. Eine für unsere kleinen Boote ehrenvolle und nicht leichte Aufgabe, die uns da anvertraut wurde. Diese Stoßtrupps werden von *Lützow* und *Emden* übernommen. Die beiden Inseln Bolärne an der West- und Rauöy an der Ostseite des Fjords, sind zu besetzen. Bolärne durch *R 22* und *R 23*, Rauöy durch *R 20*, und *R 24*. Für das weiter fjordaufwärts gelegene Horten, den Hauptkriegshafen, sind die jetzt noch bei der Gruppe V laufenden Torpedoboote *Kondor* und *Albatros* und von uns *R 17*, *R 21* und *Rau 17* bestimmt. Torpedoboot *Möwe* bleibt bei *Blücher*, *Lützow* und *Emden*.«
Die Räumboote liefen mit 21 Knoten nach Norden — ohne Zwischenfälle, bei ruhiger See und leichter Dünung. Noch während die Feuer vor dem Oslo-Fjord brannten, erreichte der Verband den Punkt, wo sie von *Lützow* und *Emden* die Sturmtrupps zu übernehmen hatten.
Dann erloschen plötzlich die Feuer am Ufer. Die Räumbootflottille lief weiter. Schließlich wurden Schatten und die Hecksee der *Emden* ausgemacht. Wenig später stoppte der Verband, die Räumboote gingen bei *Lützow* und *Emden* längsseits, nahmen ihre Feldgrauen an Bord. Zwei Rotten wurden zum Besetzen der Außenforts auf Rauöy und Bolärne entlassen. Eine Rotte hielt sich bei den großen Schiffen zwecks späterer Übernahme der Strumtrupps für Horten und eine weitere Landung von Heerestruppen bei Moss und Son bereit. Gegen 23.30 Uhr überschritt *Blücher* den 59. Breitengrad.
Seekadett Eugen Lindheim vom Kreuzer *Emden*: »Um 23.45 Uhr wurde nach alter Tradition mit Trommel und Horn ›Klar Schiff zum Gefecht‹. ›Alle Mann auf Station‹, befohlen.«
Lindheim gehörte mit anderen Kadetten zur Bedienung des vierten von acht Backbord-Geschützen (Kaliber 15 cm). Er war als Befehlsübermittler eingesetzt. Um 24 Uhr passierte *Blücher* an der Spitze des Verbandes die Linie Rauöy — Bolärne, näherte sich unaufhaltsam der norwegischen Küste. Die Entfernung nach Oslo betrug nur noch 55 Seemeilen.

Einfahrt in den Oslo-Fjord

Es war eine klare, aber dunkle Nacht. Die Offiziere der nachfolgenden Schiffe mußten deshalb aufpassen, um nicht die abgeblendete Kielwasserlaterne ihres Vordermannes zu verlieren.
Vor *Blücher* tauchte plötzlich ein Licht auf.
»5 Grad Backbord voraus Dampferlicht!« meldete der Backbord-Brückenausguck. »Darunter kommt eine rote Seitenlaterne heraus, dicht überm Wasser. Scheint ein kleines Fahrzeug zu sein.«
Dann flammte ein Scheinwerfer auf, tastete Bug, Back, vordere Türme und Brückenaufbauten des Schweren Kreuzers ab. Auch *Lützow* wurde von dem Strahl erfaßt.
»Fahrzeug morst an«, meldete der Signalmaat.
»Was macht er?« fragte Kommandant Woldag.
»Erkundigt sich nach unserer Nationalität, Herr Kapitän. Danach kommt noch was von ›Feuer eröffnen‹ «, rief erstaunt der Signalmaat der Wache zur Brücke hinunter.
Admiral Kummetz griff ein. »An *Albatros*: Aufbringen!«
Der Befehl ging über UKW an das Torpedoboot. Sofort nach Übermittlung scherte *Albatros* aus, hielt mit äußerster Kraft auf das kleine Schiff zu.
Das unbekannte Fahrzeug, das sich später als das norwegische Küstenwachboot *Pol III* herausstellte, hatte inzwischen die beiden großen Kreuzer passiert.
Gleichzeitig ließ *Albatros*-Kommandant Siegfried Strelow zum Gegner morsen: »Sofort Maschine stoppen! Machen Sie keinen Gebrauch von Ihrer Funktelefonanlage.«
Keiner der Befehle wurde ausgeführt. Im Gegenteil. Das Boot lief mit Höchstgeschwindigkeit in nordöstlicher Richtung auf den Oslo-Fjord zu. Dabei funkte es ununterbrochen auf Welle 600, alarmierte die ganze norwegische Küste.
Albatros-Kommandant Strelow entschloß sich, das Fahrzeug zu rammen. Der Grund: Admiral Kummetz hatte den Waffen-Einsatz noch nicht befohlen. Trotzdem war auf *Albatros* die gesamte Artillerie besetzt.
Kurz bevor *Albatros* den Norweger erreichte, krachte ein Schuß vor den Bug des Torpedobootes. *Albatros* war mit 24 Seemeilen herangedampft, jetzt verringerte das Boot die Geschwindigkeit auf 17 Seemeilen, um längsseits zu gehen. Von Kummetz kam immer noch kein Befehl zum Waffeneinsatz. Das norwegische Küstenwachboot *Pol III* stellte sich aus der Nähe als ziemlich groß heraus. Als beide Schiffe nur noch wenige Meter von einander entfernt waren, legte der Norweger hart Steuerbord-Ruder und lief *Albatros* direkt vor den Bug.

»Maschinen volle Kraft zurück!« befahl Kommandant Strelow. Doch das Ramming war nicht mehr zu verhindern. Beide Schiffe krachten zusammen. Die Kollision war sehr stark. Strelow vermutete schon, daß das Vorschiff schwer beschädigt sein mußte. Zum Glück ging der Aufprall leichter ab als zunächst angenommen.
Der Leitende Ingenieur meldete auf die Brücke: »Keine Schäden am Unterschiff. Alles dicht. Nur auf dem Oberdeck in Höhe vom ersten Geschütz ist ein halbes Quadratmeter großes Loch im Schanzdeckel.«
Gleichzeitig kam von der Back die Meldung: »Der schwere Steuerbord-Anker des Norwegers liegt mit gebrochener Ankerkette auf der Back.«
Inzwischen dümpelten beide Schiffe mit etwa 100 Metern Querabstand gestoppt nebeneinander. Mit dem Megaphon rief der norwegische Kommandant auf deutsch zur *Albatros* herüber: »Übergeben Sie ihr Schiff oder ich schieße!«
Kapitänleutnant Strelow befahl: »Scheinwerfer leuchten.«
Im aufblitzenden Licht erkannte er, daß *Pol III* zwei 10,5-cm-Geschütze auf *Albatros* gerichtet hatte. Bei der kurzen Entfernung gab es keine Alternative: Strelow ließ Sekunden später aus allen drei Geschützen feuern.
Geschützführer Obermaat Möller meldete:
»Volltreffer! Das Backgeschütz des Norwegers wurde samt Bedienung über Bord gefegt.«
Eine Granate zerstörte die Funkstation, eine andere schlug in die Brücke, ein drittes Geschoß löste Feuer unter Deck aus. Eines der beiden Rettungsboote wurde aus seiner Halterung gefetzt. *Albatros* stellte das Feuer ein, versuchte wieder längsseits zu kommen. Aber das Wachboot wich erneut aus, feuerte ebenfalls aus allen Rohren.
Der mutige Gegner wurde angeleuchtet um die Position festzustellen. Dabei erspähte die *Albatros*-Besatzung im Strahl des Scheinwerfers an Bord des Norwegers einen Soldaten auf einer Leiter. Der Seemann versuchte, die abgerissene Antenne zu flicken. Strelow ließ nochmal mit den Fla-Waffen feuern. Unter der Oberdeckscrew des Norwegers gab es große Verluste. Auch Kommandant Leif Welding Olsen, Offizier der norwegischen Marinereserve, wurde tödlich verwundet.
Wieder versuchte *Albatros* Backbord-achtern längsseits zu gehen. Obwohl das Torpedoboot günstig lag, scheiterte die Aktion. Außerdem trieb der Seegang die Fahrzeuge sofort wieder auseinander.
Beim nächsten Anlauf ließ Kapitänleutnant Strelow einen unbewaffneten Freiwilligen aus den Wanten an Deck der *Pol III* springen. Bevor *Albatros* zum vierten Mal versuchte, längsseits zu gehen, wurde das norwegische Boot erneut angeleuchtet. Dabei sah Strelow, daß an Deck eine Prügelei im Gang war, um den *Albatros*-Mann über Bord zu werfen. Der Kommandant gab Feuer-Erlaubnis für das vordere L.-MG (leichtes Maschinengewehr). Sofort ließen die Norweger von dem Deutschen ab.

Kurz danach ging *Albatros* unbehelligt längsseits. Fast gleichzeitig versuchten die Norweger an Steuerbord einen Kutter zu Wasser zu lassen. Das mißlang. Das kleine Boot kenterte. Acht bis zehn norwegische Soldaten fielen in das eiskalte Wasser und schrien um ihr Leben.
An Bord des Norwegers bot sich ein schreckliches Bild. Überall lagen Gefallene an Deck, darunter auch der Kommandant. Er war der erste Tote auf norwegischer Seite. Die restliche Besatzung — zwölf Mann — wurde auf die *Albatros* gebracht. Damit waren an Bord des Torpedobootes insgesamt 15 Gefangene. Drei Norweger waren schon vorher beim Ramming auf die Back der *Albatros* gesprungen.
Nach Übernahme der Gefangenen legte *Albatros* ab und versenkte das Wachboot mit einigen Salven der Artillerie.
Der Kommandant war überzeugt: »Die Schwimmfähigkeit des Schiffes ist nicht mehr gewährleistet. Ein Prisenkommando ist nicht zu verantworten.« *Albatros* hatte den Trupp unter Führung des Oberfähnrichs zur See Knecht beim Auslaufen in Swinemünde von der *Emden* an Bord bekommen. Geplant war, die Soldaten auf das vermutlich vor dem Oslo-Fjord kreuzende Lotsenboot nach Absetzen eines Lotsen auf *Blücher* zu bringen. Dadurch sollte vermieden werden, daß das Eindringen deutscher Seestreitkräfte vorzeitig gemeldet wurde.
Die ganze Aktion gegen das Wachboot vom Befehl zum Aufbringen des Fahrzeugs bis zur Versenkung dauerte eineinhalb Stunden. Um 1.32 Uhr wurde Admiral Kummetz über Funktelefon die Ausführung gemeldet.

»...wahr muß es sein«
»Schreiben Sie man immerzu, gegen wen es auch sei. Ich nehme alles uf mir; aber das sag ich Sie: wahr muß es sind!«
Diese Worte richtete der in den Freiheitskriegen 1813 bis 1815 überaus populäre preußische Feldmarschall Blücher und Namensgeber des Schweren Kreuzers, dem seine Soldaten den Ehrennamen »Marschall Vorwärts« gegeben hatten, an den liberalen Journalisten Joseph Görres nach der Schlacht bei Waterloo. Blücher wie Görres haben in ihren Lebenswegen den ständigen Interessenkonflikt zwischen Wahrheit und Macht selbst oft erfahren.
Und deshalb kann und konnte es auch für dieses Buch nur ein Motto geben: »...wahr muß es sein.«

Großer Kreuzer *Blücher* (II), 1908-1915

Großer Kreuzer *Blücher* (II) sinkt am 24. Januar 1915 nach der Doggerbankschlacht in der Nordsee auf 54 Grad 20 ′N/05 Grad 43 Ost — 792 Tote.

Der Schwere Kreuzer *G* der Washington-Klasse der Deutschen Kriegsmarine.
Bau-Nr. K246 auf den Helgen der Bauwerft Deutsche Werke Kiel AG vor der Taufe am 8. Juni 1937, bei der das Schiff den Namen *Blücher* erhielt.

Stapellauf des Schweren Kreuzers *Blücher* am 8.Juni 1937 bei den Deutschen Werken Kiel AG, Steven senkrecht.

Schwerer Kreuzer *Blücher* am Ausrüstungskai (1938/39) der Deutschen Werke Kiel AG. Das Schiff hat bereits den Klippersteven erhalten.

Der Gefechtsmast
des Schweren Kreuzers *Blücher*,
etwa 1938.

Schornsteinaufsatz der *Blücher*, der gegen Ende der Probefahrten im Sommer 1939 eingebaut wurde.

lücher mit Schornsteinaufsatz im Oktober 1939 im Kieler Hafen an der Boje. Besatzungsmitglieder in Parade-ufstellung an Deck — Zur Begrüßung des von Scapa Flow heimkehrenden *U 47* ‹ommando: Kapitänleutnant Prien).

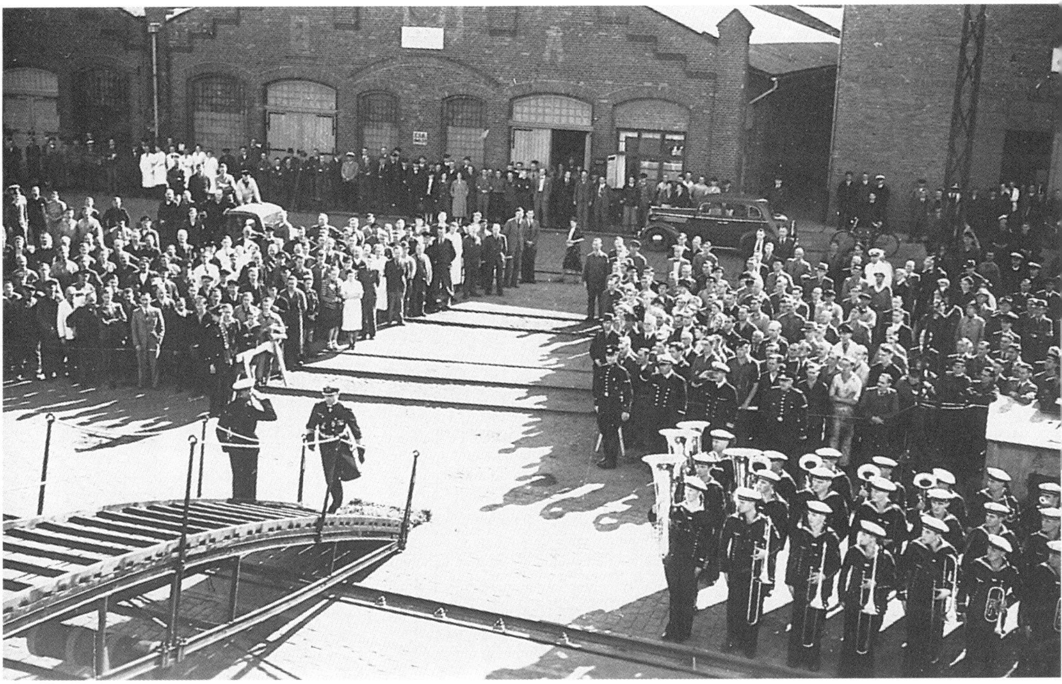

Indienststellung der *Blücher* am 20. Sepember 1939 in Kiel.
Der Kommandant, Kapitän zur See Heinrich Woldag, begibt sich an Bord.

Kommandant, Kapitän zur See Woldag, schreitet bei der Indienststellung die Reihen der an Deck angetretenen Besatzungsmitglieder ab.

Blücher auf Erprobungsfahrt in der östlichen Ostsee, Herbst 1939.

Gischt überspült das Vorschiff, Besatzungsmitglieder versuchen auf den Beinen zu bleiben: *Blücher* in schwerer See, Herbst 1939.

(1)

(2)

(3)

(4)

Konteradmiral Oskar Kummetz,
Führer Kampfgruppe V/Oslo im April 1940. (1)

Kapitän zur See Heinrich Woldag,
Kommandant *Blücher*. (2)

Kapitän zur See August Thiele,
Kommandant Schwerer Kreuzer *Lützow*. (3)

Oberst B.K. Eriksen, Chef der Festung Oscarsborg am 9. April 1940. (4)

Kommandörkaptein A. Anderssen, Chef der Torpedobatterie auf Oscarsborg. (5)

Kaptein Leif Welding Olsen, Chef des Bewachungsfahrzeuges *Pol III*. (6)

Vagn Enger, Chef der Kopas-Batterie Dröbak. (7)

(5)

(6)

(7)

(8)

(9)

(10)

T. Briseid, Kommandörkaptein des norwegischen Minenlegers *Olav Tryggvasson*. Das Bild zeigt ihn als Admiral. (8)

Autor Hans Hermann Schlünz als Bootsmannsmaat: Er gehörte am 9. April 1940 auf dem Torpedoboot *Kondor* zum Verband der *Blücher*. (9)

Oberleutnant Jürgen Bieler gehörte 1940 zum an Bord der *Blücher* eingeschifften Vorauskommando des Stabes Falkenhorst. (10)

(11)

Erik Lunde: Der Journalist starb am 29. November 1970 beim Tauchen am Wrack der *Blücher*. (11)

Taucher Dag Amerud, dessen Firma Amccon mehrfach am Wrack gearbeitet hat. (12)

Reeder Einar Hövding, Eigentümer der *Blücher*. (13)

(12)

(13)

Reinschiff an Bord der *Blücher*, Herbst 1939.

Offiziere der *Blücher*, Winter 1939/40 in Kiel. Von rechts nach links:
Erich Heymann, Fregattenkapitän und Erster Offizier, Karl Thannemann, Dipl.Ing. Fregattenkapitän (Ing.) und Leitender Ingenieur (als Flotten-Ingenieur an Bord der *Bismarck* am 27. Mai 1941 gefallen), Kurt-Eduard Engelmann, Korvettenkapitän und 1. Artillerie-Offizier (als Kommandant von *U 163* am 15. März 1943 gefallen).

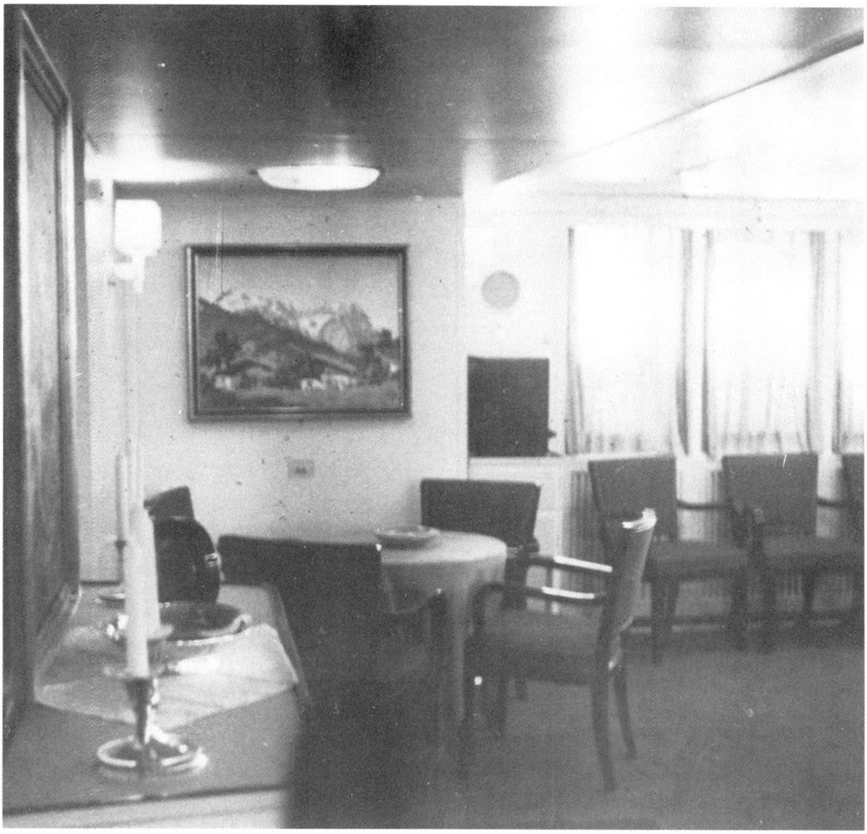

Blick in die Offiziersmesse der *Blücher*.

Backschafter (Essenholer) vor der Mannschaftskombüse der *Blücher*.

Vorschiff der *Blücher* mit niedergelegter Reling. Das Hakenkreuz diente zur Erkennung für die Luftwaffe. Links und rechts die beiden 20,3-cm-Rohre des Turms A.

Im Kattegat am 8. April 1940. Blick von achtern auf die beiden 20,3-cm-Doppeltürme C und D und die Aufbauten.

Heeresoffiziere, die sich aus Tarnungsgründen am Oberdeck der *Blücher* nur in Marineuniform zeigen durften.
Von links nach rechts: Leutnant Carl Otto Tewaag, Rittmeister Paul Goerz, Major von Necker.

Eines der beiden Fugzeuge vom Typ »Arado 196« an Bord der *Blücher*.

Eine Krupp-Granate (28 cm). Zwei dieser von Oscarsborg abgefeuerten Geschosse besiegelten am 9. April 1940 das Schicksal der *Blücher*.

Die drei Krupp-Kanonen der Festung Oscarsborg: »Josua«, »Moses«, »Aron« (von links nach rechts), Kaliber 28 cm, aus dem Jahr 1892.

Torpedo-Batterie auf der Insel Nord-Kaholmen der Festung Oscarsborg. In diesem unscheinbaren Haus befand sich am 9. April 1940 die Visiereinrichtung der in den Felsen gehauenen Unterwasser-Torpedobatterie. Die Visiereinrichtung bestand aus einer Platte (40 x 40 cm), die mit einem Nonius (360 Grad) und dem dazugehörigen Peilstab versehen war, um das Objekt anzuvisieren. Signalisiert wurde mit einer Klingel von der Visiereinrichtung in den darunterliegen den Abschußraum.

Die Unterwasser-Torpedobatterie auf der Insel Nord-Kaholmen der Festung Oscarsborg im April 1940. Das Foto zeigt den Torpedoabschußraum. Die Anlage wurde um 1890 installiert. Ein Torpedo ruht auf einer Holzlafette. Links eine Pressluftflasche zum Auffüllen der Torpedos. Ein zweiter Torpedo kann aus seiner Halterung mit Handrädern auf die gewünschte Tiefe und Richtung gebracht werden. Zwei Torpedos vom Typ Whitehead (45 cm) konnten gleichzeitig abgeschossen werden. Die »Aale« wurden von Hand gestartet und fuhren mit eigener Kraft. Richtung, Geschwindigkeit und Vorhaltung lagen fest. Die Entfernung zum Zielobjekt *Blücher* betrug am 9. April 1940 etwa 425 Meter.

Die norwegische Kriegsflagge, die am 9. April 1940 über der Festung Oscarsborg wehte, im Traditionsraum der Anlage.

Modell der *Blücher* im Traditionsraum der Festung Oscarsborg, gebaut von dem Ingenieur Vagn Enger jr. Vorlage war ein Modellbogen der Firma Schreiber, den Enger in den 60er Jahren von Hans H. Schlünz bei einem Besuch der Familie Enger in Dröbak erhielt.

Die erste Sperre

Das Wachboot *Pol III* hatte vor der Mündung zum Oslo-Fjord auf Position gelegen. In regelmäßigen Abständen waren Suchscheinwerfer über das Wasser gestrichen. *Pol III*-Kapitän Leif Welding Olsen befand sich unter Deck, der Erste Offizier Gunnar Bergen ging Wache. Deshalb hörte Bergen auch als erster den erstaunten Ausruf des Ausgucks: »Schiff in Sicht! Schiff vier Grad backbord.«

Die Meldung wurde unverzüglich an den Kommandanten weitergeleitet, der schlaftrunken auf die Brücke stürzte. Da rief der Ausguck schon wieder: »Nicht ein Schiff, sondern zwei. Das erste ist direkt vor uns. Sehr nahe!«

Auch Olsen hatte die Schiffe ausgemacht — als riesige tiefschwarze Schatten, die sich schnell und fast lautlos durch die Dunkelheit bewegten.

»Den Silhouetten nach zu urteilen, müßten es Zerstörer sein, vielleicht noch größere Schiffe. Sie fahren völlig abgeblendet«, dachte der Norweger.

Der Suchscheinwerfer der *Pol III* glitt ganz langsam vom Bug über die Turmaufbauten zum Heck. Nirgends war eine Flagge zu sehen.

Olsen gab Signale: »Woher kommen Sie? Ihre Nationalität, sonst schießen wir!«

Er bekam keine Antwort.

Die Schiffe schoben sich langsam vorbei.

»Bergen, wir eröffnen das Feuer. Setzen Sie ihnen einen Schuß vor den Bug! Und Sie, Sparks: Sofort einen Funkspruch durchgeben! ›Unbekannte Kriegsschiffe mit Kurs NNO, zwanzig Knoten Fahrt‹ und unseren Standort. Senden Sie ununterbrochen!« befahl Olsen.

Fast gleichzeitig krachte die kleine Bord-Kanone los. Aber die Geschosse klatschten nur ins Wasser. Dagegen schlug es wenig später in der Funkanlage ein.

»Hoffentlich ging der Funkspruch noch rechtzeitig ab«, sagte Olsen zu seinem Ersten Offizier.

Weitere Treffer zerstörten die Brücke, überall drang Wasser ins Schiff. Der erste norwegische Widerstand war gebrochen — aber auch der Friede zwischen beiden Ländern.

Inzwischen hatte sich der deutsche Verband weiter fjordaufwärts geschoben, stand kurz vor der ersten Sperre. Der norwegische Kriegshafen Horten — backbord voraus — und die auf den Felsen liegenden Batterien von Rauöy und Bolärne im Süden bildeten den äußeren Sicherheitsgürtel des Oslo-Fjords. Die Befestigungsanlagen waren in allen Marine-Handbüchern genau verzeichnet. Auf beiden Seiten hoben sich undeutlich die Umrisse der Fjord-Ufer ab.

Ein weiteres Wachboot morste die Schiffe an. Der Anruf blieb unbeantwortet. Die Patrouille kam schnell unbehelligt achteraus, weil der Verband mit 18 Knoten marschierte. Und schon wieder blitzte ein Scheinwerfer auf. Diesmal an Steuerbord, von der Batterie Rauöy. Der Strahl erfaßte *Blücher*, tauchte den Schweren Kreuzer in grelles Licht.
»Gegenleuchten!« kam der Befehl von der Brücke.
Die Sicht wurde schlechter, über dem Wasser waberte ein dichter Dunstschleier.
»Der Scheinwerfer an Steuerbord muß Rauöy sein!« stellte Navigations-Offizier Hugo Förster nach einem Blick auf die Karte fest.
Dicht bei dem Scheinwerfer blitzten zwei, drei Abschüsse auf. Donnerschläge zerrissen die Stille. Ihr Echo rollte über den Fjord, brach sich an den Felsen und wurde schließlich immer leiser, bis es in der Ferne verstummte.
»Ungefähr 15 cm!« urteilte sachkundig der Artillerie-Offizier, Korvettenkapitän Engelmann, der am 8. April seinen 37. Geburtstag gefeiert hatte.
Weit voraus stiegen nacheinander mittelhohe Wasser-Fontänen im Scheinwerferlicht hoch, fielen aber kurz darauf silbrig glitzernd wieder in sich zusammen. Die Stimmung an Bord war zum Zerreißen gespannt. Was kam nun? Folgte den Warnschüssen eine ganze Batterie-Salve? Oder war nur vorsorglich Einspruch erhoben worden, um die Neutralität zu betonen?
»Durchhalten!« befahl Admiral Kummetz.
Kommandant Woldag wiederholte. Die Geschütze blieben in Zurrstellung. Zielgeber und Entfernungsmesser visierten in ihrer Optik weiter die Stelle an, wo die Schüsse aufblitzten. *Blücher* und die anderen Schiffe behielten den Kurs mit 18 Knoten Geschwindigkeit bei. Schließlich erloschen die Scheinwerfer auf den Inseln.
Auch an die Bord-Scheinwerfer erging der Befehl: »Abblenden!«
Konteradmiral Kummetz vermutete: »Die Norweger hatten vermutlich Befehl, uns ungeschoren passieren zu lassen. Sonst wäre wohl weitergefeuert worden.«
An Bord atmete alles auf. Auch der Kommandant war erleichtert. Nur zu gut wußte er, welche Gefahr Deutschlands modernstem Kriegsschiff in den engen norwegischen Gewässern drohte.
Die erste Sperre war passiert.
Nördlich von Bolärne an der Westseite des Fjordes stoppte der Verband gegen 0.30 Uhr. Die Landungstruppen wurden ausgeschifft. Sie hatten Befehl, die Inseln Rauöy, Bolärne und den Kriegshafen Horten im Handstreich zu besetzen. Ab ein Uhr stiegen die Infanteriestoßtrupps um. Die Räumboote *R 17* und *R 21* wurden zur *Emden* gerufen, *R 18* und *R 19* gingen bei *Blücher* in Höhe des achteren Turms an Steuerbord und Backbord längsseits. 150 Mann der 5. Kompanie des Infanterie-Regiments 307 verließen innerhalb von 25 Minuten mit voller Ausrüstung den Schweren Kreuzer. Die Räumboote brachten die Soldaten ans Ufer.

Landung auf Rauöy

Leutnant zur See Jaeger berichtete: »Dunkle Nacht und lautlose Stille umfingen uns. Der Schatten des Kreuzers versank achteraus in der Dunkelheit. Wir hatten 45 Soldaten Infanterie übernommen. Es galt, diesen Stoßtrupp auf der Insel Rauöy zu landen, zur Besetzung der norwegischen Küstenbatterie. Es war die gleiche Batterie, die uns beim Einlaufen in den Oslo-Fjord beschossen hatte. Überraschen ließ sich der Norweger nicht mehr. Er war auf dem Posten. Aber die Landung mußte erzwungen werden. Denn die Batterie beherrschte weithin sichtbar die Einfahrt zum Fjord und damit zur Hauptstadt Norwegens.

Mit langsamer Fahrt tasteten wir uns vorwärts in Richtung auf die Nordspitze der Insel. Wir mußten unbemerkt bleiben, um die Unternehmung nicht vorzeitig zu verraten. Alle Mann standen auf dem Oberdeck. Das bedurfte keines besonderen Befehls. Die Maschinengewehre waren besetzt. Auge und Ohr lauschten gespannt in die Nacht. Unser Kielwasser hinterließ einen hellen Streifen, der uns leicht hätte verraten können. Die Kameraden in Feldgrau versuchten vergebens, noch eine Stunde zu schlafen. Die meisten blickten angestrengt nach vorn. Kaum einer sprach ein Wort. Starker Nebel kam auf. Die Sicht wurde schlechter.

Voraus Land in Sicht! Es mußte das Festland nördlich der Insel sein. Wir änderten den Kurs. Und wieder war die Küste von grauem Nebel umhüllt. Wir tasteten uns weiter. Hier und da tauchte im aufreißenden Nebel ein Felseneiland auf, um gleich wieder im undurchdringlichen Grau zu versinken.

Eine Schäre sah aus wie die andere. Durch den starken Strom wurden wir wahrscheinlich versetzt. Wo lag die Nordspitze von Rauöy? Wir liefen in eine kleine Bucht ein, fanden ein Fischerdorf. Dicht unter Land wurde ein Schlauchboot ausgesetzt. Der Führer des Infanteriezuges und ein Unteroffizier wurden übergesetzt, um den Namen des Dorfes und unseren Schiffsort festzustellen. Der Ort hieß ›Engelsviken‹. In diesem Augenblick setzten an allen wichtigen Punkten Norwegens deutsche Soldaten ihren Fuß an Land.

Die Menschen lagen noch ahnungslos im Schlaf. Als die Bewohner erwachten, war die Überraschung groß. Man hielt uns für Engländer. Die Norweger schienen mit einer britischen Landung gerechnet zu haben. Von ›Engelsviken‹ ging es zwischen öden und kahlen Schären weiter, die hier und dort aus dem aufreißenden Nebel auftauchten. Wir nahmen Kurs auf Rauöy und stießen dicht unter der Küste nach Süden vor. Die Insel war felsig, steinig, stark bewaldet und hatte eine steile Küste. Ringsherum herrschte Ruhe. Keine Bewegung war an Land zu erkennen. Wo stand die Batterie? Wo steckten die Norweger?

Wir liefen in eine Bucht ein und erkannten einen kleinen Anleger. Eine ausgezeichnete Landemöglichkeit. Da wurde auf einer Anhöhe an Steuerbord eine starke Batterie entdeckt. Man konnte drei 15 cm oder 10,5-cm-Geschütze erkennen. Damit war eine Landung unmöglich. wir lagen im Wirkungsbereich des feindlichen Feuers. ›Hart Steuerbord!‹ Wir liefen wieder Richtung Norden ab, um eine Landung im Rücken der Batterie zu versuchen.
Jetzt herrschte plötzlich Leben an den Geschützen. Die Norweger waren aufmerksam geworden, schwenkten die Rohre. Wir durften keine Minute verlieren. ›Deckung suchen, Truppen landen!‹ hieß es. Am Strand erhob sich ein kleiner Hügel, der einem Räumboot gegen Sicht und Beschuß ausreichend Schutz bieten konnte. Das wendige Boot drehte schnell und schob sich vorsichtig an Land, bis der Steven leicht auf Strand lag. Fünf Meter weiter rechts oder links bot die Felskuppe, die nach beiden Seiten stark abfiel, keinen Schutz mehr. Die Schlauchboote wurden ausgesetzt, vorn und achtern durch eine lange Leine aneinandergekoppelt. Die Ausbootung begann. Im Pendelverkehr wurden die Boote an Land und von dort wieder an Bord zurückgezogen. Jedes Boot trug fünf oder sechs Soldaten. Die Männer hatten nur das Notwendigste, ihre Waffen und Munition, dabei. Die Besatzung half den Landsern, die nur zögernd in die schwankenden Schlauchboote einstiegen. Auf dem Kartenhaus wurde inzwischen ein Maschinengewehr in Stellung gebracht.
Kaum hatten die Feldgrauen ihren Fuß an Land gesetzt, eröffneten die Norweger ihr Artillerie-Feuer. Die ersten Salven klatschten weit hinten ins Wasser. Die nächsten trafen die Oberkante des Hügels. Dabei ging jedesmal ein Stein- und Erdhagel auf uns nieder. Eine Granate pfiff scharf über die Kuppe, durchschlug ein Stag und eine Antenne, sauste dann zehn Meter hinter uns ins Wasser. Wir lagen geschützt im toten Winkel. Im nahgelegenen Wald ratterte ein Maschinengewehr. Wir feuerten unsere Garben zurück, mußten aushalten, weil die Besetzung der Batterie wichtig für das Gelingen im Oslo-Fjord war.
Nach einer halben Stunde war die Ausbootung beendet. Die vorrückenden Soldaten bekamen Feuerschutz. Unsere Truppen gewannen Raum. Im Norden stießen wir auf das zweite Boot. Es konnte seine Landser unbehelligt ausschiffen. 45 Soldaten griffen die starke Batterie an und eroberten sie. Wenige Stunden später wehte über der Anlage die weiße Fahne. 300 Norweger, darunter 70 Offiziere, wurden gefangengenommen. Der erste bedeutende Eckpfeiler am Eingang zum Oslo-Fjord war in deutscher Hand.«

Landung auf Bolärne

Stabsobersteuermann Rixecker, Kommandant von *R 22* war dabei: »Unsere Rotte sollte auf der Felseninsel Bolärne ausgesetzt werden. Die Batterie beherrschte zusammen mit Rauöy den südlichen Eingang des Oslo-Fjordes. Mit langsamer Fahrt tasteten wir uns durch die Finsternis. Und trauten unseren Augen nicht: Zwei größere Fahrzeuge waren uns auf den Fersen — norwegische Küstenbewacher. Wir versuchten, im Schutze der Dunkelheit wegzukommen. Denn unser Befehl lautete: ›Keine Kampfhandlungen vor 5.15 Uhr!‹ Vorsichtig drehten wir ab und vergrößerten langsam den seitlichen Abstand. Wir hatten Glück, sie sahen uns nicht. Nach 40 Minuten hatten wir sie endgültig abgeschüttelt und nahmen Kurs auf die Küste.
Wir ankerten bei drei Meter Wassertiefe. Danach begann das Ausbooten. Als 15 Mann an Land waren, ertönte der Ruf: ›U-Boot voraus!‹ In rasendem Tempo wurde der Anker gelichtet, unsere Maschinengewehre eröffneten das Feuer. Das U-Boot tauchte, aber noch war das Sehrohr zu erkennen. Wir brausten mit äußerster Kraft darauf los, warfen drei Wasserbomben außenbords.
Im Schwall der Detonationen wurde das U-Boot an die Wasseroberfläche gerissen. Wir lagen 800 Meter entfernt. Von dort sahen wir, daß Preßluft gegeben wurde. Das Boot war also noch einigermaßen intakt. Als wir auf das U-Boot *A 2* zuhielten, wollte der Kommandant abdrehen, um uns zu rammen. Aber wir waren wendiger. Noch bevor das älteste U-Boot der Welt mit Kapitän F. Fjellstad von Severen richtig aus dem Wasser ragte, sprang ein Enterkommando über, hielt sich am Luk Achterkante Turm. Die Maschinen liefen noch. Trotzdem machten wir zwei Leinen fest. Zur Sicherheit standen zwei Mann zum Kappen bereit.
Dann öffnete sich das Turmluk, der Kommandant schaute in meine vorgehaltene Pistole. Die Besatzung wurde gefangengenommen, das U-Boot (Baujahr 1910) auf Strand gesetzt. Gerade als der letzte Mann überstieg, heulten uns plötzlich Granaten um die Ohren. Zwei Küstenbewacher und die Batterie Bolärne feuerten. Mit Maschinenpistolen hielten wir uns die Bewacher vom Leib. Die ersten 20 Mann waren leider zu weit nördlich ausgebootet, konnten die Batterie nicht erreichen. Als wir an die einzige Stelle kamen, wo ein Ausbooten möglich gewesen wäre, entdeckten wir einen Küstenbewacher. Der hätte uns in direktem Beschuß erledigen können. Die Einschläge trafen zum Glück nicht.
Über Funk kam der Befehl, die Truppen bei Asgardstrand auszubooten, zur Unterstützung der Kampfgruppe Horten. Unsere Armierung war zu schwach, um den Gegner und die Batterie niederzukämpfen. Eine Überrumpelung war auch nicht mehr möglich, da der Kampf mit dem Unterseeboot Zeit gekostet und die Norweger

aufmerksam gemacht hatte. So wurden die Truppen an anderer Stelle gelandet, um von dort aus — unterstützt durch Kampfflieger — die Batterien in deutsche Hand zu bekommen.«

Die hartnäckig sich zur Wehr setzende Batterie von Bolärne wurde nach Bombenangriffen der Luftwaffe am Abend des 10. April durch eine Landungsabteilung des Torpedobootes *Kondor* unter dem Kommando von Kapitänleutnant Hans Wilke besetzt.

OKW/WPr.

Richtlinien für das Verhalten im persönlichen Verkehr mit der norwegischen Bevölkerung.

Jeder Angehörige der Wehrmacht muß sich bewußt sein, daß er nicht Feindesland betritt, sondern daß die Truppe zum Schutz des Landes und zur Sicherung seiner Bewohner in Norwegen einrückt. Daher ist folgendes zu beachten:

1. Der Norweger hat ein ausgesprochenes Nationalbewußtsein. Darüber hinaus fühlt sich das norwegische Volk aufs engste verwandt mit den anderen nordischen Völkern.

   Also: Alles vermeiden, was die nationale Ehre verletzen kann!

2. Der Norweger ist äußerst freiheitsliebend und selbstbewußt. Er lehnt jeden Zwang und jede Unterordnung ab. Er hat keinen Sinn für militärische Zucht und Autorität.

   Also: Wenig befehlen, nicht anschreien! Das erfüllt ihn mit Widerwillen und ist wirkungslos. Sachlich aufklären und überzeugen! Humorvoller Ton erreicht am meisten. Unnötige Schärfe und Bevormundung verletzen sein Selbstgefühl.

3. Der Norweger ist in seiner Wesensart (ähnlich dem friesischen Bauern) verschlossen und zurückhaltend, langsam im Denken und Handeln, dazu aber auch mißtrauisch gegen Fremdes.

   Also: Kein Hetztempo! Zeit lassen!

4. Das Haus des Norwegers ist nach altgermanischer Auffassung heilig. Gastfreundschaft wird gern geübt. Eigentum ist unverletzlich. Das Haus bleibt unverschlossen. Diebstahl ist fast unbekannt und gilt als Schande.

   Also: Jeden unberechtigten Eingriff unterlassen, auch wenn Güter offen herumliegen. »Besorgen«, »Organisieren« u. dgl. gelten als Diebstahl und sind unter allen Umständen verboten.

5. Der Norweger hat kein Verständnis für den Krieg. Das seefahrende und handeltreibende Volk hat Neigung für England. Es fürchtet Rußland. Für die Ziele des Nationalsozialismus besteht mit geringen Ausnahmen kein Verständnis.

   Also: Politische Auseinandersetzungen vermeiden!

6. Der Norweger liebt ein häusliches, behagliches Dasein. Er ist zu gewinnen durch Freundlichkeit, durch kleine Aufmerksamkeiten und Anerkennung seiner Person.

   Also: Kein aufdringliches Verhalten, besonders gegenüber Frauen!

7. Die deutsche Sprache wird fast überall verstanden. Voraussetzung: Langsam und deutlich sprechen!

Kampf vor Horten

Kapitänleutnant Strelow, Kommandant vom Torpedoboot *Albatros*, berichtete: »Wir standen vor Horten. Um 5 Uhr wurde ein Flammenwerfer-und Pionierstoßtrupp und ein MG-Zug mit sechs schweren Maschinengewehren auf die R-Boote übergesetzt. *R 17* und *R 27* wurden entlassen. Die geringe Silhouette der R-Boote bot die beste Gewähr, daß sie in der Morgendämmerung die navigatorisch sehr schwierige Einfahrt passieren und unbemerkt in den Hafen eindringen konnten. *Albatros* und *Kondor* patrouillierten vor der Einfahrt.
Der Einbruch der R-Boote gelang. Von Land aus war Artillerie- und MG-Feuer zu hören und zu sehen. Plötzlich wurde ein roter Stern geschossen: ›Brauche Unterstützung‹. Weil *Albatros* der Hafen-Einfahrt am nächsten war, bekam ich Befehl einzulaufen. Kaum hatte *Albatros* die Nase in den schmalen Schlauch gesteckt, wurden wir auch schon unter heftiges Artillerie-Feuer genommen. Die Aufschläge lagen ganz nah. Über den Achtersteven mußten wir uns wieder zurückziehen. Wir meldeten, daß die Einfahrt im Hortener Hafen durch verankerte Küstenpanzer blockiert und ein Eindringen der Boote nicht möglich sei. Gegen sechs Uhr liefen wir mit Nordwest-Kurs an Horten vorbei und bekamen wieder Artillerie-Feuer, das wir mit einigen Salven erwiderten.
Wir stellten das Feuer aber bald ein, da unsere Aufschläge nicht genau auszumachen waren. Außerdem wußten wir nicht, wie weit die Stoßtrupps inzwischen an Land vorgedrungen waren.«
Danach schlug der *Albatros*-Kommandant vor, an Horten vorbeizulaufen und die Landbefestigungen artilleristisch niederzukämpfen. Doch der volle Einsatz der Boote, noch dazu mit den eingeschifften Soldaten an Bord, schien nicht gerechtfertigt. *Kondor* steuerte darauf den für diesen Fall vorgesehenen Ausweichhafen Sonsbukten auf der gegenüberliegenden Seite des Oslo-Fjords an unde schiffte dort das Sonderkommando »C« der MAA 301 aus.
Auch *Albatros* steuerte später diesen Ausweichhafen an. An Bord: der erste Gefallene der Einheit, Obermaat Dietrich Kaiser. Er hatte wie der auf *Kondor* eingeschiffte Bootsmaat Schlünz das Geschehen vor Horten mit der Schmalfilmkamera festgehalten.

Eroberung von Horten

Kapitänleutnant Grundmann berichtete: »Zur Einnahme von Horten, dem größten und wichtigsten Kriegshafen sowie Marinearsenal Norwegens war eine Rotte — *R 17* und *R 27* — vom Verband entlassen worden. Seiner Bedeutung entsprechend war Horten bewacht und stark beschützt. Während *R 17* mit seinem Kommandanten Stabsobersteuermann Godenau durch die Dunkelheit dahinglitt, herrschte an Bord atemlose Stille. Der von *Emden* übernommene Stoßtrupp befand sich unter Deck. Niemand durfte gesehen werden. Konnte die Überraschung gelingen? Der Kommandant studierte die Karte. Jeder Punkt prägte sich in seinem Gedächtnis ein. Eine ungeheure Verantwortung lastete auf ihm. Boot und Truppen mußten unter allen Umständen an Land gebracht werden.
Noch eine halbe Stunde bis zur Landung. Die Truppen in den unteren Räumen machten sich bereit zum Aussteigen. Waffen und Gerät wurden nochmal kontrolliert. Ernste und bis zum Äußersten entschlossene Männer griffen zu Maschinengewehr, Handgranate oder Pistole. Da die Einfahrt zum Kriegshafen durch eine schmale, leicht zu überschauende Rinne gebildet wurde und einfach zu bewachen war, entschloß sich der Kommandant, an anderer Stelle zu landen. Vorsichtig tasteten wir uns mit dem Boot ans Ufer heran. Ein Lotposten auf der Back meldete leise laufend die gemessene Tiefe. Viele kleine Felsen ragten aus dem Wasser. Unser wendiges Boot schob sich langsam voran.
An Land rührte sich nichts, alles blieb still. Sollten die Norweger uns tatsächlich noch nicht gesehen haben, oder denken sie, uns zu überraschen? Immer mehr Felsen tauchten aus dem Wasser. Eine Weiterfahrt war auch für unser kleines Boot ohne Beschädigung nicht mehr möglich. Ausbooten konnten wir wegen der großen Entfernung zum Ufer auch nicht. Also, zurück!
Mit großem Geschick brachte der Kommandant sein Boot aus dem Gewirr der Felsen heraus. Was nun und wohin? Die Zeit drängte. Ein kühner Entschluß: durch die Einfahrt in den Hafen, mitten in die Höhle des Gegners! Wir steuerten mit hoher Fahrt auf das Ziel zu. Kaum hatten wir die Einfahrt erreicht, wurden wir 50 Meter von Land ab angerufen. Wir reagierten nicht darauf. Kurs blieb der Hafen. Beim Näherkommen sahen wir den großen Minenleger *Olav Trygvasson* mit vier Geschützen an einer Boje liegen. Auf unserer linken Seite die beiden Küstenpanzer *Tordenskjold* und *Harald Haarfagre* am Pier sowie mehrere kleine Fahrzeuge verteilt im Hafen.
Wir wurden von den Kriegsschiffen angeleuchtet. Das strahlende Licht blendete uns. Mit unserem kleinen Scheinwerfer leuchteten wir gegen und setzten unsere

Fahrt fort. Wenn jetzt der Norweger das Feuer auf uns eröffnet! Wir hätten mit unseren 2-cm-Kanonen kaum Erfolg bei der Gegenwehr. Doch daran dachte im Augenblick niemand. Nur das Ziel vor Augen, an Land kommen, Truppen ausbooten. Eifrig spähte der Kommandant nach einer geeigneten Landungsmöglichkeit aus. Eine Brücke kam in Sicht. Drauf!

Auf den Kriegsschiffen wurden die Geschütze klargemacht. Nur 60 Meter von ihnen entfernt, brauste unser Boot vorbei. Drohend wurden die Rohre gegen uns geschwenkt. Wir ließen alles hinter uns. Noch fiel kein Schuß. Mein Gott, warum nicht? Unsere Nerven waren aufs äußerste gespannt. Wenn sie geschossen hätten, wäre auch unsere Anspannung gewichen, und wir hätten ihnen die Antwort ins Gesicht schleudern können. Die Brücke war nur noch wenige Meter entfernt. Doch was war das? Wir kamen nicht heran. Vorgebaute Pfähle versperrten den Weg. Weiter! Wir hatten Glück. In der Nähe war noch eine Brücke. Entschlossen hielt der Kommandant darauf zu. Eine weitere Überraschung: Norwegische Soldaten hielten die Brücke mit zwei Maschinengewehren besetzt.

Ran! Die Brückenwache wiegte sich angesichts ihrer im Hafen liegenden Kriegsschiffe wahrscheinlich in Sicherheit und rechnete kaum mit der Frechheit und Kühnheit einer solchen Landung. Ehe sie sich das aber auch überlegen konnten, hatte der Kommandant das Boot an die Brücke herangebracht. Noch bevor es festlag, sprang ich mit den Offizieren Leutnant Budäus und Leutnant Körner von unserem noch fahrenden Boot auf die Brücke. Fußtritte beförderten die Maschinengewehre ins Wasser, die Soldaten wurden gefangengenommen. Plötzlich fiel ein Schuß. Daneben. Der Einschlag saß am Ufer, ließ Schnee und Schlamm hoch aufspritzen. Ruhig und besonnen gab der Kommandant seine Befehle und machte das Boot endgültig fest.

Truppen sprangen hinüber. Schon fielen weitere Schüsse. Da, ein Krachen und Splittern, das Boot hatte achtern einen Treffer bekommen. Hatten wir Verluste? Doch jetzt war nicht der Augenblick, daran zu denken. Erst die Aufgabe durchführen, koste es, was es wolle. Schnell und sicher wurde gehandelt. Alle Mann waren mit der Landung beschäftigt. Wieder eine Salve vom Minenleger *Olav Trygvasson* unter dem Kommando von Kommandörkaptein T. Briseid. Nur 150 Meter lag er von uns ab und schoß vorbei. Die letzten Stoßtruppleute waren von Bord, das Boot lag weiter unter Artillerie-Feuer. Es legte ab. Dann konnten auch wir endlich an Gegenwehr denken. Als wir gerade das 2-cm-Geschütz besetzten, krachte es schon wieder. Treffer im Motorraum. Er stand sofort in Flammen.

Der Leitende Maschinist konnte in letzter Sekunde noch einige Leute und sich selbst retten. Die Norweger hatten sich eingeschossen. Nach kaum 50 Metern Fahrt erhielt unser Boot den dritten Treffer. Das Kartenhaus wurde weggerissen. Das ganze Schiff stand in hellen Flammen, die Brennstofftanks flogen in die Luft. Wir mußten das Boot verloren geben. Die Besatzung sprang über Bord und erreichte schwimmend das Ufer. Zwei Kameraden fehlten — sie waren gefallen. Einer von ihnen war der Sanitätsmaat Rother.

Trotz unserer durchnäßten Kleider merkten wir die Kälte kaum. Noch waren Geist und Körper zu sehr angespannt. Bald war der Anschluß an die Truppe gefunden. Die Soldaten hatten inzwischen ein in der Nähe der Brücke gelegenes Haus mit norwegischen Soldaten ausgehoben, die Männer gefangengenommen. Widerstand wurde kaum geleistet. Die Überraschung war zu groß. Vom Wasser heulten Granaten durch die Luft, die Schiffe nahmen uns unter Feuer. So gut es ging, suchten wir Deckung hinter Bäumen und Häusern. Splitternd krachte eine Granate ins Gebäude. Gebälk und Gestein regnete auf uns herab. Äste und Dreck wirbelten durch die Luft.

Wir drangen weiter vor. Immer noch feuerten die Norweger. Inzwischen hatten wir einen kleinen Wald erreicht und hinter einem Hügel Deckung gefunden. Kurze Atempause, dann ging es weiter. Endlich hörte der Beschuß auf. Er war auch sinnlos. Die Norweger beschädigten nur ihre eigene Stadt. Zerschossene Dächer und zersplitterte Fensterscheiben waren die stummen Zeugen des planlos abgegebenen Feuers. Begeistert und entschlossen gingen wir voran. Vorsichtig wurde alles abgetastet. Man brauchte keine Befehle zu geben. Wir wußten, wie wir zu handeln hatten. Die Friedensausbildung zeigte sich hier noch beim jüngsten Mann.

Bald hatten wir zahlreiche norwegische Soldaten zu Gefangenen gemacht. Zum Teil waren sie erst durch die Schießerei aus dem Schlaf erwacht. Sie hatten noch versucht, ihre Kompanie oder ihr Schiff zu erreichen. Wir waren nur eine kleine Schar von 60 Mann, davon die Räumbootbesatzung noch ohne Waffen, nur mit Handgranaten, Pistolen oder mit einem Knüppel aus dem Wald bewaffnet. Viele Frauen und Kinder kamen uns entgegen. Sie waren aus der Stadt geflüchtet. Wir redeten ihnen gut zu, unterstützten Hilfebedürftige. Nach allen Seiten sichernd, drangen wir weiter vor. Wir begegneten Autos mit Flüchtlingen. Alle wurden angehalten und untersucht. Die meisten durften nach kurzer Frist weiterfahren, einige Wagen wurden für eigene Zwecke zurückgehalten.

Eineinhalb Stunden waren wir bereits auf norwegischem Boden. Je schneller wir in die Stadt hineinkamen, um so größer konnte die Überraschung sein. Der Gegner mußte überrumpelt werden. Auf einen langen Widerstand oder größere Angriffe durften wir uns nicht einlassen. Dazu waren wir zu wenige und vor allem zu schwach bewaffnet. Wir hatten nur die notwendigste Munition bei uns. Der größte Teil, einschließlich Funkentelegraphiestation, Nachrichtenmittel usw., waren an Bord geblieben und in die Luft geflogen.

Im Zentrum der Stadt blickten uns die Bewohner verstört und ängstlich an. Wir besetzten ein Haus — den sogenannten »Tarngarden« in der Nedre Keisemarkgate —, das uns nach Lage und Höhe besonders geeignet erschien. In den Fenstern und Dachluken wurden Maschinengewehre in Stellung gebracht. Ein ausgezeichnetes

Schußfeld bot sich auf Stadt, Arsenal und Hafen. Wir hatten die Schiffe im Visier. Ein Hebelgriff, und wir hätten die Decks, die Besatzungen an den Kanonen und alle anderen Ziele unter Feuer nehmen können. Die umliegenden Straßenzüge wurden besetzt. Wir erklärten die Stadt für eingenommen. Allen unseren Anweisungen mußte Folge geleistet werden.
Das von uns besetzte Haus gehörte dem norwegischen Marineoffizier Kommandörkaptein Ole Andreas Blom. Er war noch schlaftrunken und nur halb angekleidet. Der Polizeimeister erschien. Wir behielten ihn gleich bei uns. Er sollte die Bevölkerung zur Ruhe mahnen und für die Durchführung unserer Anordnungen sorgen. Er gehorchte verstimmt. Kapitän Blom mußte unter unserer Aufsicht den Konter-Admiral J. Smith-Johannsen, den Chef des 1. Seeverteidigungsdistriks, anrufen. Wir schrieben ihm vor, was er zu sagen hatte. Er sollte die bedrängte Lage der Stadt, unsere Besetzung und unsere Übermacht schildern, ihn zu Verhandlungen mit uns auffordern. Die nächste Minute entschied unsere Lage. Augenblicke voller Spannung! Schließlich willigte der Admiral ein. Verstohlen und vielsagend schauten sich die deutschen Offiziere an. Nur weiterbluffen, keine Unsicherheit verraten. Der Feind durfte keinen Einblick in unser kleines Häuflein bekommen. Die militärische Sicherung der Stadt mußte erst einmal genügen.
Mit einem beschlagnahmten Wagen fuhren Leutnant Budäus, Leutnant Körner und ich zum Arsenal. Aus dem Fenster wehte ein weißes Taschentuch als Parlamentärsflagge. Ungehindert und angestaunt ließen uns die Postensperren passieren.«
Es folgte ein mit MG's bestückter Lastwagen, auf dem sich einige norwegische Seekadetten befanden, die in der Nähe der Villa von Kommandörkaptein Blom gefangen genommen waren. Darunter war auch der Kadett 1. Klasse, Anton Smith-Meyer, der ab 1975 acht Jahre lang in Hamburg als Königlich Norwegischer Generalkonsul tätig war.
Rund 200 bewaffnete Soldaten standen herum. Nur kein Zögern! Mit energischer Stimme verlangten wir nach dem Admiral. Er kam sofort. Admiral Smith-Johannsen sprach gutes Deutsch. Ihm wurde eröffnet, daß ganz Horten und Norwegen von deutschen Truppen besetzt sei. Auf der anderen Seite des Hafens und in der Stadt lagen starke deutsche Verbände in Stellung. Kanonen waren auf Schiffe und Arsenal gerichtet. Jeder weitere Widerstand war zwecklos. Wir wollten eine friedliche Besetzung.
Wir behaupteten, daß über Funktelegraphie Bombenflugzeuge angefordert seien, weil wir anfänglich unter Beschuß gestanden hatten. Sie seien bereits im Anflug. Der Admiral bekam 15 Minuten Bedenkzeit. Danach würden wir aus allen Kalibern das Feuer eröffnen, Stadt, Schiffe und Hafen in Trümmer schießen. Kurz, knapp und wuchtig fielen die Worte. Sie verfehlten nicht ihre Wirkung. Den Admiral schienen am meisten die angekündigten Flugzeuge zu beeindrucken. Er fragte mehrere Male, wann sie kämen. Nach kurzer Beratung mit seinen Offizieren eröffnete

er uns, nicht er könne die Entscheidung treffen, sondern seine vorgesetzte Dienststelle in Oslo. Er bat um ein Telefonat in die norwegische Hauptstadt. Einverstanden! Zugleich wurde der Admiral darauf aufmerksam gemacht, daß nur noch acht Minuten Zeit seien.

Von unserem Stützpunkt in der Stadt wurde in diesem Augenblick auf Befehl unseres Stoßtruppführers noch einmal der norwegische Marineoffizier ans Telefon gezwungen, um mit dem Admiral zu sprechen. Unter Druck schilderte er, daß Widerstand zwecklos sei. Die Deutschen hätten eine uneinnehmbare Stellung bezogen, sie warteten nur noch auf den Befehl zum Feuern. Drohend seien außerdem Geschütze und Maschinengewehre auf alle wichtigen Punkte gerichtet. Der Anruf konnte in keinem günstigeren Moment erfolgen. Es war aus norwegischem Munde die Krönung unserer Forderungen. Der Admiral war sichtlich beeindruckt. Doch die Telefon-Verbindung mit Oslo wollte nicht klappen. Der Admiral bat um Zeitverlängerung. Wir willigten ein, gaben weitere zehn Minuten. Dann riefen wir wieder unseren Stützpunkt in der Stadt an. Für alle hörbar sagten wir: ›Noch nicht schießen. Verhandlung läuft noch, Bombenflugzeuge noch zurückhalten.‹

Wenn die Norweger gewußt hätten, daß wir schwach bewaffnete 60 Mann hinter uns hatten und eine Verbindung mit der Außenwelt ausgeschlossen war...

Die Frist verstrich erneut. Wieder bat der Admiral um Zeitverlängerung. Wir lehnten ab. Er sollte jetzt die Antwort geben, Flugzeuge und Batterien lassen sich nicht länger hinhalten. Bleiche Gesichter. Großes Schweigen. Betreten sah der Admiral seine Offiziere an. Sie waren völlig niedergeschlagen. Noch einmal störten wir die Stille. Entweder — oder! Da nickte der Admiral und sagte leise: ›Ja, ich übergebe!‹

Wir konnten die Gefühle des Admirals gut verstehen, aber zugleich packte uns eine unbändige Freude. Unser Ziel war erreicht, Horten war unser! Die Übergabeverhandlung wurde aufgesetzt und unterschrieben. Auf allen Schiffen und norwegischen Stützpunkten wurde die weiße Flagge gehißt. Unsere kleine Schar rückte an. Wir täuschten auch weiterhin starke eigene Kräfte auf der anderen Hafenseite vor. Es wäre ein leichtes gewesen, uns auch jetzt noch zu überwältigen. Dann donnerten aber tatsächlich deutsche Flugzeuge über uns hinweg. Sie unterstrichen wie zufällig die Wahrheit unserer Behauptungen. Das Arsenal wurde in allen wichtigen Punkten besetzt. Ungeheure Waffen- und Munitionsvorräte fielen uns in die Hände. Die Maschinen-, Funk- und Artillerieanlagen der Schiffe wurden außer Betrieb gesetzt. Einschließlich der Schiffsbesatzungen machten wir 1200 Gefangene.«

Eingenommen wurden: Magazine, Werkstätten, Dockanlagen, die Werft, der Seeflughafen — also ganz Karljohansvern. Das berühmte Marinemuseum blieb unbeschädigt.

Um 7.50 Uhr norwegischer Zeit wurde auf dem Minenleger *Olav Trygvasson* die weiße Flagge — ein Tischtuch — gesetzt. Die *Olav Trygvasson* und der Minensucher *Rauma* unter dem Kommando von Leutnant T.K. Winsnes hatten das Eindringen der Torpedoboote *Albatros* und *Kondor* erfolgreich verhindern können. Nach dem Kampf meldete *Olav Trygvasson* 35 direkte 2-cm-Treffer und etliche Splitter der von *Albatros* und *Kondor* abgeschossenen 10,5-cm-Granaten.

Im Hafen von Horten lagen am 9. April 1940: Neben den bereits genannten Küstenpanzerschiffen *Trodenskjold* und *Harald Haarfagre*, dem Minenleger *Olav Trygvasson*, dem Minensucher *Rauma*, das Motorschiff *Brabant*, die Segelschulschiffe *Sörlandet* und *Christian Radich*, der Passagierdampfer *Kong Oscar II*, die Torpedoboote *Lom* und *Örn*, die Bewachungsboote *Hval III, Beta, Hval II* und *Huak*.

Zur gleichen Zeit sanken im Hafen von Narvik die beiden norwegischen Küstenpanzerschiffe *Eidsvold* und *Norge* im Gefecht mit den deutschen Zerstörern *Wilhelm Heidkamp* und *Bernd von Arnim*. Die Verluste waren groß, auch der tapfere Kommandant der *Eidsvold*, Fregattenkapitän Willoch fiel. *Eidsvold* und *Norge* waren in Horten beheimatet.

Später erhielten Kapitänleutnant Grundmann und seine Soldaten Verstärkung. Das Landungskorps des Rottenbootes *R 22* stieß dazu. Es hatte seine Truppen zum Besetzen einer Batterie an einer anderen Stelle im Hafen ausgeschifft. Horten war für alle weiteren Operationen fest in deutscher Hand. Ein kleiner Trupp deutscher Soldaten hatte einen großen Erfolg errungen.

Auf norwegischer Seite fielen in Horten: Korporal Olav Stuen und die Soldaten Einar Johnsrud, Adolf Andersen und Anton Kalvsjöhagen.

»Blücher« marschiert weiter

Um 2 Uhr war die Ausbootung der Heerestruppen beendet. Zwischendurch sprangen einmal die Maschinen der *Blücher* an. Der Schwere Kreuzer mußte auf der Stelle gedreht werden. *Blücher* war um etwa fünf Dez nach Backbord getrieben. Navigationsoffizier Hugo Förster: »Während des Ausschiffungsmanövers bestand keine Möglichkeit, durch Peilungen den genauen Schiffsort zu bestimmen. Den einzigen Anhalt bot das Lot. Anfänglich zeigte es 300 Meter und später 150 Meter an. Daher meldete ich vor Antritt des Weitermarsches dem Kampfgruppenführer, daß der Schiffsort ungenau sei, und empfahl sieben Knoten Geschwindigkeit. Der Verband nahm Fahrt auf, bewegte sich zunächst mit 8,3 Knoten. Dann wurde das Feuer von Gullholmen, später die Hafenfeuer von Horten ausgemacht und angepeilt.

Wir gingen auf 22 Knoten, erhöhten dann auf 25 Knoten. Als wir uns dem hell erleuchteten Horten näherten, verlöschten dessen Lichter und Feuer sofort. Viel später kam voraus Tofteholmen in Sicht, das zwar nicht erleuchtet war, sich aber wegen seiner Höhe abhob und peilen ließ.

Danach wurde Filtvet gepeilt, das anschließend auch in Sicht kam. Der Kommandant fuhr selbst nach einer vorbereiteten Spezialkarte. Die zu steuernden Kurse wurden mit Hilfe einer abgeblendeten Taschenlampe abgelesen. Der Obersteuermann und ich standen zur Unterstützung mit der gleichen Karte neben dem Kommandanten mittschiffs im Umgang vor der Friedenssteuerstelle. Außer dem Wachoffizier hielten sich im Umgang der Kampfgruppenführer mit den Herren seines Stabes, der Divisionskommandeur, Generalmajor Engelbrecht mit seinen Herren, Generalmajor Süßmann mit seinen Herren, der Erste Offizier Erich Heymann, der Bordflieger Oberleutnant zur See Ballier und das auf Gefechtsstation befindliche Befehlsübermittlungs- und Signalpersonal auf. Die Brücke war infolgedessen voll belegt.«

Über Bord-Lautsprecher ließ Woldag durchgeben: »Vom Kommandanten an alle! Wir haben gegen 4 Uhr den an der Backbordseite liegenden norwegischen Kriegshafen Horten passiert. Der Verband nähert sich jetzt dem schmalsten Teil des Fjords. Die stärkste Artillerie-Stellung dort, die Feste, werden wir in etwa einer Stunde erreichen. Nebel und Dunst veranlaßten uns, auf langsamere Fahrt (8,4 Knoten) zu gehen. Wir werden die Enge in der bald beginnenden Morgendämmerung passieren, obwohl wir zu dem Zeitpunkt eigentlich schon vor Oslo stehen sollten.« Auf der Brücke wurde schärfster Ausguck gehalten. Als der Verband Horten hinter sich gelassen hatte, wurde der Fjord erheblich breiter. Nachdem an Back-

bord die beiden Seitenarme Sande-Bukt und Drams-Fjord passiert waren, verengte sich das Fahrwasser auf 2000 Meter Breite. Der Minensucher *Otra* umkreiste die eindringenden deutschen Schiffe mit gesetzten Laternen, um ein Handelsschiff vorzutäuschen. *Otra*-Kommandant Kapitän A. Daehli meldete um 4.03 Uhr norwegischer Zeit: »Feind vor Karljohansvern.«
Da nirgends Leuchtfeuer brannten oder Bojen blinkten, war die Ansteuerung der Enge für den Navigationsoffizier und seine Leute besonders schwierig. Hier und da wurde eine Fahrwassertonne gesichtet, gepeilt und gemeldet. Im Kartenhaus mußte nach den Peilungen die Indentität und der betreffende Bojen-Name festgestellt werden. Immer häufiger kam der Ruf nach weiteren Peilungen.
»Peilung Boje Bilekrakken? Peilung Boje Lindholmgrunn?«
Am Himmel funkelten noch die Sterne, aber es wurde schon etwas heller. Die Dämmerung setzte ein. Um 4.30 Uhr wurden querab an Backbord die Umrisse der Insel Tofteholmen ausgemacht. Der Navigationsoffizier suchte mit seinem Nachtglas immer wieder Landmarken und Seezeichen.
Dann trat er zum Steuermannsmaaten der Wache: »Steuerbord voraus muß eine Bake in Sicht kommen: Bevöykollen-Bake. Bei der erfolgt Kursänderung. Diese Bake müssen wir unbedingt in Sicht bekommen.«
Alle Gläser richteten sich steuerbord voraus. Die Bevöykollen-Bake war zu sehen. Auch der Navigationsoffizier erblickte sie im letzten Moment. Korvettenkapitän Hugo Förster meldete seinem Kommandanten: »In fünf Minuten Kursänderung in das Fahrwasser der Dröbak-Enge, Herr Kapitän.« Woldag dankte für die Meldung. Förster beobachtete die mitten im Fahrwasser auf einer Untiefe stehende Bake noch kurz. Dann wandte er sich an den Wachoffizier: »Neuer Kurs Nord!« Langsam drehte *Blücher* in das kaum noch 800 bis 1000 Meter breite Fahrwasser, *Lützow* und *Emden* folgten. Der Abstand zwischen den Schiffen betrug etwa 600 Meter. Der Verband glitt langsam dahin. Die Geschwindigkeit hatte sich auf sechs Knoten vermindert. Es wurde noch etwas heller. Die Kreuzer zeichneten sich als große, unförmige dunkle Schatten ab. An Land waren nicht viele Einzelheiten auszumachen, nur die zum Teil dick mit Schnee bedeckten Felsen. Die meisten Umrisse verschwanden in einem nebligen Dunstschleier.
Gegen 4.40 Uhr wurde *Blücher* im Eingang zur Dröbak-Enge von dem Scheinwerfer eines weiteren Bewachungsfahrzeuges angeleuchtet*. Kurz darauf tauchte an Steuerbord plötzlich noch ein kleines Boot auf, gefährlich nahe vor dem Bug des Flaggschiffs. Da die Norweger den Schweren Kreuzer offensichtlich nicht bemerkt hatten, ließ Kommandant Woldag kurz die Positionslichter einschalten. Überrascht drehte das Wachboot mit höchster Fahrt hart ab. Das war knapp! Auf der Brücke

* Es war das Bewachungsfahrzeug *Alpha* mit Kapitän N. Böhmer

des Norwegers waren Flüche zu hören. Trotzdem begleitete das Schiff den mit etwa sechs Knoten dahinziehenden Verband noch ein paar Minuten und verschwand dann mit wirbeldem Schraubenwasser im Schatten des Ufers.
»Da, ein Auto!« rief der Ausguck in die Stille. Der Wagen schlängelte sich in zahllosen Kurven um die Felsen. Die Scheinwerfer warfen ein gespenstisches Bild.
»Noch fünf Seemeilen bis Dröbak, beziehungsweise Kaholm und Oscarsborg, Herr Kapitän«, meldete der Navigationsoffizier. Dann herrschte wieder gespanntes Schweigen auf der Brücke, nur unterbrochen von den nach Peilung fragenden Stimmen aus dem Kartenhaus und den Antworten vom Peilkompaß.
»Wo sind eigentlich die Sperrbrecher geblieben?«, fragte sich Admiral Kummetz.
»Und was ist, wenn eine Minensperre in der Enge liegt? Wann kommt die versprochene Luftunterstützung durch das X. Fliegerkorps?«
»Steuerbord voraus Scheinwerfer«, meldeten gleich mehrere Stimmen.
Zwei große Strahler warfen ihr Licht über den schmalen Fjord, blieben bewegungslos in der gleichen Richtung stehen. Eine Sperre? Erstaunt sahen die Offiziere auf der Brücke der *Blücher* im hellen Schein ein Wasserflugzeug.
Dunkle Gestalten, die von einem Boot aus an Bord kletterten, waren zu erkennen. Es handelte sich um einen alarmierten Aufklärer — das Torpedoflugzeug »F 86« mit Leutnant Carl Thor Norlöff, der sich zum Start bereit machte. Wenig später wischte ein Scheinwerfer dreimal kurz auf und nieder. Um 5.17 Uhr erfaßte der Strahl *Blücher*, glitt an dem Schweren Kreuzer von vorn nach achtern und zurück.
»Gegenleuchten!«, befahl der Kommandant.
»Kursänderung in drei Minuten!«, gab der Navigationsoffizier das Kommando.
Der Wachoffizier hob die Hand. Er hatte verstanden.
Inzwischen war *Blücher* nur noch wenige Minuten von der gefährlichen Dröbak-Enge entfernt. Die Konturen waren schon in der Morgendämmerung zu erkennen.
An Backbord konnten die Offiziere auf der *Blücher* durch ihre Nachtgläser bereits Oscarsborg auf der vorderen Felsenkuppe der langgestreckten Insel Süd-Kaholmen, ausmachen. Die Nerven waren zum Zerreißen gespannt.

Die Festung Oscarsborg

Die heutige Festung Oscarsborg liegt auf zwei Inseln, Nord- und Süd-Kaholmen, etwa in der Mitte des rund 100 Kilometer langen Oslo-Fjords. Schräg gegenüber, am Hang des steilaufragenden Fjord-Ufers, befindet sich Dröbak. Die Dröbak-Enge bietet hervorragende natürliche Bedingungen für die Verteidigung. Jedes sich unerwünscht nähernde Fahrzeug ist frühzeitig zu erkennen. Deshalb konnten auch sofort die nötigen Gegenmaßnahmen eingeleitet werden.
Mit einem Blockhaus im Jahre 1643 hatte alles angefangen.
Der dänische König Christian IV. ließ ein Holzgebäude errichten. Aber erst am 30. Juli 1814 gab der am 17. Mai 1814 gewählte norwegische König Christian Frederik die Order an den 20jährigen Ingenieur-Offizier Balthazar Nicolai Garben zur Aufstellung von drei Batterien im Dröbak-Sund.
Seit 1836 wurden verschiedene Bauvorschläge für eine Festungsanlage diskutiert. Am 1. Februar 1845 einigte man sich darauf, ein Hauptfort auf Süd-Kaholmen zu errichten. 1853 wurde die Festung mit ihren unterirdischen Gängen fertiggestellt. Darauf deutet auch heute noch die in Granit gemeißelte Jahreszahl über dem Hauptportal hin. Artillerie-Major H.K. Fleischer übernahm das Kommando. Am 15. April 1853 wurde die Festung Oscarsborg Garnison. Ihren Namen bekam die Anlage am 23. August 1853 beim Besuch von König Oscar I. auf Kaholmen.
Oscarsborg galt damals als Nordeuropas stärkste Festung. Die Anlage war zunächst mit Vorder-, dann mit Hinterladern bestückt. 1886 beschloß die Regierung nach langem Hin und Her im norwegischen Reichstag eine Modernisierung der Küsten-Artillerie. Oscarsborg sollte neue Kanonen aus Deutschland bekommen. Die Geschütze wurden bei Krupp in Essen bestellt. Die weltberühmte Waffenfabrik lieferte drei 28-cm-Kanonen. Die deutschen Geschütze kamen 1892 per Schiff in Oslo (hieß bis 1925 Christiania) an. Das Umladen der immerhin 43390 kg schweren Kanonenrohre vom Frachter auf einen Leichter führte die bekannte mechanische Werkstatt Akers durch. Die Firma hatte als einziger Betrieb in Christiania genügend große Kräne.
Bei der Verlade-Aktion fiel ein Kanonenrohr ins Wasser. Das Geschützteil war vermutlich zu schnell weggefiert worden. Der Volksmund taufte das später aus dem Hafenbecken geborgene Rohr auf den Namen »Moses«. In Revuen und Cabarets wurde »Moses« damals oft besungen. Auch die beiden anderen Kanonen bekamen ihre Namen: »Aron« und »Josua«. Am 23. Mai 1893 wurden die drei grauen Krupp-Kanonen auf Oscarsborg installiert.

Am 9. April 1940 um 0 Uhr norwegischer Zeit meldete der erste Seeverteidigungsdistrikt an Oberst Birger Kr. Eriksen, Kommandant der Festung Oscarsborg: »Rauöy und Bolärne im Kampf mit fremden Kriegsschiffen. Alle Feuer sind gelöscht.«
Später kamen neue und zum Teil umstrittene Meldungen. Zum Beispiel wußte man auf Oscarsborg nicht, welcher Nationalität die sich nähernden fremden Kriegsschiffe waren. Aber das spielte keine Rolle. Fest stand, daß ausländische Seestreitkräfte als ungebetene Gäste in norwegisches Gewässer eindrangen. Und die mußten bekämpft werden. Auf Oscarsborg bereitete man sich auf den Kampf vor. Munition wurde herangeschafft, und die Mannschaften wurden an die Kanonen auf Kaholmen und an die der West- und der Ostseite des Fjordes befohlen. Bei der Hauptbatterie auf Oscarsborg hatte Oberst Eriksen mittlerweile festgestellt, wieviele Männer ihm zur Verfügung standen. Er verteilte die Soldaten auf »Aron« (Nr. 1) und »Moses« (Nr. 2). »Josua« (Nr. 3) konnte nicht besetzt werden. Deshalb trat die Kanone später auch nicht in Aktion.
Die Geschütz-Bedienungen (23 Mann und zehn weitere in den Munitionskammern), die gespannt durch die Dunkelheit nach dem Feind peilten, bestanden aus jungen und unausgebildeten Soldaten. Bei der Kopas-Batterie auf der Ostseite des Fjordes zum Beispiel stand die Besatzung erst seit neun Tagen hinter den Geschützen. Der Grund: Am 1. April hatte es einen Kommando-Wechsel gegeben. Für die Kopas und die auf der gleichen Fjordseite liegende Husvik-Batterie wurden Auszubildende der Küstenartillerieschule in Dröbak mitten in der Nacht aus den Kojen geholt. Die jungen Leute sollten bei der Kanonen-Bedienung mithelfen.
Einer der Rekruten-Ausbilder war Leutnant Bonsak. Um 23.15 Uhr war er von der Kommandanten-Wohnung aus telefonisch angewiesen worden, umgehend die Hauptbatterien zu besetzen. »Alarmieren Sie nicht wie üblich!«, wurde gesagt, »sonst werden die Rekruten geweckt, sondern wecken Sie persönlich in den Baracken, wo sich die Mannschaften der Hauptbatterien aufhalten!« Bonsak lief sofort notdürftig bekleidet hin, führte den Befehl zusammen mit den Serganten Rekken und Ström aus. Weil nicht genug Männer zur Verfügung standen, wurde sogar erwogen, das Küchenpersonal an die Geschütze zu stellen. Für drei Kanonen wurde Munition hochgefahren, sechs Schuß für jede. Die Ladung bestand aus 345 kg schweren Brisantgranaten und 25 Prozent Extrapulver. Die Munition stammte von 1934. Oscarsborg verfügte auch über die Wachboote *Alpha* (Baujahr 1904, Kommando Kapitän N. Böhmer) und *Kranfartöy 2*, die im Fjord südlich von Filtvet patrouillierten. Beide Boote meldeten den deutschen Verband. Zu diesem Zeitpunkt waren die Kriegsschiffe bis auf die Höhe von Filtvet vorgedrungen. Zuerst hörten die Norweger das Maschinengeräusch. Dann sahen sie in der Dunkelheit die immer größer werdenden Konturen des Flaggschiffes *Blücher*.
Beide Wachboote richteten ihre Scheinwerfer gegen die feindlichen Seestreitkräfte. Doch der Verband verschwand in der Nacht. Es blieb keine Zeit mehr, um einen

Warnschuß abzugeben oder die Schiffe anzumorsen. Aber durch Meldung der Wachboote wußte man nun auf Oscarsborg, daß eine deutsche Angriffsgruppe in den Oslo-Fjord eingedrungen war. Die Kanonen von Oscarsborg, Kopas und Husvik wurden geladen und auf das erste Schiff gerichtet. Zunächst blieb alles ruhig. Von norwegischer Seite fiel kein Schuß.

Oberst Eriksen wußte, daß er an seinen alten Kanonen ungeübte Mannschaften stehen hatte. Deshalb wartete der Kommandant, bis die deutschen Schiffe nah genug herangekommen waren. Er wollte sichergehen, daß der erste Schuß auch treffen würde.

Dafür hatte Eriksen sogar die Scheinwerfer der Festung Oscarsborg abmontieren und am Ufer der Insel Kaholmen-Süd aufstellen lassen. Denn die Kommandanten von Rauöy und Bolärne hatten bei der Anfahrt des deutschen Verbandes gemeldet, daß sie beim Gegenleuchten der Kriegsschiffe nicht in der Lage gewesen seien, ihre scharfen Schüsse zu überprüfen und deshalb auch nichts getroffen hätten. Als *Blücher* etwa 1800 Meter entfernt war, gab Eriksen den Befehl zum Feuern. Er kommandierte: »Kanone Nr. 1!« Der erste Schuß krachte um 4.21 Uhr norwegischer Zeit. Danach befahl er: »Kanone Nr. 2!«

Der Untergang

Um 5.19 Uhr deutscher Zeit glitt *Blücher* mit sechs Knoten Fahrt nur 600 Meter vom Ufer entfernt in den Scheinwerferkegel der Dröbak-Enge. Fast gleichzeitig blitzte es drüben von der Festung Oscarsborg an zwei Punkten grellrot auf. Mit gewaltigem Donnerhall krachten kurz aufeinander zwei Granaten in den Schweren Kreuzer. Das mächtige Schiff bebte und zitterte wie von einer riesigen Faust geschüttelt. Die Geschütze »Moses« und »Aron« hatten gesprochen. Dies waren übrigens die beiden einzigen Schüsse, die je aus den Kanonen abgefeuert wurden.

Der Erste Offizier, Fregattenkapitän Erich Heymann, der nach dem Abitur mit 18 Jahren 1916 als Seekadett in die Kaiserliche Marine eingetreten war und später auf den Kleinen Kreuzern *Pillau* und *Königsberg* sowie auf den Torpedobooten *V 2, Falke, Jaguar* und dem Kreuzer *Leipzig* Dienst getan hatte, beschrieb die Situation später in seinem Gefechtsbericht so: »Der Kommandant hatte mir befohlen, auf der Brücke zu bleiben. Der erste Treffer schlug über die vollbesetzte Brücke hinweg von schräg unten kommend in den Haupt-Fla-Einsatzstand ein. Der 2. Artillerie-Offizier, Kapitänleutnant Hans-Erik Pochhammer und mehrere Soldaten auf ihrer Gefechtsstation in der Nähe waren sofort tot. Der Fla-MWO, Oberleutnant zur See Schürdt, und weitere Männer wurden schwer verwundet. Fast das gesamte Personal des Fla-Artillerie-Leitstandes fiel, aber innerhalb des Vormarses traten keine Personalausfälle ein. Auf der Brücke war ein starker Luftzug zu spüren. Sprengstücke flogen umher.

Der Kommandant gab sofort Feuer-Erlaubnis. Die schwere und leichte Flak schossen los, zielten auf Mündungsfeuer, Häuser und auf einen norwegischen Bewacher, der seinerseits MG-Feuer auf das Oberdeck des Kreuzers abgab, streuten die Küste ab.«

In Dröbak brannten drei Häuser nieder, in Husvik zwei Gebäude. Zwei Frauen kamen dabei ums Leben: Anette Marie Hansen und Olaug Anette Nyhus.

Die schwere Artillerie schwieg. Weder Vormars, vorderer Stand noch Nachtleitstand und achterer Stand konnten feststellen, woher der Beschuß erfolgte. Es war kein militärisches Ziel auszumachen. Als der nur wenige Minuten dauernde Beschuß durch die Festung Oscarsborg beendet war und auch die eigenen Fla-Geschütze schwiegen, herrschte im ganzen Schiff Totenstille. Nicht die geringste Bewegung war zu erkennen.

Auf Woldags Kommando ›Äußerste Kraft voraus!‹ begann das Schiff fast augenblicklich zu drehen. Die Ruderanlage war ausgefallen. Das Ruder lag gerade backbord, das Schiff hatte entsprechenden Dreh. Maschinenkommandos wurden wegen des Ausfalls anderer Befehlsübermittlungswege per Sprachrohr gegeben. Der Kommandant mußte mit den Schrauben gegensteuern, um nicht mitten in der Dröbak-Enge auf die Felsen zu geraten.

Das Schiff lag dicht unter Süd-Kaholmen. Schließlich gelang es dem Kommandanten, den Dreh abzufangen und den Bug frei vom Felsufer der Insel nach Steuerbord zurückschwingen zu lassen.

Der zweite Treffer der norwegischen 28-cm-Batterie krachte in die Flugzeughalle, die sofort lichterloh brannte. Das auf der Schleuder mit 40 Litern Benzin postierte Flugzeug und die in der Halle stehende zweite Maschine gerieten in Flammen. Das Backbord III. 10,5-cm-Geschütz wurde durch den Treffer außer Gefecht gesetzt. Gleichzeitig feuerte die von Major Vagn Enger befehligte Kopas-Batterie von Dröbak auf der Steuerbordseite etwa 600 Meter entfernt 25 Schuß vom Kaliber 15 cm auf das Schiff. Auf die geringe Entfernung waren mindestens 20 davon Treffer. Die verheerende Wirkung zeigte sich besonders mittschiffs und an der Backbord-Seite im Bereich der Abteilungen IV bis IX, obgleich sich die beschießende Batterie an Steuerbord befand, weil sie auf die geringe Entfernung vom Berg her förmlich in das Schiff hineinschoß. Flakleitstand B und das Backbord I. 10,5-cm-Geschütz fielen aus.

Heymann stellte fest: »Dann wurden kurz hintereinander zwei schwere Erschütterungen im Schiff fühlbar. Ich nahm zunächst an, daß die Stöße durch Auflaufen auf die in den uns zur Verfügung stehenden Karten eingezeichnete Minensperre hervorgerufen wurden. Doch es handelte sich um zwei Torpedo-Treffer (abgefeuert aus einer unterirdischen, in Felsen eingebauter Land-Batterie auf Nord-Kaholmen unter dem Kommando von Kommandörkaptein A. Anderssen. Die 45-cm-Torpedos vom Typ Whitehead waren erst am Abend zuvor von einer Grundüberholung zurückgekommen).

Nach etwa drei bis vier Minuten schwiegen die feindlichen Geschütze, weil *Blücher* inzwischen aus dem Bestreichungswinkel der Batterien gelaufen war. Die Geschwindigkeit hatte sich durch den ›Äußerste Kraft‹-Befehl noch auf 15 Knoten gesteigert. — Als kein feindlicher Schuß mehr fiel, befahl der Kommandant ›Feuer einstellen!‹ Doch die Fla-Batterie des Schiffes ließ sich erst nach einiger Zeit abstoppen. Der Befehl des Kommandanten kam infolge Ausfalls des Haupt-Fla-Einsatzstandes und der meisten Befehlsübermittlungs-Mittel zunächst nicht durch.

Trotz aller Treffer bestand in diesem Augenblick noch keineswegs der Eindruck, daß sich das Schiff nicht würde halten lassen. Die Schlagseite betrug etwa 8 - 12 Grad. Nachdem *Blücher* nach kurzem Ausscheren infolge des Ruderversagers mit Unterstützung der Seitenmaschinen wieder auf Kurs gebracht worden war, lief der Kreuzer mit verringerter Geschwindigkeit in der Fahrrinne weiter.

Kurz darauf meldete der Leitende Ingenieur, daß die Mittelmaschine ausgefallen sei. Das Schiff machte aber noch geringe Fahrt voraus. Bald darauf erfolgte die

Meldung vom Maschinen-Leitstand, daß auch die beiden Seitenmaschinen ausgefallen seien. Damit war der Schwere Kreuzer manövrierunfähig. Doch die Meldung wurde auf Anfrage über die Kommando-Zentrale vom Leitenden Ingenieur dahingehend ergänzt, daß er glaube, in einer Stunde die Seitenmaschine wieder klar zu haben.«

Hier zeigte sich eine Abweichung in den nach dem Gedächtnis verfaßten Meldungen des Ersten Offiziers und des Leitenden Ingenieurs. Denn aus Thannemanns Bericht ging eindeutig hervor, daß er nach den schlimmen Folgen der Torpedo-Treffer in dem am meisten gefährdeten Querschnitt der Antriebsanlage eine Reparatur der Hauptmaschinenanlage bereits für unmöglich gehalten hatte.

Heymann notierte weiter: »Um nicht gegen die Küste zu treiben, entschloß sich der Kommandant, bis zur Instandsetzung der Seitenmaschinen zu ankern. Kurz darauf fielen sämtliche Verbindungen mit dem Maschinenleitstand aus. Da der Stevenanker wegen der Schlagseite des Kreuzers klemmte, wurde mit dem Steuerbord-Anker auf 60 Meter Wassertiefe mit 175 Metern Kette gegen leichten Wind querab von der Insel Askeholmen geankert.

Eine Veranlassung, das Schiff auf Strand zu setzen, bestand für den Kommandanten bei der Aussicht, den Antrieb in absehbarer Zeit wieder klar zu bekommen, nicht. Er mußte aber ankern, damit das Schiff nicht durch Wind und Strom auf die Felsen trieb. Die Möglichkeit, mit dem Kreuzer an einer bestimmten zur eventuellen Ausschiffung der Heerestruppen geeigneten Stelle zu ankern, bestand wegen des Ausfalls sämtlicher Kraftwerke auch nicht.

Außerdem war an eine Ausschiffung der Heerestruppen und des für die Eroberung des Flugplatzes Fornebu vorgesehenden Landungskorps des Kreuzers an Ankerplatz ebenfalls nicht zu denken, da die Erhaltung des Schiffes zunächst die Hauptrolle spielte. Der schwere Treffer in der Flugzeughalle wuchs sich nämlich im Verein mit der Vielzahl der anderen Treffer, die fast sämtlich zwischen den Abteilungen IV und IX lagen, zu einem Großfeuer aus. Die entsprechenden Maßnahmen zur Bekämpfung der Trefferwirkung zwischen den einzelnen Einschlägen konnten wegen der schnellen Aufeinanderfolge nicht durchgeführt werden.

Nachdem ich dem Kommandanten auf Anfrage bei der Kommandozentrale des 1. Lecksicherungsoffiziers gemeldet hatte, daß die Leckwehr keine Übersicht über Wassereinbrüche und Brände im Schiff besitze, wurde ich von Woldag mit der Trefferfeststellung an Deck beauftragt.«

Dem Ersten Offizier bot sich ein katastrophales Bild. Um ihn herum gellten die Schreie verletzter Soldaten. Überall sah er verbogene Stahlwände, zerfetzte Schotten, zerrissene Leitungen, blutende Körper, rotglühende Panzerplatten, zerborstene Niedergänge und Laufstege. Rohrleitungen waren aus den Halterungen gerissen, Kabel baumelten wirr herab. Flugzeugbomben und die an Deck stehenden Munitionskisten detonierten mit grellen Explosionen.

Von der *Lützow* aus gesehen, glich *Blücher* einer einzigen Fackel, eingehüllt in dichte Rauchschwaden, die gegen den grauen Morgenhimmel über den Fjord quollen. Auch *Lützow* hatte mehrere Treffer erhalten: einen auf das mittlere Rohr des vorderen Drillingsturms, einen ins Lazarett und einen auf den Bootskran an Backbord. Der Rohrtreffer machte den ganzen Turm »Anton« zunächst bewegungsunfähig. Der 1. Artillerie-Offizier, Korvettenkapitän Robert Weber, saß im Vormars und konnte nicht schießen. Denn bei der vorlichen Lage des Ziels vermochte auch Turm »Bruno« von achtern nicht ins Gefecht einzugreifen. Auf *Lützow* schoß also nur die Mittelartillerie und die Flak.
Kapitän zur See Thiele erkannte schnell, daß er sein Schiff nicht durch die stark gesicherte Fjord-Enge bringen würde. Er entschloß sich daher, die *Lützow* mit äußerster Kraft rückwärts aus dem Feuerbereich zu ziehen. Thiele: »Die Forcierung der Dröbak-Enge mußte als gescheitert angesehen werden. Ich beabsichtigte daher, wie im Plan vorgesehen, in Sons-Bukten auszuschiffen.«
Der Ort lag ein paar Kilometer südlich von Dröbak, besaß keine Küsten-Artillerie. Thiele wußte, daß die auf *Lützow* unter dem Kommando von Major von Poncet stehenden 400 Gebirgsjäger und die auf *Emden* eingeschifften Infanteristen in Sons-Bukten gefahrlos an Land gehen konnten. Dort gab es auch eine Eisenbahn-Station mit direkter Verbindung in die norwegische Hauptstadt.
Um 5.50 Uhr empfing Thiele einen UK-Funkspruch von *Blücher*. Darin wurde ihm die weitere Führung im Oslo-Fjord übertragen. Thiele teilte den Befehl Kapitän zur See Lange, Kommandant des Kreuzers *Emden*, mit. Dieser beanspruchte die Führung zunächst aufgrund seines höheren Dienstalters und hielt die eventuelle Forcierung der Dröbak-Enge für erforderlich. Die letze Anweisung von Admiral Kummetz entsprach nicht nur wegen des zu dem Zeitpunkt kampfkräftigeren Kreuzers, sondern auch deshalb durchaus der Lage, weil Thiele ursprünglich als Befehlshaber der Kampfgruppe eingesetzt war. Thiele hatte auch nach intensiver Beschäftigung mit der Aufgabe und gründlichem Studium der navigatorischen Schwierigkeiten im Oslo-Fjord den Operationsplan entworfen. Dieser sah unter anderem die Ausschiffung der Stoßtrupps zur Besetzung der Außenforts auf Räumbooten noch außerhalb des Fjords vor und als Sicherung gegen die in der Dröbak-Enge gemeldete Minensperre das Vorsetzen von zwei Sperrbrechern im inneren Fjord.
Nachdem der Durchbruchversuch von Kummetz im unerwarteten Beschuß zusammengebrochen war und Thiele das Kommando übernommen hatte, nutzte der Kapitän zur See die aus den operativen Weisungen resultierende Entscheidungsfreiheit entschlossen.

Durch den Ausfall der *Blücher* wirkte sich die dadurch verursachte erhebliche Verzögerung der Anlandung in Oslo entscheidend auf den Gesamtablauf der Operation aus. Aber durch die ebenso besonnene wie entschlossene Führung der Kampfgruppe durch Thiele seit der Befehls-Übernahme von Kummetz, konnten die Krise

vor Oslo überwunden und weitere Verluste an Menschen und Material verhindert werden. Kapitän zur See Thiele wurde später mit dem Ritterkreuz ausgezeichnet und im Laufe des Krieges bis zum Vizeadmiral befördert.
Nach dem UK-Funkspruch wurde das Flaggschiff auf *Lützow* nicht mehr gehört. Doch *Blücher* rief um 6.26 Uhr noch einmal: »Torpedoboot *Möwe* soll zu *Blücher* vorstoßen, um bei der Feuerbekämpfung zu helfen!« Der Ruf wurde offenbar von der *Emden* und auch von *Möwe* gehört. Denn der Torpedoboot-Kommandant, Kapitänleutnant Helmut Neuss, er war in der Erprobungszeit als 2. Artillerie-Offizier auf *Blücher*, fragte um 6.28 Uhr bei *Lützow* an: »Welcher Befehl gilt: »Truppen landen oder zu *Blücher* gehen?«
Da Thiele den Hilferuf von *Blücher* nicht kannte und auch einen Durchbruchversuch für zu gewagt hielt, bevor Dröbak aus der Luft bombardiert und von Land aus genommen wurde, wiederholte er seinen Befehl: »Truppen ausschiffen!«
Derweil hatte Fregattenkapitän Heymann auf *Blücher* verheerende Schäden festgestellt: »Die Bordwand an Backbord war weit aufgerissen. Starker Rauch und Flammen schlugen aus der Öffnung. Anstelle des Torpedo-Arbeitsraumes befand sich ein großes Loch im Deck. Ein Großfeuer wütete in der Flugzeughalle und durch mehrere Decks. In ihrer Umgebung und an Steuerbord am vorderen Rohrsatz detonierte laufend Gewehrmunition. Aus Schornstein und Mittelschiff stiegen starke Rauch und Dampfmassen. Überall, wo ich hinkam, waren unter Deck Leckwehrgruppen und an Deck Geschützbedienungen bei Feuerlöscharbeiten. Munition, die das Feuer zu erfassen drohte, wurde außenbords geworfen. An anderen Plätzen wurde gefährdete Bereitschaftsmunition wieder in die Kammern befördert.
Bei der Bekämpfung der Brände wirkte sich besonders verheerend aus, daß gemäß der Klarschiffvorschrift, entsprechend der auf anderen Schiffen niedergelegten Vorschriften, die Feuerlöschleitungen über Panzerdeck zunächst nicht betriebsklar waren. Als später auf Aufforderung die Leitungen unter Druck gesetzt werden sollten, stellte sich heraus, daß viele Treffer die Feuerlöschschläuche unbrauchbar gemacht hatten. Außerdem waren inzwischen unter Deck auch die entsprechenden Pumpen oder ihr Antrieb ausgefallen, so daß an den meisten Stellen kein Wasser mehr gegeben werden konnte. Vereinzelt gelang es, einige Schläuche anzuschließen, doch das Wasser blieb schnell weg. An einigen Stellen wurden Minimax-Feuerlöscher verwendet, aber leider wegen ihrer geringen Menge im Verhältnis zur Größe des Brandes ohne sichtbaren Erfolg. Zur Ausdehnung des Feuers trug auch bei, daß in einzelnen Räumen von Heeresangehörigen Handgranaten geschärft worden waren, die in der Hitze explodierten. Dadurch kamen im Batteriedeck eine Reihe von Soldaten ums Leben.
Bei meinem Gang über das Schiff empfand ich als bedrückendsten Eindruck, daß die Flammen weiter um sich griffen und immer zerstörendere Wirkung hatten, ohne daß eine Möglichkeit zu ihrer wirksamen Bekämpfung bestand.«

Nach der Meldung des Ersten Offiziers und weil für die Artillerie ohnehin keine Ziele mehr vorhanden waren, befahl der Kommandant das gesamte Artillerie-Personal zum Feuerlöschen. Später entschloß sich Woldag, ein Torpedoboot an die Luvseite zur Feuerbekämpfung zu rufen. Der Versuch, das Torpedoboot *Möwe* in die Nähe zu holen, gelang trotz mehrfacher optischer und auch UK-Bemühungen nicht.

Erich Heymann: »Da die Niedergänge vom Vormars nicht mehr benutzt werden konnten, wurden die Verwundeten des Haupt-Fla-Einsatzstandes mit Transport-Hängematten an Deck gefiert. Ein frischer Wind ließ den Brand weiter um sich greifen. Erschwerend für die Bekämpfung der Feuerherde im Mittel- und Vorschiff kam hinzu, daß der Kreuzer allmählich durch den Strom gegen den Wind schwojte, so daß der Qualm die Brände mittschiffs nach vorn zog. Obwohl sich alle Soldaten glänzend einsetzten, ja sich teilweise auf der Flugzeughalle inmitten des Brandes betätigten, insbesondere der später gefallene Mechaniker-Gefreite Lischke, wurden nach und nach auch die in der Flugzeughalle untergebrachten vier 50-kg-Fliegerbomben vom Feuer ergriffen, detonierten und richteten weitere Verheerungen an. Der Steuerbord achtere Torpedo-Rohrsatz wurde freigeschossen, damit die Torpedos nicht vom Feuer ergriffen werden konnten. Sie detonierten mit gewaltigem Krachen am Felsen. Noch lange hallte die Explosion durch den engen Fjord. An den Backbord-Torpedorohren wurden die Gefechtspistolen entfernt. Auch jetzt hatten, trotz der Zunahme der Schlagseite auf etwa 18 Grad, weder der Kommandant noch ich und wohl auch keiner der älteren Offiziere den Eindruck, daß das Schiff nicht mehr zu halten sei.

Dies änderte sich erst gegen 6.30 Uhr. Ich war gerade auf dem Weg zur Brücke vom Steuerbord vorderen Torpedosatz. Dort ließ ich Heeresmunition über Bord werfen. Plötzlich flog hinter mir die 10,5-cm-Munitionskammer VII/8.2 mit einer bis in Masthöhe gehenden Detonationswolke in die Luft. Das Fluten dieser Kammer hatte infolge Druckloswerdens der Seewasserfeuerlöschleitung nicht die Kammer gefüllt. Ein fühlbarer Stoß ging durch das Schiff, die Schlagseite nahm stark zu.«

Mittschiffs auf 75 Meter Länge — jeder Schuß ein Treffer

Welche Wirkung die Ereignisse im Bereich der Maschine hatten, berichtete der Leitende Ingenieur, Fregattenkapitän Dipl.Ing. Karl Thannemann (er fiel am 27. Mai 1941 auf dem Schlachtschiff *Bismarck* als Flotteningenieur): »Die Treffer lagen von Abteilung IV bis X eng nebeneinander. Sie erstreckten sich also auf höchstens 70 bis 75 Meter Länge in der Schiffsmitte. Der ganze Beschuß dauerte nur wenige Minuten. Die Einschläge traten also praktisch gleichzeitig ein. Die Artillerie-Treffer saßen fast ausschließlich mittschiffs und an Backbord. Das Zwischen-, Batterie- und Oberdeck war an vielen Stellen beschädigt. Da gerade an Backbord starke Personalausfälle und Brände auftraten, ließ sich nicht mehr sicher feststellen, wo überall Treffer lagen und wieweit einzelne Schäden einem bestimmten Einschlag zuzuschreiben waren.

a) Ein schwerer Artillerie-Treffer ging gleich zu Beginn des Überfalls in den Vormars. Das hat die Maschinenanlage nicht beeinflußt.
b) Ein anderer Artillerie-Treffer mußte ins Batteriedeck Abteilung VIII/II an Backbord gegangen sein und dort das Batteriedeck der Abteilung IX stark auf das Zwischendeck heruntergedrückt haben. Es war aber nicht unwahrscheinlich, daß hier mehrere Treffer in nächster Nähe saßen. Denn gerade an dieser Stelle waren erhebliche Schäden am Batterie- und Oberdeck verursacht worden. Außerdem wüteten dort schwere Brände.
c) Ein weiterer Artillerie-Treffer mußte das Zwischendeck Abteilung VI/VII an Backbord getroffen haben. Denn auch hier wütete von Anfang an ein schwerer Brand.
d) Ein Artillerie-Treffer mußte das Zwischendeck Abteilung V an Backbord getroffen haben. Dieser Treffer hatte zweifellos das Panzerdeck über dem Turbinenraum 2/3 durchschlagen und auch im E-Werk 2 gewisse Beschädigungen verursacht.
e) Schließlich mußte ein schwerer Treffer in die Flugzeughalle gegangen sein. Diesem Treffer war wahrscheinlich auch der Brand in der darunterliegenden Wäscherei zuzuschreiben.

Die Artillerie-Treffer verursachten vielfach schwere Brände, die sich, da die Treffer gleichzeitig einschlugen, fast über das ganze Zwischendeck an Backbord von Abteilung VI bis X erstreckten. Diese Brände trugen wesentlich zum Verlust des Schiffes bei, da sie infolge Wassermangels nicht genügend bekämpft werden konnten. Außerdem flog auch noch die Munitionskammer VII/8.2 in die Luft, wodurch weitere schwere Schäden eintraten. Diese Artillerie-Treffer hatten aber keine ernstlichen Folgen für die Maschinenanlage, auch wenn an verschiedenen Stellen das Panzerdeck durchschlagen wurde. Es deutete jedenfalls nichts darauf hin, daß durch die Artillerie-Treffer bereits Betriebsräume der Antriebs- oder E-Anlage vollliefen bzw. ausfielen.

Höchstens ein bis zwei Minuten nach dem ersten Artillerie-Einschlag, wurde das Schiff ganz kurz hintereinander von zwei Torpedos getroffen. Die Trefferstelle der beiden Unterwassergeschosse ließ sich nicht genau ermitteln.

Da sie fast gleichzeitig abgeschossen wurden und vermutlich parallel nebeneinander lagen, war es sehr wahrscheinlich, daß der erste Torpedo-Treffer den Kesselraum 1 und der zweite den Turbinenraum 2/3 getroffen hatte. Als sicher konnte jedenfalls angenommen werden, daß ein Torpedo etwa bei Spant 85 eingeschlagen war. Darauf deuteten die schweren Beschädigungen der Bordwand an dieser Stelle hin. Diese beiden Torpedos hatten damit gerade den gefährlichsten Querschnitt der Antriebsanlage getroffen. Also die Stelle, mit der alle Kraftwerke zum sofortigen Ausfall kommen mußten.«

Erich Heymann: »Ich schickte den Gefechtswachingenieur zum Kommandanten mit der Meldung: ›Ich habe keine Möglichkeit mehr, die Schrauben in Gang zu bringen.‹ Kurze Zeit später erschütterten heftige Explosionen das Schiff in unregelmäßigen Abständen. Daher war die Maschinenleitung bis zum Räumen der unteren Decks der Auffassung, daß die Beschießung durch die Norweger doch andauerte. Die Schlagseite nahm zu, *Blücher* neigte sich bis auf 20 Grad nach Backbord. Der Ausfall jeder Stromversorgung war nur noch eine Frage der Zeit. Ich schickte meine Männer noch oben.«

Gegen 6.30 Uhr gab es auf *Blücher* keine Verbindung mehr zwischen Vor- und Achterschiff. Eine Feuer- und Rauchsperre hatte den Schweren Kreuzer in zwei Hälften geteilt, ließ keine Läufer mit Meldungen mehr durch. Trotzdem war der Befehl zum Verlassen des Schiffes nach vorn durchgekommen. Kommandant und Erster Offizier trafen die Maßnahmen zum Ausschiffen. Korvettenkapitän Zoepffel erhielt Befehl, den Steuerbord-Kutter zu Wasser zu lassen. Das gelang.

Erich Heymann: »Kapitänleutnant Mihatsch bekam von mir den Befehl, die Führung des ausschließlich mit Schwerverwundeten und zwei Sanitätsoffizieren besetzten Kutters zu übernehmen. Der Backbord-Kutter konnte nicht mehr zu Wasser gelassen werden, weil er zerschossen war. Korvettenkapitän Czygan, der von mir nach dem Ankern auf das Achterschiff geschickt wurde, ließ dort beide Dingis zu Wasser. Auch die Motorboote wurden aus den Zurrings geslippt. Ihr Aussetzen war jedoch wegen des Ausfalls der Kräne nicht mehr möglich.

Auf dem achteren Aufbaudeck und auf der Schanze wurden die nicht durch Treffer unbrauchbar gewordenen Rettungsinseln, Flöße und Schlauchboote ins Wasser gebracht. Dazu wurden Hängematten, Grätings, Baljen und sonstige schwimmenden Gegenstände als Rettungsmittel bereitgestellt.

Dann gab der Kommandant den Befehl: ›Alle Mann an Oberdeck‹ und ›Klar bei Schwimmwesten!‹ Die an der Reling angebändselten Kapok-Schwimmwesten waren jedoch zum großen Teil verbrannt.«
Bestürzt vernahmen die Landser den Befehl. Zum Teil in mustergültiger Ordnung und ohne Panik verließen die Infanteristen ihre Abteilungen, sammelten sich auf dem langen Achterdeck. Sie traten an wie gewohnt: Stahlhelm auf, Gewehr über der Schulter. Zugleich versuchten immer noch Löschmannschaften das Feuer mit Schaum zwischen den Trümmern zu ersticken — vergeblich. Die sengende Glut näherte sich immer mehr den noch nicht gefluteten Munitionskammern.
Inzwischen standen mehrere hundert Soldaten dichtgedrängt auf dem Achterdeck, blickten fassungslos um sich. Überall loderten meterhohe Flammen, Decks und Aufbauten waren verwüstet. Der Abstand vom Heck zur Insel Askeholmen war geringer (etwa 300 Meter) als der vom Vorschiff zum Festland (etwa 400 bis 500 Meter). Ein Versuch, die Ankerkette zu slippen, dadurch den Kreuzer näher an Land treiben oder aufsetzen zu lassen, um Verluste durch das bevorstehende Schwimmen im eiskalten Wasser (2,8 Grad) zu ersparen, mißlang.
Als das Schiff auf etwa 45 Grad krängte, gab Korvettenkapitän Czygan achtern den Befehl zum Aussteigen. Auf der Back ließ der Erste Offizier den erreichbaren Teil der Besatzung und Heerestruppen zur kurzen Ansprache des Kommandanten antreten. Vorher wurde durch den Signal-Gefreiten Heitmann auf Befehl von Korvettenkapitän Czygan die Kriegsflagge im Großtopp gesetzt...
Die Schlagseite nahm sichtlich zu, die Backbord-Reling befand sich schon im Wasser. Aus den zerstörten Tanks im Mittelschiff quoll dunkles Heizöl. Zum Glück war es aber noch nicht in Brand geraten. Gegen 7 Uhr gab der Kommandant den Befehl zum Verlassen des Schiffes.
Erich Heymann lobte: »Die Haltung von Besatzungsangehörigen und Heerestruppen war vorzüglich. Trotz der Schräglage des Schiffes verhielten sich die Soldaten ruhig und diszipliniert. Auch beim Vonbordgehen waren sie sehr gefaßt. In kameradschaftlich aufopfernder Weise gaben viele Männer des Kreuzers *Blücher* Schwimmwesten an Nichtschwimmer des Heeres ab. Auch sonst wurden an die Heeressoldaten Schwimmwesten mit den Worten ausgehändigt: ›Kamerad, Du mußt ja jetzt an Land weiterkämpfen‹. Kameradschaft bis in den Tod wurde vielfach unter Beweis gestellt. Aber auch die Haltung der Heeressoldaten war unübertrefflich. Nur schwer trennten sie sich von ihren Waffen. Offiziere, darunter auch Korvettenkapitän Czygan, mußten den feldmarschmäßig aus den Niedergängen kommenden Infanteristen das Ablegen ihrer Gewehre und Tornister befehlen.«
Während die ersten Männer ins eisige Wasser glitten oder sprangen, schon nach wenigen Schwimmbewegungen erstarrten und im Fjord versanken, rief ein Offizier Korvettenkapitän Kurt Zoepffel zu: »Geheimsachen versenken!«

Der Adjutant berichtete: »Ich hastete in meine Kammer hinunter, wo die eisernen Schränke mit den Geheimsachen aufbewahrt wurden. Die Kästen schaffte ich herauf, warf sie über Bord, sie versanken. Nochmals ging's hinunter. Gemütlich war es nicht und schwer dazu, in dem schrägliegenden Schiff weiterzukommen. Mir kamen unsere Feldgrauen entgegen. Langsam und mühsam kletterten sie mit all ihrem Gepäck nach oben, als ob es galt, nur auf ein anderes Schiff umzusteigen. Sie konnten es noch gar nicht begreifen, daß es hieß: ›Rein in den Bach!‹
Ich holte die letzten Akten und Hefte herauf und schlug mich wieder nach vorn. Da die Unterlagen auf dem Wasser schwimmen konnten, mußten sie verbrannt werden! Schaurig leuchtete mir das Feuer aus der Flugzeughalle entgegen. Das war die rechte Stelle, wo sie restlos vernichtet wurden. Es war nicht leicht, sich auf dem schrägen, glitschigen Deck zu halten. Ich stemmte mich gegen irgendeinen Gegenstand, der gerade herum lag.
Im hohen Bogen flog ein Aktenstück nach dem anderen ins Feuer. Ich konnte nicht hinsehen, die heiße Glut schlug mir entgegen. Ich schaute herunter auf meinen Halt. Es war ein einzelnes Bein. Machte gar keinen Eindruck. Nur weg mit dem Zeug! Mit grimmiger Wut begleitete ein Fluch jede Akte. ›Hinein. Weg mit dem Mist!‹ Dann war es geschafft.«
Zoepffel machte sich auf den mühsamen Rückweg. Während er sich an der Steuerbordseite zurück zum Vorschiff hangelte, überkam ihn Bitterkeit. Er dachte: ›Traurig, daß es nun nur noch galt, die Mannschaft und vor allem die vielen Kameraden des Heeres einigermaßen sicher an Land zu bringen. Es war alles so unwahrscheinlich, unglaublich und grauenhaft.‹ Alle hatten mit soviel ehrlicher Begeisterung für den Schweren Kreuzer geschuftet. Und nun hatte sich das stolze Schiff auf seiner ersten Fahrt innerhalb von nur 15 Minuten in einen rauchenden und brennenden Trümmerhaufen verwandelt. Alles war umsonst. Trotzdem warf in der Nähe der Brücke ein Matrose unverdrossen Geschosse über Bord — Explosionsgefahr.
Inzwischen war *Blücher* noch tiefer gesackt. Fregattenkapitän Heymann schloß seinen Bericht: »Bis auf die Verwundeten mußten Besatzung und Heerestruppen versuchen, schwimmend das Ufer zu erreichen. Hierbei traten durch das eisige Wasser noch einige Verluste ein. Ebenso wurde ein Teil der Soldaten durch brennendes Öl verletzt. Der Kutter hatte Befehl, sofort nach Ausschiffung der Verletzten an Land zurückzukommen. Beim Landen an der felsigen Küste schlug er leck.
Admiral Kummetz, der Kommandant, Navigations-, Artillerieoffizier und ich — alle ohne Schwimmwesten — gingen als letzte von Bord. Fast gleichzeitig sackte *Blücher* mit dem Vorschiff weg. Als ich schwimmend ungefähr 200 Meter vom Schiff entfernt war, kenterte der Kreuzer etwa um 7.32 Uhr vollends mit wehender Kriegsflagge im Großtopp und im Vortopp neben der Konteradmiralsflagge. Nachdem das Schiff kürzere Zeit mit 90 Grad, dann mit hundert Grad und 110 Grad Schlagseite gelegen hatte, so daß man fast auf der ganzen Länge das brennende

Oberdeck einsehen konnte, richtete es sich mit dem Heck steil auf und versank über den Vorsteven.«
Etwa zehn Minuten nach dem Untergang, ereignete sich noch eine letzte, sehr schwere Explosion. Eine Stichflamme durchschlug das Wasser und entzündete das restliche, auf der Oberfläche treibende Heizöl, das noch mehrere Stunden mit grauschwarzen Rauchwolken über der Untergangsstelle brannte.

2.Admiral
der Nordseestation
Abteilung für aktives Personal
B.Nr. 5492 P.A.7.

Wilhelmshaven, den 19. April 1940.

An

Herrn Franz Lokau,

Essen-Ruhr,

Zweigerstr.52.

Der 2. Admiral der Nordseestation ist in der glücklichen Lage Sie von der erfreulichen Tatsache in Kenntnis zu setzen, daß I h r

______, der Masch.Ob.Gfr.
(Dienstgrad)

Lokau Wilhelm, geboren am
(Zuname) (Vorname)

______ sich unter den Überlebenden des Panzerkreuzers „ B l ü c h e r " befindet.

Im Auftrage:
Schwartinsky

Kapitänleutnant M.A.
und Referent.

Gerettet — Überlebende berichten

Unglaublich, aber wahr: Kurz bevor das Heck der *Blücher* in den Fluten des Oslo-Fjords versank, sahen Augenzeugen noch einen Soldaten auf einer der seitlichen Schrauben stehen... Dieser Mann konnte sich ebenfalls retten. Es handelte sich um den Mechaniker-Gefreiten HEINZ SEELE. Er erlebte die letzten Minuten so: »Ich hatte als Mechanikersgast an Bord Turm C gefahren. Als wir die Torpedo-Treffer bekamen, befand ich mich mit einem Maaten auf der Maschinenplattform. Das Schiff hob sich, um gleich darauf wieder abzusacken, blieb mit zehn Grad Schlagseite liegen. Es mochten wohl fünf bis zehn Minuten vergangen sein, als wir uns plötzlich zum Aussteigen fertig machen sollten.

Als ich ans Oberdeck kam, hätte ich unser schönes Schiff bald nicht wieder erkannt. In der Mitte stand alles in Flammen, die Flugzeughalle und der Schornstein brannten. Nach dem Befehl, das Schiff zu verlassen, stand ich noch mit einigen Kameraden auf der Schanz. Wir rauchten unsere letzte Zigarette an Bord. An Land zu schwimmen hatte keiner Lust, denn das Wasser war sehr kalt. Aber es nützte ja alles nichts, das Schiff legte sich immer mehr nach Backbord über. So entschlossen sich die ersten, ans Ufer zu schwimmen. Unsere Schwimmwesten hatten wir den Landsern gegeben. Die Feldgrauen konnten ja zum größten Teil nicht schwimmen.

Von einem Turm hatte man noch eine Rettungsinsel geholt. Wir machten sie klar und legten Verwundete darauf. Als wir fertig waren, wollten der Mechanikerobergefreite MÜNCH, der Gefreite MORGALLA und ich auch ins Wasser gehen. MORGALLA ließ sich als erster fallen, schrie nur noch: ›Au, ist das verflucht kalt‹ und schwamm los. Als zweiter folgte MÜNCH. Nun hätte ich eigentlich ins Wasser springen sollen, aber ich bin dann noch einmal nach oben gegangen. Das Schiff lag schon mit der Backbordseite bis zum Oberdeck im Wasser. Während ich oben stand, begann das Schiff ganz zu sinken. Immer mehr legte es sich auf die Seite, kippte plötzlich ganz um. In dieser Zeit kletterte ich über die Steuerbordseite bis auf die Schraube. Als ich dort war, hob sich der Kreuzer etwas aus dem Wasser und sank in die Tiefe.

Ich wurde von einem Strudel erfaßt und mit hinuntergerissen. Aber zum Sterben hatte ich noch keine Lust. Und so kämpfte ich, bis ich wieder an die Oberfläche kam. Dort sah ich, wie das ganze Öl auf dem Wasser brannte. Ich schwamm auf das Ufer zu. Als ich fast 50 Meter zurückgelegt hatte, kam noch einmal eine Welle über mich. Ich nahm meinen ganzen Willen zusammen und erreichte schließlich das Festland. Da traf ich auch MORGALLA wieder. Nur MÜNCH fehlte. Kameraden berichteten, daß er einen Herzschlag bekommen hätte. Unglücklicherweise waren wir auf einer Insel gelandet, und so saßen wir wieder fest. Bis zum Nachmittag mußten wir dort bleiben. Zum Glück schien gerade etwas die Sonne. Damit war es nicht mehr ganz so kalt. Unglücklicherweise stellten wir Verbrennungen an Hals und Gesicht fest, weil wir durch das auf der Wasseroberfläche lodernde Heizöl geschwommen waren. MORGALLA hatte sogar noch eine schwere Brandwunde am Bein.

Von der Insel wurden wir später mit Floß-Säcken zum Festland gebracht und als norwegische Gefangene interniert. Die Norweger führten uns zu einem Bauernhaus. Einen Kilometer brauchten wir bloß zu laufen, meinte ein Offizier. Aber in Wirklichkeit waren es drei oder vier, die wir barfuß durch Schnee und über Felsen zurücklegten.«

***

Der Mechaniker-Obergefreite GÜNTHER MORGALLA berichtete: »Ich hatte meine Schwimmweste einem Infanteristen geschenkt, er war Familienvater. Dann sprang ich ins Wasser. Die Kälte machte mir schwer zu schaffen, und mit letzten Kräften erreichte ich das Ufer. Während des Schwimmens erscholl an Land plötzlich das Deutschland-Lied und in einer Art Galgenhumor der Song ›Das kann doch einen Seemann nicht erschüttern...‹. Als ich die Küste erreichte, merkte ich, daß ich verwundet war. Mein linkes Bein wies starke Brandverletzungen auf und blutete heftig. Am Hals war es ähnlich. Ich wurde von unserem Stabsarzt verbunden. Dann kamen wir in norwegische Gefangenschaft, wo wir nicht besonders gut behandelt wurden. Den Weg zum Lager legte ich barfuß zurück. Deutsche Truppen schafften uns von dort nach Oslo, wo wir endlich wieder zu Menschen wurden.«

***

Auch Funker LUDWIG WESSEL aus Quickborn bei Hamburg erinnerte sich gut an das grausige Geschehen: »Der Einsatz auf dem Schweren Kreuzer kam für mich völlig überraschend, ich arbeitete damals bei der Reichspostdirektion Hamburg, als ich die Einberufung erhielt. Ich mußte mich bei einer Militärstelle in Lüneburg melden. Drei Tage später ging es nach Potsdam. Wir wurden in Ställen einquartiert, aus denen gerade die Pferde getrieben worden waren. Am Tage exerzierten wir auf dem Hof, abends schliefen wir im Stroh. Dann wurden wir ganz plötzlich in Eisenbahnwaggons wegtransportiert. Die Fahrt dauerte drei Tage, in Swinemünde war Endstation, wir wurden auf *Blücher* eingeschifft.

Als der Kreuzer im Oslo-Fjord schwer getroffen wurde, waren wir gerade unter Deck. Im Schott 99 nebenan explodierten ständig MG-Patronen. Es dauerte nicht

lange, da glühte die mit dicker Ölfarbe bestrichene Wand, und *Blücher* bekam Schlageite. Wir krochen schließlich durch eine Speisedurchreiche noch nach oben. Im Chaos an Deck erwischte ich eine halbe Schwimmweste. Gemeinsam warfen wir ein 4 x 4 Meter großes Floß ins Wasser. Es breitete sich automatisch aus. In großen Buchstaben stand drauf: ›Erst nach zehn Minuten zu befahren!‹ Viele der Soldaten, die zum Teil aus Süddeutschland und Österreich stammten, beachteten die Warnung jedoch nicht und sprangen sofort. Die Folge: Sie rutschten ab und ertranken in den eiskalten Fluten.
Vom schräg liegenden Schiff ließ ich mich in Wasser gleiten und schwamm zu einer etwa 30 Meter entfernt treibenden Rettungsinsel. Mein Glück war, daß ich zuvor alle Öffnungen an der Kleidung zugestopft hatte. So wurde ich nicht so rasch naß und konnte die Energie umsetzen, um auf das Floß zu gelangen. Zu viert erreichten wir das kleine Eiland Askeholmen. Die Insel bedeutete für rund 200 Mann der *Blücher* die Rettung. Als der Schwere Kreuzer sank, kämpften auf dem Wasser viele Soldaten verzweifelt um ihr Leben. Und einige schafften es, im eiskalten und gleichzeitig an der Oberfläche brennenden Wasser ans Ufer zu schwimmen. Teilweise schlugen wir einige Kameraden, um sie ins Bewußtsein zurückzubringen. Anschließend liefen wir mit ihnen umher. 36 Stunden verbrachten wir auf Askeholmen. Mit Reichskreditkassenscheinen entzündeten wir ein Feuer, um uns zu wärmen. Am nächsten Tag befreite uns die *Emden*. An Bord wurden wir mit heißer Hühnerbrühe und heißem Rum versorgt.«

***

Maschinen-Obermaat Werner Brand aus Hamburg verließ den Maschinenraum der *Blücher* erst, als das Wasser bereits durch Risse über die grauen Stahlplatten schoß. »An Deck traf ich einen weinenden Landser, der zum ersten Mal auf einem Schiff war. Er konnte nicht schwimmen. Ich schenkte dem armen Teufel meine Schwimmweste — hoffentlich kam er durch.« Brand rettete sich schwimmend ans Ufer. »Als ich dort ankam, war ich steif wie ein Brett und mußte mich an Land ziehen lassen«. Brand wurde später auf die *Tirpitz* versetzt. Als das Schlachtschiff am 12. November 1944 vor Tromsö bombardiert wurde und kenterte, war Brand zum Glück in Hamburg auf Hochzeits-Urlaub.

***

Matrose Hermann Himstedt aus Nettlingen erzählte: »Weil das Wasser so kalt war, blieben wir so lange wie möglich auf dem Kreuzer. Doch dann sprang einer nach dem anderen über Bord. Manche kamen auch wieder zurück und fanden den Tod auf dem sinkenden Schiff. Zwei Auswege gab es, um sich vor dem Ertrinken

oder Verbrennen zu retten, dafür aber in die Hand des Feindes zu gelangen: Rund 300 Meter entfernt lag eine Insel, 500 Meter entfernt das Festland. Schließlich sprang auch ich in das eiskalte Wasser und schwamm zur Felseninsel. Dort saßen meine Kameraden und ich nun in nassen Uniformen.
Einen Tag harrten wir aus, warteten, froren und hungerten. Mittags nahten deutsche Flugzeuge, die schon am Morgen hätten eintreffen müssen. Die Maschinen bombardierten die Festung. In der Zwischenzeit starben fünf meiner Kameraden an Starrkrampf.
Mit einem norwegischen Kutter wurden wir von der Insel geholt. Als das Boot auf uns zukam, dachten wir darüber nach, was wir tun sollten. Unser Kampfgeist war noch nicht erlahmt. Aber sollten wir den Mann, der uns an Land bringen wollte, hinterrücks erschlagen? Wir hätten nichts gewonnen!«

***

Obermaat HANS MÜLLER aus Wahlstedt erlebte den Untergang so: »Ich war als Entfernungsmesser auf dem Posten, als eine fürchterliche Detonation unsere *Blücher* erschütterte. Von meinem Sattel flog ich an die Decke des Turms, rannte mir den Kopf ein, verspürte einen heftigen Schmerz in der linken Hüfte. Ich riß mir das Telefon vom Kopf und knallte es mit Gewalt an die Wand, sollte das Ding doch zum Teufel gehen. Ich verließ den Turm mit Gasmaske. Ich war kaum an Deck, da flog die Flugzeughalle in die Luft. Ich peilte kurz die Lage und beteiligte mich daran, alle schwimmbaren Gegenstände zusammenzutragen, um sie den zum Teil schon im Wasser liegenden Soldaten zuzuwerfen.
Ich begegnete dem Ersten Offizier. Er machte einen ruhigen Eindruck, gab Anweisungen. Dann stand ich plötzlich sogar neben dem Admiral und dem General. Alles war ruhig, niemand drehte durch. Etwas flog über meinen Kopf hinweg. Es war das Signalbuch, dessen Rücken mit Blei beschwert war. Ein Signalmaat mußte das Buch auf Befehl des Obersignalmeisters über Bord werfen. Ich stieg auf das Brückendeck. Die ganze Zeit über knallte und prasselte es an allen Ecken. Die gesamte MG- und Gewehrmunition, die den Infanteristen gehörte und am Oberdeck in gewaltigen Mengen aufgestapelt war, flog nach und nach in die Luft.
Dann ein Ruf vom Vormars: ›Hier oben sind noch fünf Schwerverletzte!‹ Es war Bootsmaat JANSEN, der sich über die Brüstung lehnte und verzweifelt zu uns herunterschrie. Schnell wurden einige Leinen nach oben gegeben und befestigt. Nach und nach gelang es uns, die schlimm zugerichteten Kameraden zu bergen. Ich kletterte auf das Torpedo-E-Meßgerät, das sich in halber Höhe vom Mast befand, um die abgeseilten Verwundeten in Empfang zu nehmen.
Als erster kam ein Gefreiter, dem der linke Fuß nur noch an einer Sehne zu hängen schien. Blut tropfte mir ins Gesicht. Im Moment ekelte es mich, doch dann dachte

ich nicht mehr daran, wischte mir mit dem Ärmel übers Gesicht und langte den Kameraden weiter nach unten durch. Er sah mich ruhig und dankbar an. Ich redete ihm gut zu. Als nächster wurde ein Gefreiter mit durchgeschlagenen Oberschenkeln abgeseilt. Ich hatte große Mühe auf dem wackeligen Stand. Zuletzt machte der starke Qualm uns immer schwerer zu schaffen. Trotzdem bekamen wir auch die letzten Männer heil nach unten.

Ich hörte Bootsmann JAKOB rufen, der zum *Blücher* zurückschwamm. Er hatte scheinbar eine Verletzung, und ihm drohten die Kräfte zu versagen. Ich warf ihm eine Hängematte zu. Vor mir sprang ein Infanterie-Offizier feldmarschmäßig ins Wasser. ›Donnerwetter, der hat Schneid, ist doch aber Wahnsinn‹, dachte ich. Schade, daß ich keine Schwimmweste hatte. Bevor ich ohne Schwimmweste über Bord sprang, rauchte ich noch eine Zigarette, zog die Stiefel aus und band mir meine blaue Hose um die Hüften. Die Ärmel meines eng anliegenden blauen Hemdes krempelte ich auf. Zwei Möglichkeiten gab es, ans Ufer zu kommen: »Eine näher gelegene Insel und das Festland. Ich wählte das zweite Ziel, da ich sonst gegen den Wind und den Strom hätte schwimmen müssen.

An Backbord sah ich eine Balje, um die sich niemand zu kümmern schien. Kurz entschlossen holte ich ein paarmal tief Luft und sprang mit angehaltenem Atem in das sehr stark mit Öl gemischte Wasser, schwamm auf die sechs bis acht Meter entfernt treibende Balje zu. Von Bord der *Blücher* rief mir der Obergefreite LANGE zu: ›Herr Obermaat, ich schwimme mit!‹ Jeder hielt sich mit einer Hand fest, mit der anderen machten wir kräftige Stöße. Erst jetzt merkte ich, wie scheußlich kalt das Wasser war. Wir waren etwa 30 Meter weit geschwommen, als wir von Bord drei Hurras auf den Obersten Befehlshaber und *Blücher* hörten. Alle auch im Wasser befindlichen Soldaten riefen mit.

Eine kurze Zeit hörten wir auf zu schwimmen und warfen einen Blick auf unser Schiff. Ein Massenstart ins Wasser fand statt. Viele Kameraden schwammen vor, neben und hinter uns. Ab und zu hörte ich einen um Hilfe rufen, sah jemanden die Arme hochwerfen und versinken. Auch manchen verzweifelten Ruf nach Vater und Mutter oder einen Mädchennamen vernahm ich. Obgleich viele in meiner Nähe versanken, konnte ich nicht helfen, es wäre Selbstmord gewesen. Als wir 150 Meter zurückgelegt hatten, waren unsere Hände wie welkes Laub zusammengerollt.

Einen Augenblick schienen mich die Kräfte zu verlassen. Ich dachte an meinen Vater, meine Mutter und meinen Bruder. Ein unerschütterlicher Lebenswille stieg in mir auf. Etwa zehn Meter vor dem felsigen Strand kenterte unsere Balje. Jeder paddelte für sich los. Noch einmal wurde mir schwach, dann faßte ich eine Schwimmweste, die mir von Land aus zugeworfen wurde. Halb benommen und kraftlos kroch ich auf allen Vieren das steinige Ufer hoch. Bekleidet mit Unterzeug, Trainingshose, Mütze, blauem Hemd, watete ich barfuß durch den Schnee. Wenige Minuten später erfaßte mich ein Schüttelfrost, der mich beinahe ins Jenseits befördert hätte. Ein Kapitänleutnant und ein Obermaschinist machten Feuer — ein Umstand, dem viele Kameraden und ich unser Leben verdankten. Halb nackt, die Füße waren mittlerweile erfroren, sammelten wir Holz, trockneten nach und nach unsere Sachen.«

***

Obersteuermann PERLEBERG meldete: »Die schwierige Navigation durch den Oslo-Fjord bei Nacht erlaubte mir nicht, meine eigentliche Gefechtsstation (Kommandozentrale) zu besetzen. Mein Aufenthalt während der ganzen Fahrt und dem eigentlichen Gefecht war daher der Schutzstand auf der Kommandobrücke. Oscarsborg war noch etwas voraus, als wir plötzlich einen Treffer im Vormars erhielten. Kurze Zeit später mußte dann noch ein anderer Treffer die Maschinentelegrafen-Leitung und die Verbindung zur Ruderanlage zerstört haben. *Blücher* drohte auf Oscarsborg zu laufen. Denn der Rudergänger und Posten Maschinen-Telegraf meldeten Versager in den Anlagen.
Der Kommandant ließ ›äußerste Kraft voraus‹ geben und das Schiff kam wieder frei von der Küste. Kurze Zeit später, ungefähr querab von Oscarsborg, erfolgten zwei schwere Erschütterungen an Backbord unter der Wasserlinie. Das ließ auf Torpedo- oder Minentreffer schließen. Eine Grundberührung kam nicht in Frage, weil die Felswand dort sehr tief abfällt. Das Schiff drehte nach Steuerbord. Eine neue Gefahrensituation entstand, weil dort die Wasserverhältnisse nicht so gut waren. Der Kommandant ließ nun das Ruder nach Backbord legen und versuchte mit entsprechenden Maschinen-Manövern das Schiff auf den von mir herausgegebenen Kurs von 344 Grad zu bringen.
Die Meldung des Ersten Offiziers über den Ausfall der Maschine und den Treffer in der Flugzeughalle sowie den Ausfall der Feuerlöschleitungen veranlaßte den Kommandanten dann, vor Digersgrunn vor Anker zu gehen. Der Steuerbord-Anker wurde auf etwa 70 Meter Tiefe fallen gelassen. Der Ankerkurs war ungefähr 15 bis 20 Grad. Durch den leichten aufwärts laufenden Strom drehte das Schiff nach Steuerbord. Die Hoffnung, daß es sich achtern selbst aufsetzen würde, bestätigte sich nicht. Als das Schiff unterging, hatte es über Gegen-Ankerkurs hinweggedreht und lag ungefähr auf 210 bis 220 Grad.«

***

Steuermannsmaat KLUG berichtete: »Meine Gefechtsstation war der Handruderraum. Als *Blücher* die Ansteuerung von Oslo-Fjord passierte, hatte ich vom Obersteuermannsmaat den Befehl erhalten, Position zu beziehen. Der Raum war besetzt durch den Rudergänger, einen Befehlsübermittler, den Steuermannsgasten-Matro-

sen und den Hauptgefreiten BONN, der den Ersatz-Schiffsführungsfernsprecher bediente. Im Handruderraum war eine Koppelstelle, und ich koppelte sofort mit. Die Artillerie-Treffer verursachten keinen Ausfall.
Als die Unterwasserdetonationen erfolgten, gab es eine kräftige Erschütterung. Dabei erlosch sofort das Licht bis auf eine Lampe. Ebenfalls fielen bis auf die Schiffsführungsfernsprechanlage alle Fernsprecher aus. Gleichzeitig streikten die vordere und achtere Kreiselkompaßanlage. Ich mußte der Brücke melden: ›Kurs kann nicht gehalten werden‹. Kurze Zeit später fiel der Anker. Als das Achterschiff geräumt wurde und jegliche Verbindung mit der Brücke und Kommandozentrale unterblieb, gab ich den Befehl zum Räumen der Handruderanlage. Die Posten zeigten während des Gefechts eine große Ruhe und handelten sicher. Der Raum wurde um 6.42 Uhr verlassen. Die genauen Uhrzeiten während des Gefechts sind mir entfallen.«

***

Oberfeldwebel KLOPPMANN berichtete: »Ich war zwischen Seeziel-Artillerie und der achteren Rechenstelle eingeteilt. Nach dem ersten Unterwasser-Treffer liefen sofort Störungsmeldungen der Türme ein. Nach dem zweiten Unterwasser-Treffer fiel die gesamte E-Anlage aus. Mechanisch aber waren sämtliche Geräte der Rechenstelle noch voll verwendungsfähig. Während der gesamten Zeit benahm sich die Bedienung der Rechenstelle diszipliniert und ruhig. Trotz des Wassereinbruchs in der Nebenabteilung und der starken Schräglage konnte ich bei keinem der Leute irgendwelche Merkmale von Nervosität feststellen. Wir verließen die Rechenstelle durch den Notausgang.«

***

HEINZ-GÜNTHER »Henry« CARLÉ war als Oberleutnant zur See Gefechtsbeobachter auf dem Vormars: »Ich sah das Mündungsfeuer. Dann kamen die Einschläge, und ich wurde für kurze Zeit bewußtlos. Als ich zu mir kam, war mein rechtes Auge ausgelaufen, ein Splitter hatte mehrere Zähne zertrümmert. Das Schiff wurde noch einige Male getroffen, ich spürte die schweren Erschütterungen der Torpedo-Treffer, die unserem nagelneuen Kreuzer tödliche Wunden schlugen. Schließlich schaffte ich es, aus dem 35 Meter über dem Wasser liegenden Vormars an Deck zu gelangen. Der Kreuzer brannte lichterloh und hatte schwere Schlagseite.
Mit mehreren Offizieren, darunter Korvettenkapitän HUGO FÖRSTER, warfen wir den schon im Wasser schwimmenden Kameraden alle verfügbaren Grätings von der Brücke an Steuerbord zu. Leider wurden sie abgetrieben. Wir hatten den Kreiselstrom nicht bedacht. Daraufhin holte ich mir einige Seeleute von der Back und ließ

mit Kapitänleutnant ZOEPFFEL den noch unbeschädigten Steuerbord-Kutter zu Wasser. Das war sehr schwierig, weil der Schwere Kreuzer mit der Backbord-Seite schon tief im Wasser lag. Der Kutter unter Führung von Kapitänleutnant MIHATSCH fuhr um den Bug auf die Backbord-Seite und übernahm dort Schwerverwundete. Alle anderen Boote waren stark beschädigt, für Rettungszwecke nicht mehr zu gebrauchen.

Zusammen mit anderen Kameraden versuchte ich dann, Heeres-Soldaten an Deck zu ziehen. Die Infanteristen waren inzwischen zum Teil aus den Bulleyes an der Steuerbord-Seite unterhalb der Back herausgekrochen. Doch nur einige schafften es. Denn unter Deck war große Unruhe ausgebrochen. Weil die Soldaten ihre Waffenröcke nicht ausgezogen hatten, verfingen sich die Männer in der Aufregung mit den Taillen-Haken, klemmten fest und konnten nicht weiter herausgezogen werden. Andere Heeressoldaten, die wir ausdrücklich mehrere Male darauf aufmerksam machten, ihre Stiefel und Koppel abzulegen, befolgten den Rat nicht. Sie sprangen in voller Uniform ins Wasser und ertranken schon nach kurzer Zeit. Mir fiel auf, daß außerordentlich wenig Schwimmwesten vorhanden waren.

Als das Schiff aufgegeben wurde und der Kommandant über Bord gegangen war, glitt auch ich ins Wasser. Mein Aufklarer schwamm vor mir her und dirigierte mich, weil ich nichts mehr sehen konnte. An Land standen wir in klatschnassen Unterhosen, zwölf Stunden lang im Schnee. Dann holten uns Boote des Kreuzers *Lützow* ab. Im Rikshospital von Oslo wurde ich von Nonnen rührend betreut. Die Ärztin konnte ich nach dem Krieg leider nicht wieder finden. Sie war tot.

Hauptmann der Reserve BLUME lag längere Zeit mit mir im Lazarett. Er erzählte, daß ihm durch die Erschütterung der Torpedo-Treffer beide Beine mehrmals gebrochen wurden. Danach legte man ihn in einer Transport-Hängematte auf die Back. Von dort sollte er mit einem Kutter an Land gebracht werden. Doch das Schiff kam nicht zurück. Als sich der Schwere Kreuzer immer weiter nach Backbord legte, rutschte er hilflos zur Reling und glaubte, *Blücher* nicht mehr lebend verlassen zu können. Aber ein Seemann, der gerade über Bord springen wollte, befreite ihn aus seiner Zwangslage. Der Matrose zog BLUME den Waffenrock aus und gab ihm seine Schwimmweste. Nur durch dieses vorbildliche Verhalten eines Besatzungsmitgliedes wurde der Hauptmann gerettet und konnte ans Ufer paddeln.«

***

Und so rettete sich Korvettenkapitän KURT ZOEPFFEL: »Beim Klettern nach vorn kam ich etwas vor dem Schornstein ins Rutschen. Ich glitt durch den Durchgang vom Schornstein nach Backbord hinunter, immer näher an das leicht plätschernde Wasser heran. Reitstiefel, Reithose und Uniformjacke waren mein letztes Hab und Gut. Als ich sah, wie achtern dickes, brennendes Öl hochquoll, ließ ich mich ins

Wasser fallen. Vor mir trieb eine Waschbalje. Ich ergriff sie mit einer Hand, ruderte mit der anderen auf das Ufer zu. Ein zweiter Soldat kam dazu. Er erkannte meine Abzeichen und fragte eisern, ob er mit festhalten konnte. Selbstdisziplin in höchster Vollendung! Gemeinsam paddelten wir auf das Ufer zu. Mein Kamerad schien schlapp zu machen. Ich schrie ihn an: ›Durchhalten! Nur noch 100 Meter!‹ Die Strecke erschien uns endlos in dem kalten Wasser.

Langsam kam das felsige Ufer mit großen Steinen und scharfen Kanten näher. Wie da hinaufkommen? Mit allerletzter Kraft zogen wir uns aus dem Bach, ein geretteter Kamerad half. Die Kälte drang unaufhaltsam in mir hoch. Die Beine, Arme, der Kopf alles fing an zu schlottern, die Zähne klapperten, das Blut schien zu erstarren. ›Nur nicht so verrecken! Nur nicht im Schnee zusammensinken. Noch einmal zusammenreißen!‹ dachte ich und rannte los. Irgendwo in den Schnee hinein, den Berg rauf. Mein Jackett störte mich, ich zog es aus, hängte es über einen Busch. Ich sah es nie wieder.

Nach einer Weile kehrten die Lebensgeister wieder zurück. Ich kehrte um, suchte den Weg zu den Kameraden. Einer hatte Streichhölzer. Unter der Bordmütze waren sie zum Glück trocken geblieben. Wir machten Feuer, trockneten unsere Sachen. Ich ging auf die Suche nach den anderen Gruppen. Immer rund hundert Mann standen um ein Feuer. Viele gänzlich gebrochen und erschöpft, viele verwundet und dennoch bereits verbunden. Die Schiffsärzte eilten von Gruppe zu Gruppe und halfen, so gut sie konnten.

In einer Gruppe stand der General des Heeres mit dem General der Luftwaffe. Beide waren in voller Uniform an Land geschwommen, sogar ein Ledermantel wurde gerettet. Ein Soldat hatte ihn vor dem Aussteigen zusammengebunden und kaltblütig vor sich durchs Wasser getrieben. Nur die Ärmel fehlten inzwischen. Sie waren schnell zu Schuhwerk umgearbeitet worden. Der General des Heeres machte Pläne, wie er die Festung von hinten doch noch einnehmen könnte. Mit einigen Männern bestieg er ein Boot und ruderte los. Da die Festung jedoch im schweren Geschütz-Feuer unserer anderen Schiffe lag, mußten sie wieder umkehren.

Bei einem Feuer in einer kleinen Schlucht standen der Kommandant und einige andere Offiziere. WOLDAG fragte: ›Was nun, wieviele sind gerettet?‹ Es mochten an die tausend Mann sein, die es lebend ans Ufer geschafft hatten. Ein längeres Verweilen war aber nicht ratsam. Die Sonne schien zwar klar und hell, aber der kalte Wind ließ uns alle immer wieder erschaudern.

Auf einmal brummten deutsche Flugzeuge über uns am Himmel. Einige Maschinen umkreisten die Untergangsstelle. Dann flogen sie weiter nach Oslo, um die erwarteten Landetruppen abzusetzen. Von der Festungs Oscarsborg feuerten die Geschütze. Doch sie trafen nicht.

Irgend jemand zeigte nach oben. Wir sahen Stahlhelme hinter den Felsen. Köpfe tauchten auf, Gewehre wurden sichtbar. Vorsichtig näherten sich norwegische Soldaten in blauen Uniformen mit weißen Streifen an den Hosen. Ein Offizier stieg auf einen Felsen, winkte herunter und rief in gebrochenem Deutsch: ›Meine Herren, kommen Sie mit mir. Ein Kilometer von hier ist ein großes Haus. Ich führe Sie hin.‹ Dem Admiral wurde Meldung gemacht, Verhandlungen folgten, eine Gefangennahme kam nicht in Betracht. Der Offizier war einverstanden. Der Weitermarsch wurde angetreten.

Steil ging ein schmaler Weg in die Höhe. Mühsam kletterte einer nach dem anderen vorwärts. Wir rutschten im Schnee aus, glitten über vereiste Stellen hinweg, halfen uns aber gegenseitig immer wieder auf die Beine. Die Norweger waren höflich und zuvorkommend. Ihre Zigaretten hatten sie den ersten von uns schon gegeben. Der Weg nahm keine Ende. Es ging bergauf und bergab. Dann kam ein großer Bauernhof in Sicht. Hunderte von Soldaten suchten hier Schutz. Das war unmöglich. Und so mußten viele noch eine Nacht ohne Dach über dem Kopf und ohne Verpflegung durchstehen.

Der Bauer mit seiner Familie bewohnte den oberen Stock und wurde nicht belästigt. Eine Scheune und ein großer Schuppen reichten gerade aus, um die Fußkranken und leichtverletzten Kameraden vor der grimmigen Kälte zu schützen. In der ›guten Stube‹ hatte der Arzt sein Revier aufgeschlagen und behandelte die Frostgeschädigten. Der eiserne Ofen wurde durch reichlich Torfzufuhr zum Rotglühen gebracht. Auf der Treppe lösten sich die Männer ab, um etwas im Sitzen ausruhen zu können. Die meisten standen oder liefen draußen im Freien herum und versuchten, sich durch Bewegung gegen die Kälte zu schützen. Mitten in der Nacht gab es pro Kopf eine warme Kartoffel, sogar mit etwas Salz. Köstlich! Danach döste alles wieder vor sich hin.

Am nächsten Morgen kam ein Postauto vorgefahren. Es holte die norwegische Bewachung auf Befehl der vorgesetzten Dienststelle in Oslo ab. Wir erfuhren: Die Stadt war genommen, der König und die Regierung nach Norden ins Landesinnere geflohen. Die übrigen Schiffe unseres Verbandes waren durchgestoßen und hatten zusammen mit der Luftwaffe ihre Aufgabe erfüllt. Wir waren den Engländern zuvorgekommen. Kommandant, Erster Offizier und die Verbandsleitung berieten, wie wir uns aus unserer mißlichen Lage befreien konnten. Ein Vorkommando wurde mit dem Bus nach Oslo geschickt, um Hilfe, Schuhputzzeug und Verpflegung zu holen.

Zwei Stunden später kam der Autobus zurück. Der Abtransport wurde organisiert. Es ging elend langsam voran. Wir rechneten aus: Alle zwei Stunden 25 Mann — das konnte dauern, bei 1000 Soldaten... Dann wurde bekannt: Fünf weitere große Busse sind im Anmarsch. Alles machte sich bereit zum Einsteigen. Doch kein Fahrzeug kam. Der erste Bus war auf den engen Waldwegen umgestürzt, versperrte den Weg für die anderen. Aus Oslo mußte erst ein Kranwagen geholt werden, um den umgefallenen Wagen wieder flott zu kriegen. Dafür gab es wenigstens schon mal etwas zu essen. Je zwei Mann bekamen eine eiserne Portion. Dazu gab's ein Glas Milch.

Endlich war der Weg frei, der Abtransport begann. Wir konnten noch gar nicht fassen, daß die Leiden des Schiffbruchs nun zu Ende gehen sollten. Die Fahrt ging durch verschneite Wälder, an Felsen und langgestreckten Seen vorbei, dann zuletzt den Fjord entlang, Oslo entgegen.«

***

Der Erste Artillerie-Offizier, Korvettenkapitän Kurt-Eduard Engelmann (am 15. März 1943 als Kommandant auf *U 163* gefallen) stellte fest: »Für den gesamten Einsatz der Artillerie war von der Verbandsführung befohlen worden, daß Feuer erst eröffnet werden durfte, wenn klar erkannt war, daß wir scharf beschossen würden. Gegen leuchtende Scheinwerfer sollten unsere Scheinwerfer gegenanleuchten. Auf einzelne Warnschüsse feindlicher Batterien sollte kein Waffeneinsatz erfolgen. Aus diesem Befehl schloß ich, daß mit einem organisierten feindlichen Angriff nicht gerechnet wurde. Der Kommandant hatte sich die Feuer-Erlaubnis ausdrücklich vorbehalten. Deshalb ordnete ich an, daß die Türme erst auf meinen besonderen Befehl geladen werden sollten.
Als *Blücher* zum erstenmal von Küstenbefestigungen angeleuchtet wurde, ließ ich die Türme laden und sichern. Ich hatte ein Skizze bei mir, in die die Lage der Batterien und unsere Position bei 12 Seemeilen Fahrt von Minute zu Minute eingetragen war. Ziele waren nicht zu erkennen. Um 5.19 Uhr erfolgte eine sehr heftige Detonation im Vormars. Fast gleichzeitig kam von der Brücke der Befehl: ›Feuer eröffnen!‹
Meine Frage nach der Zielrichtung wurde nicht beantwortet. Ich ging kurz aus dem Vormars heraus, um mir eine bessere Übersicht zu verschaffen und um zu sehen, ob ich vielleicht besser vom achteren Stand aus leiten konnte. Hierbei stellte ich starke Personalausfälle auf dem Fla-Einsatzstand fest. Ferner, daß das Mittelschiff brannte und vom achteren Stand keine Sicht war. Durch das Leiter-Telefon kamen nur Störungsmeldungen von den Türmen.
Ich ging noch einmal auf den Fla-Einsatzstand und stellte fest, daß schwere und leichte Flak lebhaft, aber ohne militärische Ziele feuerten. Da der Vormars-Stand von unten im Innern stark verqualmt war, gab ich zur Brücke durch: ›Vormars muß verlassen werden‹. Das Personal setzte ich zum Abtransport der Verwundeten an, der unter dauernden Detonationen an Deck außen am Vormars erfolgen mußte. Kurz nach einer starken Detonation an Backbord in Höhe vom Schornstein kam von der Schiffsführung der Befehl: ›Alle Mann zum Feuerlöschen!‹ Auf dem Vormars blieben nur noch vier Mann zum Verwundeten-Transport, der unter vorbildlichem Einsatz von Assistenzarzt Dr. Hinrichsen und Leutnant zur See Harlfinger weiter durchgeführt wurde. Ich selbst hangelte mich am Vormars herunter.

Vom Kommandanten gab ich noch den Befehl zum Fluten der Turmmunitionskammern weiter. Weil der Befehl nach achtern nicht mehr durchzubekommen war, kletterte ich bei starker Schlagseite noch in Turm A. Im Licht meiner Taschenlampe erkannte ich von der Maschinenplattform Wasser im Kartuschbeladeraum. Meine Annahme, der Turm sei richtig geflutet worden, war jedoch falsch. Ich habe dann noch an Deck Bereitschaftsmunition außenbords werfen lassen, um die vorn zusammengedrängte Mannschaft nicht noch mehr zu gefährden. Als *Blücher* kenterte, verließen Admiral, Kommandant, Erster Offizier, der nautische Offizier und ich als letzte das Schiff. An Land berichtete man mir, daß der Mechaniker-Gefreite SCHUPP fast 100 Soldaten aus dem Wasser gezogen hatte. Die Männer hätten das Festland ohne ihn nicht mehr erreicht.«

***

Der 3. Artillerie-Offizier, Kapitänleutnant HAGENA, befand sich zusammen mit Korvettenkapitän ENGELMANN im Vormars: »Gleich nach der ersten 28-cm-Granate von der Festung Oscarsborg wurde der Mast unmittelbar unterhalb der Plattform des Haupt-Fla-Einsatzstandes getroffen. Es gab Tote und Schwerverletzte. Bei der ersten Kampfhandlung fielen die Zielgeber aus. Wir konnten nicht mehr feststellen, von wo wir überhaupt beschossen wurden. Aus diesem Grund wurde das Feuer von der schweren Artillerie auch nicht erwidert. Dann folgten eine Reihe allerschwerster Stöße und Erschütterungen. Bei dem Befehl: ›Halt, Batterie halt!‹ verließen wir den Vormars. Ich stellte fest, daß das Personal des Haupt-Fla-Einsatzstandes fast vollzählig ausgefallen war. Das Schiff brannte an der Backbord-Seite vorn und achtern. Außerdem stand die Flugzeughalle in Flammen. Ich half mit anderen gesunden Soldaten bei der ersten Versorgung der Schwerverletzten auf dem Fla-Einsatzstand.

Anschließend fierten wir die Leute mit Transporthängematten nach unten, da die Niedergänge nicht mehr benutzt werden konnten. Erst eine halbe Stunde danach kam ich vom Vormars herunter ans Oberdeck. Ich seilte mich ab und half, Holz und andere schwimmbare Gegenstände zur Rettung der Soldaten herbeizuschaffen. Von oben sah ich, daß das ganze Mittelschiff zwischen den vorderen und achteren Türmen brannte. Die Besatzung und die anderen eingeschifften Verbände des Heeres hielten sich auf der Back und Schanze auf. Viele waren auch bereits ins Wasser gesprungen und versuchten, schwimmend das Land zu erreichen. Es entzog sich meiner Kenntnis, ob hierzu die Erlaubnis der Schiffsführung vorlag. Sicher war, daß der Kommandant erst lange Zeit später den Befehl zum Verlassen des Schiffes gab. Denn ich selbst gehörte zu der Gruppe von Soldaten (etwa sechs bis acht Offiziere und einige Mannschaften), die gemeinsam mit dem Kommandanten wenige Minuten vor dem Untergang das Schiff verließen.

Für die Rettung der Besatzung stand nur der schwer beschädigte Steuerbord-Kutter zur Verfügung. Alle anderen Beiboote waren zerschossen oder brannten. Von den vorhandenen Rettungsinseln sah ich keine in Betrieb. Die meisten waren ebenfalls verbrannt, einige andere funktionierten nicht infolge unsachgemäßer Bedienung durch Heeres-Angehörige. Hierzu meldete mir Oberstückmeister WALDECK: ›Ich sah, wie Heeres-Soldaten — auch Offiziere — sich der ihnen unbekannten Rettungsinseln bemächtigten und diese ins Wasser warfen. Aber anstatt abzuwarten, bis die Inseln durch Bildung genügender Auftriebsgase tragfähig wurden, stiegen die Männer zu früh ein und versanken.‹

Schwimmwesten standen nur in ganz geringem Maße zur Verfügung. Ich erinnere mich genau daran, daß ich vor dem Auslaufen aus Deutschland für meine Division etwa zehn Prozent Schwimmwesten erhalten hatte — mit dem Befehl, die Westen an Soldaten zu verteilen, die sich in den Munitionskammern oder sonst unter dem Panzerdeck befanden.

Nach dem Befehl des Kommandanten zum Verlassen des Schiffes und als jede Aussicht auf Rettung des Kreuzers vorbei war, sprang ich mit anderen Soldaten gemeinsam von der Back ins Wasser und schwamm an Land. Ich war später als Gräber-Offizier im Einsatz. Bei der Bergung der Toten stellte ich fest, daß viele eine Schwimmweste trugen. Deshalb nahm ich an: Wer ohne jedes Hilfsmittel schwamm, benötigte für die Strecke rund 20 Minuten. Ich selbst war nach dieser Zeit im eiskalten Wasser so verklammt und geschwächt, daß ich am Ufer fast noch ertrunken wäre. Wer aber nun eine Schwimmweste benutzte, schwamm damit erheblich langsamer und war gut die doppelte Zeit im Wasser. Deshalb trat bei den meisten wahrscheinlich Erstarrung oder Herzschlag ein.

Abschließend kann ich noch melden: An Bord wurde alles getan, um die noch vorhandenen Holz-Grätings, Spillspaken oder sonstigen schwimmenden Gegenstände zusammenzubinden, soweit dies noch möglich war. Dabei wurde kein Unterschied zwischen Soldaten vom Heer oder der Marine gemacht. Einige Tage nach dem Untergang sprach ich in Oslo mit meinem damaligen Ersten Offizier, Fregattenkapitän ERICH HEYMANN. Er erklärte mir, warum nicht genug Schwimmwesten vorhanden waren. Der Grund: »*Blücher* befand sich Anfang April noch im Ausbildungszustand. Das Schiff sollte frühestens Ende Mai in die Nordsee gehen.

Als *Blücher* trotzdem kurzfristig an der Norwegen-Operation teilnehmen sollte und zum Zweck der Ausrüstung Swinemünde anlief, stand die Schiffsführung vor der Frage, schnell irgendwoher Schwimmwesten zu besorgen, damit aber unter Umständen die Geheimhaltung des geplanten Unternehmens zu gefährden. So wurde auf zusätzliche Rettungsmittel verzichtet. Dadurch hatten nur die wenigsten Schwimmwesten, und viele Soldaten mußten ertrinken.« In diesem Punkt widersprach HAGENA allerdings bereits seinen Ausführungen hinsichtlich der Überlebenschancen im eiskalten Wasser ohne Schwimmwesten.

Der artillerietechnische Offizier, Oberleutnant zur See MARKWORTH, hielt sich bei Annäherung an die Dröbak-Enge im vorderen Stand auf: »Genau voraus war eine Lichtsperre über dem Fjord. An Steuerbord voraus lag ein Bewachungsfahrzeug. Da die Türme aber Begrenzung meldeten, konnte das Ziel nicht erfaßt werden. Zur gleichen Zeit startete im Scheinwerferkegel der Lichtsperre ein Wasserfahrzeug. Ziele an Land, Befestigungsanlagen usw. konnten nicht ausgemacht werden. Die Küste war in Dunst gehüllt. Dadurch gab die Scheinwerferbeleuchtung ein zerstreutes Licht. Ein Beobachten war unmöglich.
Als der Bug der *Blücher* die Scheinwerfersperre erreicht hatte, erfolgten kurz hintereinander mehrere starke Detonationen, begleitet von heftigen Erschütterungen. Die Türme meldeten Stromausfall, die achtere Schaltstelle Wassereinbruch. An Deck breitete sich sehr schnell ein Großfeuer aus. Zur Rettung der Soldaten konnten nur zwei Kutter zu Wasser gelassen werden. Diese Tatsache mag den Kommandanten zu dem Versuch bewogen haben, das Schiff auf der Dröbak-Seite auf Strand zu setzen, um die Heerestruppen über das Heck auszuschiffen. Wodurch dieses Manöver mißlang, kann ich nicht sagen. Jedenfalls waren für die eingeschifften Truppen nicht genug Schwimmwesten vorhanden. Die Besatzung gab ihre ohne besonderen Befehl an die Infanteristen ab. Kurz vor dem Kentern sprang ich mit mehreren Soldaten meiner Division vom Vorschiff über Bord. Alle Männer erreichten das Land.«

***

E-Meßoffizier, Kapitänleutnant KNAPPE, meldete: »Der Artillerie-Treffer hatte keinerlei Wirkung auf die Anlage. Erst der Unterwasser-Treffer verursachte den Ausfall des De-Te-Gerätes (damalige Geheim-Bezeichnung für das neue deutsche Radar an Bord) und eine starke Dejustierung des Vormars-Empfängers. Die übrige Anlage war noch klar, der Verbindungsweg über E-Meßtelefon blieb erhalten. Anschließend wurde bei den verschiedenen Ständen Parole angefordert, die Spannung nahm aber schnell ab, bis die Verbindung ganz einging. Eine Verbindung über andere Telefon-Anlagen war nicht mehr möglich, auch dort war der Strom ausgefallen. Die Stationen wurden verlassen auf den Befehl: ›Alle Mann an Deck zum Feuerlöschen!‹.«

***

Oberfähnrich JOSEF POSTEN war in der Artillerie-Hauptschaltstelle auf Gefechtsstation: »Da die Artillerie-Hauptschaltstelle nicht direkt in Mitleidenschaft gezogen wurde, waren keine besonderen Ereignisse zu vermelden. Nach der schweren Detonation im Achterschiff fielen nach und nach Gleich- und Wechselstrom aus. Nach einer weiteren Detonation drang starker Qualm in den Umformerraum (Abteilung X. Backbord). Das Schott zur Hauptschaltstelle mußte geschlossen werden. Alle Soldaten blieben auf dem Posten. Ein Mann wurde als Läufer fortgeschickt. Nach dem Befehl, alle Räume zu verlassen, machte ich noch einen kurzen Gang durch die Hauptschalt- und Rechenstelle, konnte aber keine besonderen Schäden oder Wassereinbruch feststellen. Als letzter verließ ich den Raum durch den Notausgang. Am Ende im Lüftermotorenraum in Abteilung X war dichter Qualm. Von dort gelangte ich ans Oberdeck.«

***

Oberbootsmannsmaat ONNEN war in Turm A auf Gefechtsstation: »Zu Beginn des Gefechts, etwa um 5.30 Uhr, hatte Turm A ›Tiefensenkung‹, konnte deshalb nicht schießen. Diese Meldung kam von der Nr. 1, Bootsmann HORN. Ob Turm B, C und D schossen, konnte ich als Nr. 2 nicht merken, da es überall knallte. Nach einer Erschütterung im Vorschiff, fielen der H.W. und R.W. erst nur kurz und dann endgültig aus. Das Schwenkwerk blieb nach einer vorübergehenden Störung klar. Bei der nächsten Erschütterung fiel der Strom und damit Turm A aus. Das Schiff neigte sich sehr stark nach Backbord. Auf Befehl vom Oberstückmeister verließen wir Turm A.«

***

Oberfeuerwerksmaat FRAATZ war ebenfalls für Turm A eingeteilt: »Nach der schweren Erschütterung wurden plötzlich alle Munitionskammern in Abteilung XI ohne meine Anforderung geflutet. Da ich keine Brandgefahr bemerkte und auch keine Wände in den Kammern warm wurden, befahl ich sofort: ›Flutventile schließen!‹ Ich hatte den Leckpostendienst um zwei Uhr übernommen. Mein Vorgänger war als Bootsheizer für das Landungskorps eingeteilt worden. Durch das Fluten drang Wasser ungefähr 20 cm hoch in die Kammern ein.
Ich meldete an die Leckzentrale V, daß Turm A nicht geflutet werden mußte und ich die Ventile wieder habe schließen lassen. Zugleich forderte ich Entwässerung an, die auch sofort angestellt wurde. Dabei stellte ich aber fest, daß in den Kammern XI/8,3 und X/8,5 Wasser durch die Entwässerungsventile in die Kammern gedrückt wurde. In den übrigen Räumen fiel der Wasserstand ungefähr um fünf bis zehn Zentimeter. Die Munitionskammern blieben gefechtsklar.
Nach der ersten Erschütterung fiel das Licht aus. Die Munitionsförderung wurde davon aber nicht beeinflußt. Mit dem Befehl ›Klar Schiff‹ ging die Notbeleuchtung an. Bis dahin hatten die unteren Plattformen alle Befehle durch die Lautsprecher mitgehört. Doch die Anlage versagte auch. Ich ging durch den Turm zur Geschützplattform zum Oberstückmeister DIERINGER (er starb noch am 9. April 1940), um

mich zu informieren. Ich bekam nur die Auskunft, daß wir einen Treffer erhalten hatten. Weil ich keine Verbindung mit der Geschützplattform bekam, schickte ich sofort den Matrosen-Obergefreiten FAHRION noch oben. Er sollte Befehle für die untere Plattform holen. Doch die Geschützplattform hatte den Turm schon verlassen.
Der Oberstückmeister befahl ›Alle raus‹. Schnell ließ ich noch alle Kartuschbüchsen schließen, um einer Brandgefahr vorzubeugen und die Munition klar zu behalten. Ich bat die Leckzentrale V um Befehl, die Flutventile wieder aufdrehen zu können, bekam aber keine Antwort. Die Kammerschotten wurden fest verschlossen, die Schnellschußklappen dicht gemacht. Dann verließ die Besatzung der Beladeräume geschlossen den Turm. Obwohl wir schon große Schlagseite hatten, war die Stimmung ausgezeichnet. Da die Flutventile und die Schotten dicht sind, wird wohl in sämtlichen Kammern von Turm A kein Wasser stehen.«

***

Oberstückmeister KRÖGER war Turmführer von Turm B: »Beim Nähern der Forts fiel die Entfernung soweit, daß die Rohre von Turm B zwischen ein und drei Grad minus zeigten. Da der Turm der Seite nach voraus ragte, konnte ich nicht feuern. Wir hätten das eigene Schiff angeschossen. Danach bemerkte ich eine Erschütterung. Im Turm fiel der Strom aus. Die Hilfsspeisung wurde eingeschaltet. Beim Schwenken des Turms fiel auch noch das Notstrom-Aggregat aus. Die Munitionskammern meldeten: ›Wände werden warm!‹ Ich ließ von der Leckgruppe zunächst die Kammern fluten. Dann versuchte ich, wieder lenzen zu lassen. Inzwischen war aber die Pumpe ausgefallen. Wegen der starken Schlagseite ließ ich den Turm räumen. Danach beteiligten wir uns beim Feuerlöschen.«

***

Oberfeuerwerksmaat STEGEMANN war die Nr. 1 von der Geschoßplattform Turm B: »Nach heftigen Erschütterungen wurden sämtliche Kammern im Turm geflutet, obwohl keine Brandgefahr bestand. Dabei ließ ich sämtliche Wände der umliegenden Räume dauernd beobachten. Kaum waren die Räume in Turm B wieder gelenzt und klar zum Fördern der Munition, erfolgten zwei starke Detonationen. Das Schiff legte sich nach Backbord über. Ich ließ sofort Parole erfragen. Von der Geschützplattform rief ein von mir nach oben geschickter Soldat: ›Alle Mann von Bord!‹ Beim Öffnen des Luks im Turmumlauf schlug mir eine riesige Stichflamme entgegen. Ich verließ den Turm und meldete dem Ersten Offizier, daß sämtliche Leute Turm B geräumt hatten. Das Verhalten der jungen Bedienung war mustergültig.«

Oberstückmeister ERNST war Turmführer von Turm C: »Bootsmaat SCHEER meldete sich vom Scheinwerfer in den Turm zurück. Er bat mich, an der Feuerbekämpfung teilnehmen zu dürfen. Da er im Turm nicht benötigt wurde, entließ ich ihn. Die Turm-Bedienung verhielt sich trotz der Schräglage des Schiffes äußerst ruhig und diszipliniert. Erst auf Befehl der Rechenstelle, den Turm zu verlassen und am Löschen der Feuer teilzunehmen, gaben wir unsere Positionen auf. Vorher schwenkten wir den Turm in Zurrstellung. Bootsmaat SCHEER meldete mir: ›Das Feuer kann nicht bekämpft werden. Es ist kein Wasser da.‹
Ich befahl, Schwimmwesten anzulegen, und beorderte die Leute auf die Schanze. Feuerwerksmaat MARTIGNONI meldete mir die Geschoßplattform fest, die Notbeleuchtung gelöscht. Obermatrosen-Gefreiter PAWLIKI meldete mir: ›Kartuschenplattform fest‹. Beim Vonbordgehen waren die Leute ruhig und gefaßt.«

***

Oberstückmeister WALDECK war Turmführer von Turm D: »Der erste Treffer im Vormars hatte für die Türme keine Auswirkungen. Doch nach den nächsten Erschütterungen im Achterschiff fielen die Pumpen sowie die Turm-Fertig- und Abfeueranlage aus. Ich ging auf Hilfshöhenrichtmaschine über. Das rechte Rohr konnte kaum noch bewegt werden. Das linke Rohr war gebrauchsfähig. Ich meldete: ›Turm B linkes Rohr klar, Abfeuerung, Abzugsleine, direktes Richten.‹ Die Untersuchung über den Ausfall der Pumpen ergab: Beide Sicherungen waren durchgeschmort, die Gewinde der Sicherungsköpfe und E-Elemente zerstört. Die Störung wurde vom Turmmechanikerpersonal schnell beseitigt.
Der Übergang auf Hauptbetrieb der Höhenrichtmaschine ›Rohrkupplung ein, zwei Rohre gerichtet von links‹ ging reibungslos und exerziermäßig vor sich. Der Turm war wieder klar bis auf die Fertigmeldung und Abfeueranlage. In diesem Augenblick erfolgte die zweite Erschütterung, und sämtliche Stromzuführungen für den Turm fielen aus. Dann kam der Befehl: Alle Gefechtsstationen verlassen, Feuerlöschen!«

***

Oberfeuerwerksmaat PHILLIPP BECK gehörte zu Turm D: »Ich bemerkte heftige Erschütterungen auf der Plattform und in den Kammern. Da sie aber nicht in der Nähe des Turms zu sein schienen, nahm ich an, daß Turm D nicht in Mitleidenschaft gezogen war. Eine Weile später merkte ich eine noch stärkere Erschütterung, die Turm D aber ebenfalls verschonte. Durch die Lautsprecheranlage hörte ich, wie oben versucht wurde, die stehengebliebenen Turm-Pumpen wieder flott zu bekommen.

Kurze Zeit später erschien Oberfeuerwerker KLINGMANN und fragte, ob der Turm klar sei. Ich meldete ihm Geschoßplattform- und kammern vollkommen klar. Der Turm schwenkte in Steuerbord-Hartlage, dann kam von der Geschützplattform die Nachricht: ›Wir sind durch!‹ Die Schlagseite nahm immer mehr zu. Plötzlich kam von oben der Befehl: ›Alle Mann aus dem Schiff!‹ Der Turm wurde sehr ruhig verlassen. Als ich ans Oberdeck kam, lag *Blücher* an der Backbord-Seite bis zur Reling im Wasser.«

***

Oberfeuerwerker KLINGMANN war in den Munitionskammern auf Gefechtsstation: »Bei der ersten starken Detonation befand ich mich in Abteilung II bis IV Zwischendeck. Dort leitete ich den Munitionstransport der leichten Flak und war beim Fluten der Munitionskammern von Abteilung IV bis I beteiligt. Beim ersten Treffer wurden die 10,5-cm-Kammern nicht in Mitleidenschaft gezogen, blieben voll gefechtsklar. Kurz nach einer Erschütterung im Achterschiff in Höhe Abteilung III Steuerbord drang in die 10,5-cm-Munitionskammer IV/8,3 am Entwässerungsventil etwas Wasser ein. Zum Glück aber so wenig, daß es keine Probleme gab. Allerdings konnte für die ersten 3,7-cm-Geschütze keine Munition gefördert werden, da kein Personal zur Verfügung stand.

Nach der schweren Detonation an Backbord wollte ich zur Abteilung VII, um dort nach der 10,5-cm- und 3,7-cm-Kammer VII/8,2 zu sehen. Das war nicht mehr möglich. In dem Raum nahe der Munitionskammer gingen Handgranaten von Infanteriesoldaten los. Am Oberdeck räumten Munitionsmänner Trümmer weg. Ich sah, daß 10,5-cm-Bereitschaftsspinde für das Steuerbord II/10,5-cm-Geschütz in der Nähe der brennenden Flugzeughalle standen. Die Munition dafür ließ ich über Bord werfen.«

***

Feuerwerksmaat GILLIS — auf Gefechtsstation in den Munitionskammern — meldete: »Nach der ersten schweren Erschütterung hatte ich das Gefühl, als ob unser Schiff einen Meter nach Steuerbord versetzte. Ich sagte noch zu meinen Munitionsmännern: ›Da haben wir eine Breitseite mit der Schweren Artillerie geschossen.‹ Zwei bis vier Minuten später gab es wieder eine Erschütterung. Wir wurden alle an Deck geworfen. Rauch und Feuer drang durch die Förderschächte der Hilfsaufzüge. Ich versuchte, Verbindung mit dem Backbord I 10,5-cm-Geschütz zu bekommen — vergebens.

Das Feuer griff um sich, und es bestand Gefahr, daß die Kammer in die Luft fliegt. Ich ließ von einigen Soldaten das Luk öffnen. Es ging sehr schwer, da das Deck über der Kammer brannte und alles auf das Luk gefallen war. Dann gab ich den Munitionsmännern Befehl, Verwundete aus dem Zwischendeck Abteilung II zu

bergen und zum Gefechtsverbandplatz zu schaffen. Ich arbeitete mich durch zur Steuerbord-Seite und meldete dem Leckgruppenführer, daß die Munitionskammer IX/8.2 wegen Feuergefahr geflutet werden mußte. Nachdem ich mit einem Maschinenmaaten den Gruppenschieber geöffnet hatte, ging ich in die Munitionskammer IX/8.1.
Der Raum war durch das Fluten schon bis zu 20 cm vollgelaufen. Ich schloß den Flutschieber, um die Kammer gefechtsklar zu halten. Als die Beleuchtung ausfiel und die Verbindung zu den Munitonskammern aus Abteilung IV abriß, zündete ich die Notbeleuchtung an. Nach kurzer Zeit kam der Befehl vom Geschütz durchs Sprachrohr: ›Alle Mann an Deck‹.«

***

Bootsmannsmaat SCHEERENS berichtete: »Ich war Richtnummer am Backbord Zek im Fla-Einsatzstand, als eine größere Detonation mit Splitter- und Rauchentwicklung erfolgte. Nachdem die Toten und Verletzten beiseite geschafft waren, stellte ich fest, daß eine Granate den vorderen Scheinwerferstand getroffen und die Plattform des Flakeinsatzstandes durchschlagen hatte.
Als das Schiff mit der Backbord-Seite schon tief im Wasser lag, bemerkte ich bei einem kurzen Gang, daß die Bordwand in Höhe des Backbord vorderen Torpedo-Rohreinsatzes durch ein sehr großes Loch aufgerissen war. Ein Teil der Außenwand stand nach Backbord quer ab. Außerdem klaffte im Oberdeck an der gleichen Stelle ein weiteres großes Loch. Von dort konnte man in das Batteriedeck hineinsehen, das bereits voll Wasser gelaufen war. Bevor ich von Bord ging, holte ich noch mehrere Heeresangehörige unter Deck raus.«

***

Leutnant zur See HARLFINGER war im Flak-Leitstand A auf Gefechtsstation: »Als der erste Schuß an Bord einschlug und die Verbindung mit dem Vormars abschnitt, bat ich die Batterie um Feuererlaubnis. Nach vergeblichen Versuchen, Verbindung zu bekommen, verließen wir über Oberluk und Signaldeck den Leitstand. Dabei stellten wir den Ausfall der Rechenstelle und Kanone fest. Insgesamt fielen etwa 60 Schuß.«

***

Leutnant zur See BERTELSMANN war im Flak-Leitstand B auf Gefechtsstation: »Der erste Schuß der Landbatterie traf den Vormars über mir. Ich kam bis zur Zielansprache und befahl Salventakt. Mit dem Treffer im Vormars fiel die Verbindung mit dem Haupt-Flak-Einsatzstand, der Rechenstelle und dem Geschütz aus. Ich befahl der Bedienung, sich unten im Stand aufzuhalten. Während des Abstiegs wurde der Stand schwer erschüttert durch Treffer an der Backbord-Seite. Die Bedienung verließ den Stand mit Gasmasken, da starker Rauch das Deck einhüllte.«

***

Oberleutnant zur See KÜHN befand sich während des Gefechts im Flak-Leitstand C: »Plötzlich geriet der Stand in starke Erschütterungen. Das Schiff neigte sich sofort leicht nach Backbord. Der Stand ließ sich nicht mehr schwenken. Ich befahl der Batterie, auf selbst erkannte Ziele zu schießen. Zum Haupt-Fla-Einsatzstand bekam ich keine Verbindung. Dann fiel im Stand der Strom aus. Ich ließ Bootsmaat KIRCHHOFF ein Telefon umnehmen und begab mich in die Batterie. Vorkante Kombüse hatte ein Treffer eingeschlagen, der Munitionsbereitschaftsspind war aus seinen Halterungen herausgerissen.
Da die Flugzeughalle stark brannte, ließ ich die Munition Vorkante Offiziersmesse schaffen. Nach einer schweren Detonation in der Flugzeughalle mit starker Rauchentwicklung befahl ich über Telefon: ›Stand und Rechenstelle räumen!‹
Die Munition vom Steuerbord III 10,5-cm-Geschütz wurde Achterkante Aufbaudeck gemannt. Auf dem achteren Aufbaudeck und auf der Schanz wurden die Rettungsinseln zu Wasser gebracht. Hängematten vom achteren Stand und Baljen ließ ich achteraus schaffen. Den Soldaten des Heeres wurde befohlen, ihre Ausrüstungsgegenstände abzulegen. Als das Schiff etwa 45 Grad krängte, wurde vom Rollen-Offizier der Befehl zum Aussteigen gegeben.«

***

Oberfeldwebel FINSELBERGER war auf Gefechtsstation im Flak-Einsatzstand D: »Ein Befehl zum Laden der Geschütze war nicht gegeben worden, weil mit Zeitzünder geschossen werden sollte. Bei der ersten Salve fiel der Strom für kurze Zeit aus, kam aber sofort wieder. Das Telefon funktionierte zunächst noch, später meldeten sich die Geschütze nicht mehr. Das lag vor allem daran, daß bei den einzelnen Treffern die Telefone den Befehlsübermittlern förmlich vom Kopf gerissen wurden. Auf Anruf erfuhr ich von der Schaltstelle, daß das Backbord III-Geschütz ausgefallen und die Bedienung des II. Geschützes bei der Feuerbekämpfung in der Flugzeughalle war. Ich befahl: ›Stand räumen, Personal zur Sammelstelle!‹ Beim Betreten des Mitteldecks erfolgte eine Detonation an Steuerbord bzw. mittschiffs — die Fliegerbomben waren explodiert. Wir mußten Deckung vor dem Splitter-Regen nehmen. Dann hieß es: ›Alle Mann nach achtern!‹ Dort liefen die Vorbereitungen zum Verlassen des Kreuzers.«

Bootsmann WALTER BOLEY aus Grötzingen war auf Gefechtsstation in der vorderen Fla-Rechenstelle: »Eine ferne Detonation erschütterte das Schiff. Die Verbindung mit dem Fla-Einsatzstand riß ab. Nach der zweiten Detonation bekam *Blücher* starke Schlagseite, der Strom blieb weg. Da auch durchs Verkehrstelefon keine Verbindung mehr zu den Leitständen zu bekommen war, schickte Bootsmann BOMBERG einen Läufer los. Doch der Soldat gelangte wegen zu starker Rauchentwicklung im Batteriedeck ohne Gasmaske nicht an das Oberdeck. Erst der zweite Versuch glückte.

Nach Rückkehr brachte der Mann die Meldung: ›Von Oberleutnant CARLÉ, Rechenstelle verlassen!‹ Meine Bedienung sammelte sich auf der Steuerbord-Achterback und beteiligte sich am Bergen und Überbordwerfen der Munition, da das Feuer von der Flugzeughalle bereits auf das Vorschiff übergriff. Danach bargen wir die vom Vormars heruntertransportierten Verwundeten. Nach der Ansprache des Kommandanten und drei Hurras auf unser sinkendes Schiff verließen wir auf Befehl ›Alle Mann außenbords‹ den Schweren Kreuzer. Das war ungefähr um 7.25 Uhr — diese Zeit zeigte meine stehengebliebene Uhr an.«

***

Auch Bootsmann BOMBERG war in der vorderen Fla-Rechenstelle auf Gefechtsstation: »Unser Schiff wurde von einer Detonation erschüttert. Ich glaubte zunächst, daß unsere schwere Artillerie das Feuer eröffnet hatte. Einige Minuten später erfolgte eine noch heftigere Erschütterung. Trotz der eintretenden Schlagseite ließ sich die Bedienung nicht von ihren Aufgaben abbringen. Ich schickte einen Läufer zum Stand A, weil die Verbindung abgebrochen war. Er meldete mir, daß der Haupt-Fla-Einsatzstand ausgefallen und der Zweite Artillerie-Offizier tot war.

Vom Batterie-Offizier kam der Befehl, die Rechenstelle zu verlassen. Alles war in dichten Rauch gehüllt. Das Verhalten und Arbeiten der Bedienung war ruhig, sachlich und sehr gut. Von Nervosität keine Spur, jeder blieb an seiner Stelle, bis der Aufenthalt in der Rechenstelle unerträglich wurde und der Befehl: ›Alle ans Oberdeck!‹ kam. Keiner war besonders hervorzuheben. Alle bewiesen vorbildlich ihren Soldaten- und Seemannsgeist.«

***

Oberfähnrich ZYWIETZ befand sich gerade auf dem Weg zur vorderen Fla-Rechenstelle, als das Schiff den ersten Treffer erhielt. »Dort angekommen, sah ich, daß es keine Verbindung mehr zum Fla-Einsatzstand B gab. Auch der Draht zum Haupt-Fla-Einsatzstand war unterbrochen. Nur der Fla-Einsatzstand A meldete sich noch. In der Zwischenzeit fiel der Strom aus. Kurz darauf bemerkten wir eine schwere Erschütterung. Das Schiff bekam Schlagseite, die nach einer weiteren Erschütterung noch größer wurde. Dann kam der Befehl, Abteilung X zu verlassen. Soweit ich übersehen konnte, gelangten alle Mann aus der Rechenstelle an das Oberdeck.«

***

Bootsmann FAHNEN war auf Gefechtstation in der achteren Fla-Rechenstelle: »Die Gefechtsstation war bis 6.30 Uhr klar. Als sich vom Stand C keiner mehr meldete, ging ich durch den Notausgang hin, stellte fest, daß er unklar war. Auf Befehl von Oberleutnant zur See KÜHN wurden der Stand und die achtere Fla-Rechenstelle geräumt. Alle Soldaten verließen durch den Notausgang und Niedergang die achtere Fla-Rechenstelle. Danach wurden die Schotten dicht gemacht.«

***

Bootsmannsmaat GERBER gehörte ebenfalls zur achteren Fla-Rechenstelle: »Nachdem der erste Schuß des Gegners gefallen war, gab die Rechenstelle laufend Salventakt — bis der Strom ausfiel. Bei den Unterwassertreffern war die Erschütterung so stark, daß die Regs hochsprangen. Gleichzeitig fiel der Strom aus. Beide Bedienungen hielten die Rechenstellen dann so lange besetzt, bis vom Stand C der Befehl kam: ›Rechenstellen räumen!‹ Die Lüfter wurden geschlossen, wir verließen die Rechenstelle durch den Notausgang.
Ich kontrollierte, daß sämtliche Luken wieder geschlossen wurden. Die Haltung und Stimmung der Bedienungen war zu jeder Zeit mustergültig. Besonders bemerkenswert:
Der Hauptgefreite URMONEIT setzte sich anschließend beim Wegräumen der Munition in der Nähe des Brandes und beim Zu-Wasser-Bringen der Rettungsinseln tatkräftig ein. Urmoneit ging mit mir ohne Schwimmweste von Bord.«

***

Stabsmechaniker GÄRTNER kümmerte sich um die Fla-Fltg.-Anlage und die Flak-Leitstände (schwere Flak): »Nach der ersten Erschütterung bestand durch einen Kurzschluß keine Verbindung mehr zwischen der vorderen und achteren Fla-Schaltstelle (Leitung: Obermechaniker-Maat HÜBINGER) und dem Haupt-Fla-Einsatzstand. Die Sicherungsfelder der betreffenden Schaltschränke wurden nachgesehen, die durchgeschlagenen Sicherungen durch neue ersetzt.«

***

Mechanikermaat PABST meldete nach Rückkehr vom Haupt-Fla-Einsatzstand: »›Leitungen zerstört. Bedienungspersonal zum Teil verwundet.‹ Die Fla-Leitstände A und B wurden von der Bedienung verlassen. Mechanikermaat HÖSS (A) und Mechaniker-Obergefreiter WINZ fuhren beide Fla-Leitstände durch. In dieser Zeit wurde das Schiff an der Backbord-Seite schwer getroffen.
Nach einer weiteren Erschütterung ging der Zurrbolzen von Fla-Leitstand C (Bedienung: Mechaniker-Gefreiter PANSE) aus seiner Rast, und der Stand kippte um. Im Fla-Leitstand D (Bedienung: Mechaniker-Obergefreiter DITTMANN) versagte das Seitengetriebe. Auch die Kabeldurchführungen wurden undicht. In die Fla-Leitstelle drang Wasser ein. Als es immer stärker wurde, gab ich den Befehl zum Verlassen der Schalt- und Rechenstelle. Das Personal wurde zum Feuerlöschen ans Oberdeck geschickt.«

***

Oberstückmeister CLIEVES meldete: »Beim ersten Treffer wurde ich durch den Druck auf das Backbord-Seitendeck geschleudert. Wir warfen uns auf den Boden, um dem Splitter-Hagel von oben zu entgehen. Nachdem ich dort eine Weile gelegen hatte, fragte ich das Backbord III-Geschütz durch Zuruf, ob es noch klar sei. Der Geschützführer antwortete: ›Ausfall! Höhe und Seite lassen sich nicht mehr bewegen.‹ Das Backbord I-Geschütz wurde bei der Unterwasser-Detonation aus dem Pivot-Sockel gerissen und fiel aus.
Die Bedienung wurde durch den Druck vom Geschütz weggeschleudert. Die Bereitschaftsmunition wurde außenbords geworfen, weil die Lüfter neben den Spinden brannten. Die anschließende Feuerbekämpfung der brennenden Flugzeughalle blieb wegen Wassermangels und zu wenigen Minimax-Apparaten erfolglos. Wir begaben uns auf die Schanze. Ein großer Teil der Geschützbedienungen war beim Ausbringen der Rettungsinseln beteiligt. Das Verhalten der Bedienungen während des Gefechts war gut.«

***

Oberstückmeister KOSIN war an der Leichten Flak auf Gefechtsstation: »Nach dem ersten Feuerstoß beziehungsweise der ersten Salve ging eine Granate in Höhe des dritten 3,7-cm-Geschützes 10 Meter von der Bordwand entfernt ins Wasser. Sie explodierte beim Aufschlag. Sämtliche Bedienungen und ich warfen uns an Deck, bis alle Splitter gefallen waren. Ich gab den Befehl zum Weiterfeuern. Kaum standen wir wieder, kam der zweite Aufschlag an der gleichen Stelle ins Wasser. Alles wiederholte sich wie vorher. Bei der Wiederaufnahme des Feuers war das Ziel nicht mehr genau auszumachen. Es wurde in die ungefähre Richtung geschossen. Die Steuerbord-Geschütze feuerten mit Streuung, da kein genaues Ziel zu erkennen war.

Dann erschütterte eine schwere Detonation das Schiff. Ich nahm an, wir wären aufgelaufen. Erst als Sturzseen und Splitter das Schiff überschütteten, wußte ich, daß es ein Unterwassertreffer war. Die Geschütze feuerten ohne Unterbrechung weiter. Ich kümmerte mich um die Backbord-Seite, da dort die Batterie niederzukämpfen war. Die Inseln wurden systematisch von allen achteren Geschützen abgestreut. An Steuerbord gingen zwei Häuser und ein Dampfer in Flammen auf, der MG-Feuer auf unser Oberdeck abgab.
Als sich das Schiff immer weiter nach Backbord legte, befahl ich allen Bedienungen, die Schwimmwesten anzulegen. Ich stand noch beim dritten 3,7-cm-Geschütz, als im Fjord an Steuerbord achtern in ungefähr 4000 Metern Entfernung ein Wasserflugzeug aufstieg. Sofort rief ich die leichte Flak wieder an die Geschütze und befahl, das Flugzeug zu beobachten. Die Maschine verschwand hinter den Bergen und wurde nicht mehr gesehen. Ich befahl nach geraumer Zeit ›wegtreten‹, ›über Bord springen‹. Auf der Schanz half ich Soldaten vom Heer und Verwundete ausschiffen, bis ich selbst über Bord ging.«

***

Stabsmechaniker SCHROER war auf Gefechtsstation beim Flakmunitionstransport: »Eine Stunde nach Klarschiff trat am Förderwerk in den Munitionskammern 4.8.3. eine Störung auf. Eine Patrone war falsch eingesetzt worden und klemmte. Der Obermechaniker-Maat HUCK und der Mechaniker-Gefreite LISCHKE beseitigten die Störung in 1 1/2 Stunden. Das Förderwerk wurde vom Mechaniker-Personal leer durchgefahren. Beim Beladen durch die Bedienung stellte sich eine halbe Stunde später heraus, daß der Klemmbackenantrieb unklar war. Die Beseitigung der Störung wurde sofort in Angriff genommen, konnte aber nicht mehr erfolgreich abgeschlossen werden.
Nach den ersten Treffern waren die Förderwerke und Winden am Backbord I.-Geschütz zerstört. Das Steuerbord II. und Backbord III.-Geschütz sowie die Scheinwerfergruppe am Schornstein und achteren Mast fielen aus. Dann beteiligte sich das Mechaniker-Personal der mechanischen Artillerie beim Löschen des Brandes der Flugzeughalle und beim Bergen der an Deck liegenden Munition. Besonders hervorgetan hat sich der Mechaniker-Gefreite LISCHKE. Er kletterte mit seinem Feuerlösch-Schlauch auf die brennende Flugzeughalle, um die Flammen wirksamer zu bekämpfen.«

***

Bootsmann WIEDERSICH befand sich ab 24 Uhr auf der Brücke: »Gegen 5 Uhr leuchteten starke Scheinwerfer voraus. Kurz darauf blitzte es unterhalb eines grellen, rund 500 Meter entfernten Scheinwerfers auf, der Einschlag war hinter dem

Vormars. Die Brücke wurde mit Splittern übersät. Gleichzeitig sah ich das zweite Mündungsfeuer an Backbord. Ich nahm Deckung hinter dem Stand der Backbord-Zielsäule.
Der Schuß traf die Flugzeughalle, die sofort lichterloh brannte. Wenig später gab es mehrere schwere Erschütterungen. Ich sprang auf das Podest am Leuchtsignalgeber, um über die Backbord-Brückennock zu sehen. Dabei stellte ich fest, daß die Backbord-Seite unterhalb der Backbord I.-Flak weit aufgerissen und seitlich aufgeklappt war. Flammen und starker Rauch schlugen aus der Öffnung.
Ich begab mich auf das Steuerbord-Oberdeck und half, Munitionskisten aus der Nähe der brennenden Flugzeughalle zu schaffen. Anschließend ließ ich mich auf dem achteren Gefechtsverbandsplatz vom Oberstabsarzt verbinden. Gegen 6.30 Uhr ging ich in meine Kammer auf dem Batterie-Deck 35. Hier stellte ich fest, daß der Steuerbord-Gang bis zur Rollenschreibstube voll von Soldaten stand. Ich rief laut: ›Waffen und Gerät ablegen, alle Mann von Bord.‹ Ruhig und geordnet begaben sich alle an das Oberdeck. Ich verließ um 7.04 Uhr das Schiff.«

***

Obermechaniker Bense meldete: »Ich war auf Gefechtsstation in der Torpedo-Rechenstelle. Um 5.25 Uhr bemerkten wir eine starke Erschütterung. Auf Anfrage an die Leitung bekamen wir zur Antwort: ›Wir werden beschossen, die schießen wie die Wilden!‹ Kurze Zeit darauf gab es eine weitere starke Erschütterung. Die Beleuchtung und der 220 V Wechselstrom fiel aus. Die Abfeueranlage zum Backbord achteren Rohrsatz wurde unklar. Mit den Rohrsätzen bestand keine Verbindung mehr.
Der vordere Stand meldete: ›Der Torpedo-Arbeitsraum ist in die Luft geflogen!‹ Das Schiff legte sich nach Backbord, wenig später wurde geankert. Als ich an Deck kam, hatte ich nicht den Eindruck, daß das Schiff schon verloren war. Dann wurde die Neigung immer größer. Wir verließen die Rechenstelle, nahmen alle Zeichnungen mit und vernichteten die Papiere. An Backbord wurden Pistolen versenkt. Der vordere Rohrsatz war verschwunden. Nach der Ansprache des Kommandanten verließ ich das Schiff.«

***

Oberfähnrich zur See Zorn hatte das Kommando über die Torpedo-Rechenstelle: »Nach dem ersten Unterwassertreffer fielen die Rechengeräte aus, da kein Strom vorhanden war. Nur die Notbeleuchtung (24 Volt) war noch klar. Ein Mann sollte feststellen, ob die Fla-Rechenstelle noch besetzt sei. Als jedoch das Schott der Rechenstelle geöffnet wurde, drang starker Rauch ein.

Ich ließ sofort Gasmasken aufsetzen. Dann stellte ich fest, daß Fla- und Artillerie-Rechenstelle verlassen waren. Darauf holte ich mit dem Mechanikermaat GUSERMANN und dem Mechaniker-Gefreiten KLEINBAUER die Geheimsachen (Zeichnungen und Beschreibungen) aus der Schaltstelle und brachten sie ans Oberdeck. Wir warfen die Papiere in das Feuer der Flugzeughalle. Auf dem Weg zum Oberdeck fanden wir fast alle Schotten offen. Wir schlossen sie, da keine durch Treffer beschädigt war.«

***

Mechanikermaat GUTSCHE war am achteren Steuerbord-Torpedo-Rohrsatz auf Gefechtstation: »Als der erste Treffer einschlug, sah ich vom Vormars und Schornstein große Blechstücke wegfliegen. Daraufhin nahmen der Mechaniker-Gefreite Langkau und ich Deckung hinter dem Rohrsatz. Denn auch das Deck der Flugzeughalle war aufgerissen, und ein Trümmer-Regen ging nieder. Als die eigene 10,5-cm-Flak über uns hinwegschoß, nahmen wir Deckung im Vorraum zur Offiziersmesse. Danach ereignete sich eine schwere Unterwasser-Explosion an Backbord.
Das Schiff bekam Schlagseite, wir eilten hinaus. Rohrmeister WEIDIG rief mir zu, sein Rohrsatz lasse sich nicht mehr schwenken. LANGKAU versuchte Verbindung mit dem Torpedo-Arbeitsraum zu bekommen, das mißlang. Dort stand alles in Flammen, auch die im Torpedo-Arbeitsraum gestapelte Infanterie-Munition explodierte und riß ein großes Loch ins Deck. Vergeblich versuchten wir mehrmals, das immer größer werdende Feuer in der Flugzeughalle zu bekämpfen, mußten aber aufgeben, als einige der dort gelagerten 50-kg-Bomben explodierten. Leutnant zur See SCHWEIGER sagte uns, wir sollten die Torpedos vernichten.
LANGKAU schoß den Rohrsatz an Steuerbord achtern leer. Inzwischen stand das ganze Mittelschiff am Oberdeck in Flammen. Am Backbord achteren Rohrsatz entfernte ich noch die Gefechtspistolen aus den Torpedos und warf sie über Bord, während der Mechaniker-Maat DOTTERWEICH das brennende Deck bespritzte. Hinter dem Backbord-Kran holten wir noch einen Verwundeten hervor, der nach achtern weitergetragen wurde.
Als das Schiff schon mit der Backbord-Reling ins Wasser getaucht war, begaben wir uns auf die Schanze. Dort zerschlugen wir noch eine Funkschlüsselmaschine und warfen sie außenbords. Einigen Infanteristen halfen wir auf Flöße, Hängematten und Baljen. Dann gingen wir selbst ins Wasser. Beim Schwimmen zum Festland sahen wir dann *Blücher* kentern und sinken. Gegen 7.25 Uhr erreichte ich Land. Dort zogen wir noch einige Soldaten ans Ufer und machten Wiederbelebungsversuche. Sie blieben aber meistens erfolglos, denn die Wasser-Temperatur war sehr niedrig, und beim Schwimmen hatte das Heizöl viele Kameraden verbrannt.«

***

Bordnachrichten-Offizier Kapitänleutnant POMMEREHNE berichtete: »Um 5.19 Uhr wurde das ganze Schiff erschüttert. Wir nahmen zunächst an, daß mit der schweren Artillerie geschossen wurde. Um 5.20 Uhr drang starker Rauch durch die Rohrpostleitungen zur Gefechtsnachrichtenzentrale. Die Rohrpostleitung wurde auf Befehl mit einem Lappen verstopft. Im Funkraum C fielen alle Spannungen aus. Um 5.24 Uhr stellten wir schwere Erschütterungen in unmittelbarer Nähe des Funkraums B fest. In den Hilfsmaschinenraum brach Heizöl ein. In allen Funkräumen und der Gefechtsnachrichtenzentrale fielen das Licht und die Telefone aus. Es gab keine Verbindung mehr untereinander. Durch den Notausgang vom Funkraum B brach Wasser ein. Der Oberfunkmeister ließ alle Geheimsachen in einen Seesack packen. Der Funkraum B mußte verlassen werden, die Geheim-Sachen wurden zunächst mitgenommen, blieben dann aber doch zurück. Als der Seesack auf halber Niedergangshöhe war, explodierte 10,5-cm-Munition über dem Funkraum B. Schotten bogen sich, die Mannschaft blieb aber unverletzt. Der Seesack fiel den Niedergang hinunter. Wegen Wasser und Rauch konnte er nicht mehr gefischt werden. Alle Bemühungen waren erfolglos.«

***

Merkwürdig ist in diesem Zusammenhang eine weitere POMMEREHNE-Meldung vom 16. April 1940 an den Ersten Offizier, Fregattenkapitän ERICH HEYMANN: »Ich melde gehorsamst, daß alle Geheim- und geheimen Kommando-Sachen des Funkabschnitts mit dem Untergang des Kreuzers *Blücher* vernichtet beziehungsweise versenkt worden sind.« Warum die Ergänzung? Es war doch eigentlich schon alles gesagt. Oder hatte POMMEREHNE wegen des Mißgeschicks mit dem Seesack ein schlechtes Gewissen?

***

Weil alle anderen Ausgänge verstopft waren, gelangten POMMEREHNE und seine Männer durch den Notausgang der Kommandozentrale ans Oberdeck. POMMEREHNE: »Nachdem ich alle Geheimsachen in Sicherheit hatte, gab ich den Befehl zum Verlassen der Nachrichtenzentrale. Die Mannschaft verließ die Station mit aufgesetzten Gasmasken. Es herrschte tadellose Disziplin. Besonderes Lob verdienten die U.K.-Posten (Funk-Gefreiter LAUTZ und Funk-Gefreiter FÄHNDERS) auf der Brücke. Die Soldaten waren auf allen Stationen bemüht, die Geheimsachen in Sicherheit zu bringen. Besonderen Einsatz dabei leisteten Leutnant NEUPERT, Oberfähnrich HAHN und der Oberfunkmeister LOGE. Matrose IV. Funker WECHEL wurde durch leichte Splitter am linken Fuß verwundet. Funk-Maat STEINMETZER, Funk-Maat HERMANN und der Funk-Gefreite SERGEL fielen.«

***

Oberfähnrich zur See HAHN war im Funkraum A auf Gefechtsstation: »Das Kommando hatte Leutnant NEUPERT. Zu unserer Verfügung standen noch mehrere Funk- und Verwaltungsgasten. Nach dem ersten Minentreffer fielen Spannung und sämtliche Telefone bis auf den Funkgefechtsfernsprecher aus. Mit diesem hatte ich noch Verbindung zu Funkraum B, der mir kurz darauf starken Wassereinbruch meldete. Es wurde geräumt. Die Geheimsachen konnten nicht mehr mitgenommen werden, wurden aber auch nicht vernichtet, weil es dafür keine Veranlassung gab. Ich verließ Funkraum A als letzter und nahm noch die Gkdos-Sachen (Schlüsselunterlagen) mit, die dann am Oberdeck vernichtet wurden.«

***

Stabsoberverwalter STEGEMEIER war auf Gefechtsstation im Funkraum B: »Ich gehörte zur Schlüsselgruppe. Nach sehr schweren Erschütterungen brach durch den Notausgang Wasser ein. Das Schiff legte sich nach Backbord über. Wir verstauten geheime Sachen im Seesack. Dann gab Oberfunkmeister LOGE Befehl, Funkraum A und C zu verlassen. Beim Verlassen von Funkraum B gab es eine weitere schwere Erschütterung. Wir nahmen Verwundete in Abteilung VII Zwischendeck mit. Als wir Funkraum C erreichten, kam der Befehl durch: ›Alle Mann ans Oberdeck!‹ Ich ging auf die Schanz und sprang um 7.12 Uhr über Bord. Bemerkenswert: Auch nach den schweren Erschütterungen wurde mit der größten Ruhe gearbeitet. Selbst die jungen, eben an Bord gekommen Soldaten benahmen sich vorbildlich.«

***

Obersignalmeister ALFRED WALLUKE meldete: »Ich befand mich beim Führer der Kampfgruppe V zur Übermittlung der U-K-Signale und zur Abwicklung des optischen Nachrichtenverkehrs. Nach Einschlag der Treffer und Unterwasser-Detonation bestand noch U-K-Verbindung. Durch U-K wurde abgegeben:

1. Auf *Blücher* alle Maschinen ausgefallen.
2. *Blücher* manövrierunfähig.
3. *Blücher* hat geankert. *Emden* mit A.K. zurück.
4. *Möwe* zu *Blücher* kommen.

Danach fiel die U-K-Verbindung aus. Auf Befehl des Kommandanten wurden rote Sterne geschossen. *Möwe* sollte längsseits kommen. Doch wegen der starken Rauchentwicklung konnte keine optische Verbindung hergestellt werden. Signal-Gefreiter HEITMANN versuchte, vom achteren Scheinwerferstand zunächst *Möwe*, dann *Lützow* zu rufen. *Emden* zeigte verstanden.

Nach dem Ausfall der U-K-Verbindung kletterte ich über das III. E-M-Gerät den äußeren Schutzstand hoch auf die Admiralsbrücke. Ein Hochgehen im Mast war wegen der

Pulvergase nicht möglich. Auf der Brücke traf ich den Signaloffizier, Oberfähnrich zur See GÖTSCHKE, und auf dem Dach des äußeren Schutzstandes Oberleutnant zur See FREIHERR VON FREYBERG. Da uns der Rauch stark behinderte, wurde auf meinen Befehl ein Handsignal-Scheinwerfer aus der Steuerbord-Nock auf die Kommandobrücke geschafft. Inzwischen rief der Signalgefreite SAUERMANN *Möwe*. Das Torpedoboot sollte das Heck der *Blücher* herumschleppen. Doch *Möwe* meldete sich nicht. Als der Brand immer weiter um sich griff, wurde die Brücke geräumt. Auch weil sich Gase bildeten und durch Detonation der Munition die Splitter-Wirkung zu stark war. Signalbücher, Gefechtssignaltafeln und sonstige Geheimsachen vom Abschnitt Signal wurden über Bord geworfen bzw. in einem Sack mit Grundgewicht versenkt. Bis zum Verlassen des Schiffes blieb die Gefechts-Signalanlage in Ordnung. Nachdem ich schwimmend das Land erreicht hatte, beobachtete ich, daß der Brand in der Flugzeughalle in großen, hellen Flammen emporschoß. Das Schiff neigte sich nach Backbord, Öl brannte auf dem Wasser. Dann neigte sich der Bug so nach vorn, daß das Heck mit den Schrauben zu sehen war. Hinten klammerten sich noch einige Soldaten fest. Um 7.32 Uhr versank das Heck.«

***

Kapitänleutnant DR. REIMANN — er war als Lotse an Bord — meldete: »Nach dem ersten Schuß auf *Blücher* fiel zum Teil die Schiffshorchfernsprechanlage aus. Danach konnte der Kommandostand die Horchstelle nicht mehr hören. Nach dem zweiten Unterwassertreffer verlöschte in der Horchstelle das Licht, und die Notbeleuchtung schaltete sich ein. Gegen 6 Uhr meldete Bootsmann MERG Wassereinbruch aus der Signalmunitionskammer (Abteilung XI). Wir mußten die Horchstelle verlassen. Die Stellung hielten bis zuletzt: Bootsmann HEIGELE, Matrosen-Gefreiter LEITER, Bootsmann MERG, die Matrosen-Gefreiten MENDRITZKI und THOMAS, die Matrosen HOSTEIT und BRÄUTIGAM sowie der Matrosen-Gefreite DIEGLER. Später beteiligte sich das Personal an der Feuerbekämpfung im Zwischendeck (Abteilung X, U-Raum 4. Deck).«

***

Marineoberstabsarzt DR. KORTH stellte fest: »Während des Gefechts befand ich mich nicht am Oberdeck, sondern auf meiner Station, dem hinteren Gefechtsverbandsplatz. Befehle von der Schiffsleitung erreichten mich seit Gefechts-Beginn in der Dröbak-Enge nicht mehr. Welche Maßnahmen der Kommandant zur Rettung der Besatzung bzw. des Tranportes eingeleitet hatte, war mir nicht bekannt.«

***

Marinestabsarzt DR. GÜNTHER war als Leitender Sanitätsoffizier im vorderen Gefechtsverbandsplatz stationiert: »Die Versorgung der Verwundeten funktionierte vom ersten Augenblick an. Dies war das Verdienst unseres Schiffsarztes Oberstabsarzt DR. KORTH. Er hatte in vorbildlicher Weise für eine zweckmäßig Einrichtung der Gefechtsverbandsplätze und eine teilweise Dezentralisierung der Verbandsstoffe gesorgt. Letztere Maßnahme bewährte sich ganz besonders für die fliegende Ambulanz, denn die entsprechenden Verbandsstoffe waren in speziellen Spinden und Taschen untergebracht. Während des ganzen Gefechts war Oberstabsarzt DR. KORTH auf dem achteren Gefechtsverbandsplatz tätig — zeitweise sogar ganz allein.
Assistenzarzt DR. PIETSCH, Sanitätsobergefreiter TIEDEMANN, Sanitätsgefreiter THOM sowie die beiden Hilfskrankenträger GRUNDWALD und KAITZ waren während des Gefechts unter meiner Leitung auf dem vorderen Verbandsplatz tätig.
Assistenzarzt PIETSCH stand mir während des gesamten Gefechts bei der Versorgung der Verwundeten bis zum letzten Mann mit Ruhe, Geschick und Umsicht zur Seite.
Auch die beiden Sanitätsgasten bewahrten Ruhe, führten alle Handgriffe streng nach meinen Anweisungen aus. Bei der Räumung des verqualmten Lazaretts zeigten sie und der Sanitätsfähnrich MÜCKE ebenfalls Mut und Entschlossenheit.«

***

Marineassistenzarzt DR. PIETSCH berichtete: »Plötzlich riß uns eine Detonation aus dem Schlaf. Ich sprang aus dem Bett. Kurz darauf erfolgte eine weitere Detonation mit gewaltiger Wucht. Von der Backbord-Seite hörte ich Hilfe- und Wehrufe. Ein Mann mit Blutungen aus der linken Augenhöhlengegend erschien. Kurz darauf kam jemand mit einer Kopf-Platzwunde, der nach kurzer Beruhigung kräftig mit anpackte. Nun wurden laufend Leute in den Vorraum des Gefechtsverbandsplatzes gebracht. Der vorgesehene U-Raum an der Backbord-Seite war als Sammelplatz unbrauchbar geworden, da es dort brannte. Aus dem Raum wurden laufend Tote und sehr schwer Verletzte hereingebracht. Ich ließ sämtliche Toten sofort wieder zurücktragen.
Unangenehm machte sich der starke Brandggeruch bemerkbar und das Versagen der Beleuchtung und jeder Art von Befehlsübermittlung. Schnell wurde das Schott zum U-Raum auf der Backbord-Seite dichtgemacht, weil erhebliche Mengen Wasser einbrachen. Am Operationstisch wurde von uns weitergearbeitet. Fähnrich MÜCKE versorgte Verletzte mit Notverbänden, die Sanitätsgefreiten THOM und TIEDEMANN arbeiteten sehr umsichtig. Um die Schmerzen der Verletzten beim Transport durch die engen Niedergänge zu mildern, wurden mehrere Morphium-Injektionen gegeben.

Nach einer weiteren heftigen Detonation, die alles durcheinanderwarf, krängte das Schiff stark nach Backbord. Ein Patient drohte vom Operationstisch zu rutschen. Wir konnten uns nur mit Mühe aufrecht halten. Als von Steuerbord gerufen wurde ›Besatzung aus dem Schiff!‹, nahm ich den letzten Patienten unter den Arm. Wir gingen durch dicke Rauch- und Brandgas-Schwaden auf dem Steuerbord-Niedergang ans Oberdeck. Beim Verlassen des Verbandsplatzes lagen nur noch zwei Tote da — ein Mann mit stark blutenden Verletzungen auf der rechten Körperseite, ein anderer mit Bauchschuß und Kompressions-Verband auf dem Leib. Ich meldete dem Ersten Offizier auf das Aufbaudeck: ›Vorderer Gefechtsverbandsplatz geräumt, alle Verletzten am Oberdeck.‹
An der Steuerbord-Seite des Lazaretts lagen Schwerverletzte, darunter der Matrosen-Gefreite DVORSCHAK. Vom Vormars wurde Oberbootsmann KLEIN heruntergefiert, den ich in Empfang nahm. Unter meinen Händen verschied später ein Soldat mit äußerlich nicht sichtbaren Verletzungen. Anschließend schaffte ich mit mehreren Soldaten einige Schwerverletzte und Ärzte in den Kutter von Kapitänleutnant MIHATSCH. Als die Verletzten an Land abgesetzt worden waren, kümmerte sich sofort ein Obermaat um die Männer. Viele andere standen herum, waren zu Hilfeleistungen nicht zu bewegen.
Vor dem Ufer schwammen viele Erstarrte, die trotz Zurufens von Land nicht mehr die Kraft hatten, um die letzten Meter an Land zu schwimmen. Daraufhin sprang ich ins Wasser und konnte mit Unterstützung des Matrosen-Hauptgefreiten COTTEL und eines weiteren Matrosen noch sechs Mann an Land schaffen. Bei einem waren die Wiederbelebungsversuche ohne Erfolg. Alle anderen erholten sich nach und nach an den Feuern.
Ich übernahm dann noch die Betreuung der nördlich liegenden Soldaten. Ein besonders schwerer Fall war der Sanitätsmaat MENZEL. Er hatte bis zum Schluß mit dem Sanitäts-Obergefreiten ECKERT auf dem achteren Gefechtsverbandsplatz geholfen. Er war völlig erschöpft, teilweise ohne Puls. Nach halbstündiger Herzmassage war die Hauptgefahr beseitigt. Ein 47jähriger Stabsfeldwebel vom Heer hatte einen schweren Kollaps. Ein Matrosen-Gefreiter konnte durch künstliche Beatmung am Leben erhalten bleiben.«

***

Oberfeldwebel LAUBE meldete vom Hauptgefechtsverbandsplatz: »Nach dem ersten Treffer ging ich in die nächste Abteilung, half den Verwundeten und brachte sie zum Verbandsplatz. Da es nach Gas roch, befahl ich den Soldaten, zunächst Gasmasken aufzusetzen. Nach den weiteren Treffern half ich auf dem achteren Verbandsplatz beim Verwundeten-Transport. Einen Verletzten holte ich aus der Kombüse. Dabei bemerkte ich, daß es in der Offiziersküche brannte. Ich konnte nichts weiter unternehmen, da die Munition schon vom Feuer erfaßt wurde. Als der Brand mittschiffs immer weiter um sich griff, begab ich mich auf die Schanze und meldete mich klar zum Aussteigen. Als ich das Schiff verließ, befanden sich noch vier Männer auf dem Achterschiff. Als schon das Ruder aus dem Wasser ragte, ließ ich mich daran herunter. Von dort sprang ich ins Wasser und schwamm zur einer kleinen Insel.«

***

Korvettenkapitän (Ing.) GRASER stellte fest: »Ich war zur Information an Bord eingeschifft. Als Treffer nahm ich einen Einschlag in oder über dem E-Werk 2 und zwei kurz hintereinanderfolgende Unterwassertreffer in unmittelbarer Nähe wahr. Ein Teil der Beleuchtung und Befehls-Übermittlungsapparate fiel aus. Ich ging zum Zwischendeck an der Backbord-Seite, konnte aber nicht weiter, weil die Decks bis zu den Süllen voll Wasser standen. Auf der Steuerbord-Seite sah ich anschließend, wie Soldaten Verletzte transportierten und Trümmer wegräumten. Das Schiff hatte etwa sechs bis zehn Grad Schlagseite, als beim Steuerbord achteren Rohrsatz die Fliegerbomben detonierten. Kurz darauf folgten weitere kleine Explosionen.
Gegen 6.30 Uhr flog nach meiner Überzeugung die in Abteilung VII befindliche Munitionskammer in die Luft. Die Explosion war stark und hart, ein ›Klack‹ ging durch den Schiffskörper. *Blücher* neigte sich um das Doppelte (15 bis 18 Grad) nach Backbord. Die Explosion muß die in diesem Bereich liegenden Heizölzellen zerstört haben. Denn die Wasseroberfläche an Steuerbord fing an zu brennen. Der Qualm, der zunächst grau war, wurde tief schwarz und ballig.
Auf der Schanze war indessen ein Rettungsfloß zu Wasser gelassen worden. Es füllte sich jedoch nicht auf. Ich ließ das Floß wieder hochholen und richtig absenken. Danach wurde es mit Verletzten und Nichtschwimmern besetzt und zu einer kleinen Insel auf den Weg gebracht. Danach sollte das Floß zurückkommen. Das klappte aber mangels geeigneter Ruder nicht. Auf dem Weg ans Ufer retteten einige Armee-Angehörige noch Soldaten aus dem Wasser, denen die Kräfte zu versagen drohten. Ich selbst kam schwimmend — kurz vor dem Kentern — auf der nächstliegenden Schäre an.
Ich sah, wie ein Angehöriger der Propaganda-Kompanie es war der Gefreite MAX EHLERT drei Aufnahmen von der sinkenden *Blücher* machte. Dieser Mann ist trocken mit dem Rettungsfloß an Land gekommen. Ein Führer der P.K., Leutnant der Flieger, Inhaber des goldenen Parteiabzeichens, etwa 40 Jahre alt, war dabei, als die Aufnahmen entstanden. Ich machte beide darauf aufmerksam, daß der Film unbedingt sichergestellt werden müsse, damit er nicht bei einer möglichen Gefangennahme in die falschen Hände gerate.«

***

Kriegstagebuch der Seekriegsleitung 1939–1945
je Band ca. 300 Seiten, DIN A 5

Ja, ich bestelle folgende Einzelbände zum Preis von **DM 78,–**

..... Expl. 6014 Bd.	1 August/September	'39,	228 S.
..... Expl. 6024 Bd.	2 Oktober	'39,	262 S.
..... Expl. 6034 Bd.	3 November	'39,	278 S.
..... Expl. 6044 Bd.	4 Dezember	'39,	242 S.
..... Expl. 6054 Bd.	5 Januar	'40,	273 S.
..... Expl. 6064 Bd.	6 Februar	'40,	238 S.
..... Expl. 6074 Bd.	7 März	'40,	248 S.
..... Expl. 6084 Bd.	8 April	'40,	353 S.
..... Expl. 6094 Bd.	9 Mai	'40,	338 S.
..... Expl. 6104 Bd.	10 Juni	'40,	330 S.
..... Expl. 6114 Bd.	11 Juli	'40,	380 S.
..... Expl. 6124 Bd.	12 August	'40,	409 S.

..... Expl. 6004 **Sammelbände (78 Ausgaben):**
als Subskription bei Komplettbestellung **64,00**

Es wird wie angegeben bestellt:

☐ Bitte beachten Sie meine neue Adresse. Gewünschtes bitte ankreuzen.

Meine Kunden-Nr. ☐☐☐☐☐☐☐

Vor- und Zuname des Bestellers

Straße

Postleitzahl und Wohnort

Datum und Unterschrift 4871

ANTWORT

Postkarten-
Porto

Bitte richten Sie die Bestellung an Ihre Buchhandlung oder an:
KOEHLERS VERLAGSGESELLSCHAFT / VERLAG E. S. MITTLER & SOHN, Postfach 2352, Steintorwall 17, 4900 Herford.

JAHRBÜCHER/SCHRIFTENREIHEN

Bitte liefern Sie – jeweils sofort versandkostenfrei nach Erscheinen – im Abonnement folgende Titel per Nachnahme – durch:

☐ 9097 **Köhlers Flottenkalender** (1 × jährlich)
ca. 224 Seiten DIN A 5, mit einer Fülle von Farb- und Schwarzweißfotos und vielen Abbildungen, Paperback, Preisrätsel je Band **ca. DM 19,80.** Zu liefern ab Ausgabe 19 ______

☐ 9093 **Fliegerkalender** (1 × jährlich)
ca. 200 Seiten DIN A 5. Mit etwa 50 z. T. farbigen Fotos auf Tafeln, viele Abbildungen im Text, Paperback, Preisrätsel, je Band **ca. DM 19,80.** Zu liefern ab Ausgabe 19 ______

☐ 9098 **NAUTICUS – Jahrbuch für Schiffahrt, Meeresforschung und Marine**
ca. 240 Seiten. 16 × 24 cm, mit über 100 Fotos und Karten, Tabellen, gebunden, je Band **ca. DM 49,80.** Zu liefern ab Ausgabe 19 ______

☐ 9095 **SCHIFF UND ZEIT** (2 × jährlich)
Je Band 80 Seiten, reich bebildert, **ca. DM 19,80.** Zu liefern ab Band ______

☐ 4891 **SCHIFF UND ZEIT »spezial«**
Je Band ca. 64 Seiten, reich bebildert, **ca. 29,80.**
Zu liefern ab Band ______ im Abonnement.

Jedes Abonnement kann jeweils 6 Wochen vor Jahresende schriftlich gekündigt werden. Die Preise verstehen sich einschließlich Mehrwertsteuer. Bitte wenden! Anschrift umseitig nicht vergessen!

Jetzt einfach abonnieren:

Datum Unterschrift

Bestellkarte

Bitte senden Sie sofort bzw. nach Erscheinen ☐ per Nachnahme ☐ gegen Rechnung ☐ Sche… liegt bei, aus KOEHLERS VERLAGSGESELLSCHAFT, Postfach 2352, 4900 Herford ☐ (Bitte Wunschtitel ankreuzen und Menge nennen)

Hans H. Hildebrand/Albert Röhr/Hans-Otto Steinmetz

Die deutschen Kriegsschiffe

Die überarbeitete und aktualisierte Neuauflage des 4. Bandes der Enzyklopädie über die deutschen Kriegsschiffe behandelt die Schiffe von Kaiserin bis Nassau.

2. Auflage, 152 Seiten, im Format 21 × 27 cm, mit 103 Fotos, Efalineinband.

☐ ______ **Best.-Nr. 3821** **DM 68,–**

Harald Fock

Z VOR

Die internationale Entwicklung der Zerstörer und Torpedoboote von 1914–1939

Dieses Buch beschreibt reich illustriert die Einsätze und die Entwicklung der Zerstörer und alter Marinen im Ersten Weltkrieg und die Weiterentwicklung sämtlicher Typen in den Jahren bis zum Kriegsausbruch 1939.

444 Seiten, Format 21 × 27 cm, mit 150 s/w-Fotos und 150 Schiffsrissen, gebunden, mit Schutzumschlag

☐ ______ **Best.-Nr. 2071** **DM 136,–**

DMI/DMA

Die Deutsche Marine

Dieses Buch würdigt und wertet vorbildlich die 130jährige Marinehistorie. Dargestellt werden von namhaften Autoren Seekrieg, Strategie und Politik unter historischen Aspekten mit Blick in die Zukunft.

340 Seiten, 16 × 24 cm, mit 44 Bildern auf Tafeln und 8 Abbildungen im Text, Efalineinband.

statt DM 49,80

☐ ______ **Best.-Nr. 1574** **nur DM 29,80**

Wolfgang Kähler

Schlachtschiff »Gneisenau«

Dieses Buch ist ein spannender Tatsachenbericht über das Schicksal des einst stolzen Schlachtschiffes: vom Stapellauf 1936 bis zum Ende in Gotenhafen liegt hier ein sehr kompakte und faktenreiche Darstellung über die *Gneisenau* vor.

Bearbeitet von Gerhard Kähler

2. Auflage, Format DIN A 5, 172 Seiten, 78 Fotos, 10 Skizzen und 17 Dokumente

statt DM 29,80

☐ ______ **Best.-Nr. 4191** **nur DM 14,80**

Karl-Josef Baum/Josef Dollhoff

Fünf Schiffe CÖLN/KÖLN

Nicht alltäglich ist die Geschichte der fünf deutschen Marineeinheiten – alle mit den Namen »CÖLN« oder »KÖLN«: Beschrieben werden die Schiffe, ihre Schicksale und das Geschehen und durch viele Bilder, technische Daten und Erlebnisschilderungen ergänzt.

132 Seiten, Format 21 × 27 cm, mit 150 s/w-Fotos, 10 Skizzen, 6 Dokumenten und 5 Rissen, gebunden.

☐ ______ **Best.-Nr. 4491** **DM 49,80**

Paul Schmalenbach

Kreuzer »Prinz Eugen«

. . . unter drei Flaggen

Die Geschichte des Schiffes, das unter 3 Flaggen fuhr; der deutschen, der alten K. u. K. Kriegsflagge sowie unter Stars und Stripes.

2., überarbeitete Auflage, 268 Seiten im Format 16 × 24 cm, 63 Schwarzweiß- und 13 Farbfotos auf Tafeln sowie viele Abb. und Karten im Text, Efalin.

☐ ______ **Best.-Nr. 3741** **DM 49,80**

Preisänderungen vorbehalten. Lieferung zuzüglich Versandkosten. Stand 2/9…

Dokumentar-Videofilme:

Bitte liefern Sie per Nachnahme/Scheck liegt bei:

. . . . . Expl. Nr. 2264 Videofilm **Jäger – Gejagte** – Der U-Boot-Krieg 1939–1945, DM 128,50, zzgl. DM 3,40 Versandkosten.

. . . . . Expl. Nr. 1534 Videofilm **Ein Schiff, das »Deutschland« hieß,** DM 128,50, zzgl. DM 3,40 Versandkosten.

Bitte die Art des benötigten Videobandes ankreuzen.

☐ VHS ☐ Betamax (unverb. Preisempfehlung)

☐ Prospekt BÜCHERNEUHEITEN

Preisänderungen vorbehalten. Bei Buchlieferungen: Alle Preise einschl. MWSt. zuzügl. Versandkosten.

☐ Bitte beachten Sie meine neue Adresse. Gewünschtes bitte ankreuzen.

Meine Kunden-Nr. ☐☐☐☐☐☐☐

Vor- und Zuname des Bestellers

Straße

Postleitzahl und Wohnort

Datum und Unterschrift 4871

ANTWORT

0,60 Porto

Koehlers Verlagsgesellschaft
Verlag E. S. Mittler & Sohn
Postfach 2352

4900 Herford

Der Verwaltungobergefreite GÜNTHER RÖHLIG, der als einer der Köche an Bord der *Blücher* Dienst tat, erinnerte sich: »Der PK-Mann MAX EHLERT rettete mich vor dem Ertrinken. Er paddelte mit einem Blechkasten, der als Oberteil einer Rettungsinsel gedient hatte, auf die Schären zu. Ein Luftwaffenoffizier war dabei. EHLERT warf mir im Wasser eine Leine zu. Als er sah, daß mir die Kräfte schwanden, sprach er mir aufmunternde Worte zu und schleppte mich die letzten 30 Meter mit — bis wir festen Boden unter den Füßen hatten. Danach fotografierte EHLERT noch kaltblütig den Untergang der *Blücher.*«

***

HANS HERMANN SCHLÜNZ ergänzt: »Nach dem Krieg erzählte mir MAX EHLERT, daß auch Leutnant WERNER BOHNE das Geschehen bei Dröbak gefilmt hat. Er sah ihn zuletzt kurz vor dem Untergang und beobachtete, wie Bohne in seine Kammer ging um die Kassetten seiner Kamera auszuwechseln. Kurz darauf kenterte die *Blücher.* WERNER BOHNE und sein Assistent CLAUS GROTH wurden nicht gerettet.«

***

Korvettenkapitän GRASER vermerkte weiter: »Gegen Mittag erschien dann das kleine deutsche Motorschiff *Norden* vor den Inseln. Ein Unteroffizier und ein Funkgast der *Lützow* waren an Bord. Sie sollten den Verbleib der *Blücher* erkunden. Ich ging mit Leutnant zur See BALLIER auf das Schiff und ließ melden: ›*Blücher* gegen 7.30 Uhr gesunken, nach Minen- oder Torpedo-Treffern.‹ Der Leutnant zur See blieb an Bord der *Norden* und versuchte zur *Lützow* zu kommen.
Gegen 21 Uhr wurde die letzte Gruppe von einigen Torpedobooten abgeholt und nach Bergung der Verletzten gegen 5.30 Uhr am nächsten Tag auf der *Lützow* abgesetzt. Wo die beiden Angehörigen der P.K. blieben, konnte ich nicht mehr feststellen. Am 10. April gegen Abend, als *Lützow* die Dröbak-Enge passierte, wurden die Landungstruppen der *Lützow*, die Fort Oscarsborg besetzt hatten, wieder an Bord genommen.«

***

Auch Oberleutnant HORST KRÜGER war zur Information auf *Blücher* eingeschifft. Sein Bericht: »Ich war an Bord kommandiert, um mich über organisatoirsche und Ausbildungsfragen innerhalb der Artillerie kundig zu machen. — Nach dem ersten Treffer in den Vormars fielen die elektrische Beleuchtung und die Telefonverbindung aus. Dann brannte die Flugzeughalle. Das Wasser aus den Löschschläuchen lief nur etwa zehn Minuten. Danach half ich beim Transport von Verwundeten. Ich rettete mich später schwimmend an Land.

Nachmittags wurden auf Befehl von Generalmajor ENGELBRECHT Verwundete nach Sons-Bukten transportiert. Gegen 21 Uhr wurden alle Soldaten von deutschen Räum- und Torpedobooten aufgenommen. Ich kam mit einem Teil der Verwundeten auf Kreuzer *Lützow*. Am 10. April wurde nach dem Einlaufen in Oslo ein Landungskorps von Überlebenden der *Blücher* unter Führung von Kapitänleutnant BLOOMFIELD aufgestellt. Mit dem Auslaufen des Kreuzers *Lützow* wurden 75 Mann ausgeschifft, darunter auch Leutnant (Ing.) HIRTZ und Oberfähnrich zur See PRAGER und Unteroffiziere, um die Festung Oscarsborg und die norwegischen Batterien zu besetzen.«

***

Kapitänleutnant (Dipl.-Ing.) GRATHOFF berichtete: »Ich hielt mich bis kurz vor dem Kentern des Schiffes in dem letzten betriebsklaren Kesselraum auf. Deshalb habe ich von den Maßnahmen zur Rettung der eingeschifften Truppen und Soldaten der Besatzung nicht viel gesehen. Als ich ans Oberdeck kam, war der größte Teil der Menschen bereits von Bord gesprungen. Auf der Schanz standen aber noch rund 100 Mann teilnahmslos herum. Es schienen überwiegend Nichtschwimmer zu sein. Rettungsmittel waren nicht mehr vorhanden.
Ich habe dann das Schiff verlassen und bin auf eine der kleinen Inseln im Fjord zugeschwommen. Als ich etwa 50 Meter von der *Blücher* entfernt war, kenterte der Schwere Kreuzer und sank. An Bord waren auf dem Marsch nach Norwegen einige hundert Schwimmwesten ausgeteilt worden. In erster Linie wurden die Leute ausgerüstet, die in den heißen Betriebsräumen ihren Dienst versahen. Eine große Anzahl der Westen ist von *Blücher*-Soldaten freiwillig an die Kameraden und Nichtschwimmer vom Heer abgegeben worden. Ein entsprechender Befehl wurde kurz vor dem Untergang von dem dienstältesten Offizier an Bord, Fregattenkapitän THANNEMANN, gegeben.«

***

Oberleutnant ULRICH SCHÜLLER war als Gefechtswach-Ingenieur an Bord. »Nach den Torpedo-Treffern war zunächst nicht abzusehen, ob das Schiff wieder manövrierfähig werden würde. Die Mittelmaschine mit den Kesselräumen 2 und 3, später nur noch 3, waren betriebsklar. Es wurde versucht, unter Umgehung der Gefechtsschaltung in der Hauptdampfleitung Dampf zur Mittelmaschine zu bekommen, um das Schiff fahrklar zu bekommen. Das gelang aber nicht. Das meldete ich im Auftrag des Leitenden Ingenieurs auch dem Kommandanten.
Als Abschnittsoffizier unterstanden mir an Bord sämtliche Motorbeiboote. Diese waren bereits auf dem Kriegsmarsch unter Aufsicht des Obermaschinenmaaten HANS-GUIDO ULLRICH getankt und seeklar gemacht worden. Die zugehörigen

Boots-Besatzungen standen auf ihren Gefechtsstationen im Zwischendeck. Ein Teil der Gruppe fiel aber durch Artillerie-Treffer aus. Die Boote konnten schließlich nicht ausgesetzt werden, weil sie durch den Brand in der Flugzeughalle Feuer gefangen hatten. Außerdem wurden durch den Ausfall der E-Anlage die Bordkrane betriebsunklar. Als dann auf Notstrom umgeschaltet wurde, brannten auch die restlichen Boote. Zudem beschädigte das Feuer noch die Kräne. Über die sonstigen Rettungsaktionen am Oberdeck war ich nicht im Bilde, da ich bis ungefähr fünf bis sieben Minuten vor dem Kentern im Zwischendeck beschäftigt war.«

***

Oberleutnant zur See NOLLAU meldete zu den Rettungsmaßnahmen beim Untergang des Schweren Kreuzers: »An Bord befanden sich in größerer Anzahl die bekannten Marks-Rettungsinseln, die zum Teil durch Treffer unbrauchbar geworden waren. Der Rest konnte auch nur noch bedingt klar gemacht werden. Diese Rettungsmittel wurden dann auch von einer ganzen Anzahl Heeres-Soldaten benutzt. Eine einzige Insel sah ich jedoch im Wasser versinken. Als weitere Rettungsmittel kamen dann noch lose Holzteile (Grätings und Balken) in Frage. So wurden zum Beispiel die auf der Brücke liegenden Grätings fast vollzählig ins Wasser geworfen und dienten den Soldaten im Wasser als Rettungsmittel.
An Booten war nur noch der Steuerbord-Kutter klar. Er konnte noch zu Wasser gelassen werden, obwohl *Blücher* selbst sehr schnell schwere Schlagseite nach Backbord bekam. Der Kutter fuhr noch zweimal an Land und brachte Schwerverletzte in Sicherheit. Als weitere Rettungsmittel kamen dann noch Hängematten in Frage. Eine ganze Anzahl wurde aus den Abteilungen unter der Back herausgeholt und ins Wasser geworfen. Die genannten Maßnahmen wurden vom Bordkommando veranlaßt und standen zum Teil unter der persönlichen Leitung des Kommandanten oder des Ersten Offiziers.«

***

Korvettenkapitän CZYGAN war an Bord als Rollenoffizier und hatte seine Gefechts- und Kriegswachstation als Wachhabender Offizier auf der Brücke. Sein Bericht: »Nach den ersten Treffern trieb das Schiff manövrierunfähig in der Mitte des Fahrwassers bis Askeholmen. Um eine Strandung in der nördlich gelegenen Durchfahrt zu verhindern, entschloß sich der Kommandant zu ankern. Ich ging nach achtern und sah, wie Korvettenkapitän ZOEPFFEL bereits den Steuerbord-Kutter fieren ließ. Alle anderen Boote, bis auf das Dingi, das ich aussetzen ließ, waren zerschossen. Die beiden Verkehrsboote konnten wegen der unklaren Bordkräne nicht zu Wasser gelassen werden.

Bis zum Untergang der *Blücher* ergriff ich folgende Maßnahmen: Ich half beim Abseilen von Verwundeten und beim Klarmachen von Marks-Rettungsbojen, brachte das Backbord- und Steuerbord-Dingi zu Wasser, versuchte sämtliche Grätings, leere Munitionskisten und die Brotbretter achtern der Bäckerei als Rettungsmittel auf die Schanze zu geben. Ich ließ die an der brennenden Flugzeughalle bereitgestellten Munitionskisten entfernen und Hängematten ans Oberdeck bringen. Leutnant zur See SCHWEIGER, der als einziger Seeoffizier auf dem Achterdeck war, schoß auf meinen Befehl die Torpedorohre frei. Aus den Torpedorohren an Backbord wurden die Gefechtspistolen entfernt. Schweiger und Leutnant zur See KÜHN sowie viele Besatzungsangehörige unterstützten mich kräftig dabei, möglichst viele Rettungsmittel herbeizuschaffen. Die Heeres-Angehörigen versuchten feldmarschmäßig ans Oberdeck zu kommen und verstopften die Niedergänge. Sie erhielten Befehl, Gepäck und Waffen zurückzulassen.
Die Schlagseite nahm schnell zu. *Blücher* war nicht mehr zu halten. Als vom Leitenden Ingenieur der Befehl kam: ›Alle Mann an Oberdeck‹, versuchte ich, nach vorn zu gelangen, um dem Kommandanten Meldung über den Zustand des Achterschiffs zu machen. Wegen des Feuers war ein Durchkommen nicht mehr möglich. Unruhe gab es auf der Schanze, als sich plötzlich eine Nebelkanne entzündete und dicke Schwaden uns einhüllten. Ich belehrte die Heeresangehörigen, Ruhe zu bewahren und gab Befehl zum Aussteigen. Als *Blücher* sehr schnell kenterte, rutschte ich in Höhe des achteren Fallreeps ab. Ich sah noch, daß das Steuerbord-Unterwasserschiff unbeschädigt war.»

***

Aus einer Meldung des Leitenden Ingenieurs Fregattenkapitän (Ing.) Dipl.-Ing. THANNEMANN: »Das Schiff lag im Strom fördeeinwärts, während der Wind Feuer und Qualm nach vorn drückte. Nachdem der Kommandant keine Möglichkeit mehr zur Rettung des Schiffes sah und ihm jeder Überblick über das Hinterschiff und jede Verbindung fehlte, gab er den Befehl, daß die Besatzung am Oberdeck antreten sollte, um später das Schiff zu verlassen. Dieser Befehl kam im Vorschiff durch und wurde befolgt. Die Anordnung gelangte auch in gewisse Teile des Hinter- und Mittelschiffes.
Da jede Verbindung mit dem Kommandanten und der Schiffsführung zum Achterschiff fehlte, übernahm ich dort das Kommando. Auf meinen Befehl wurden aus dem Hinterschiff zunächst die Verwundeten ans Oberdeck und mit Flößen an Land geschafft. Dann sollten die Heeresangehörigen ans Oberdeck kommen. Um 7 Uhr gab ich den Befehl, die unteren Decks zu räumen. Bis dahin hatten die Feldgrauen mustergültig in ihren Decks ausgeharrt. Als die Soldaten in Einzelreihe mit Gepäck und Waffen durch die beiden noch betretbaren Aufgänge ans Oberdeck kamen,

hatte ich Not, sie zu veranlassen, Waffen und Gepäck an Deck zurückzulassen. Zuletzt waren nicht mehr viele Soldaten an Deck. Eine große Menge schwamm an Backbord ans Festland oder achteraus zu einer kahlen Insel. Ich veranlaßte die letzten an Bord, auf die Steuerbord hohe Kante hinzuklettern, damit sie nicht unter das Schiff geraten konnten. Einige Armeesoldaten erklärten ruhig: ›Wir können nicht schwimmen.‹ Ich gab darauf einem meine Schwimmweste und rief: ›Seeleute, wer schwimmen kann, gibt seine Schwimmweste an Nichtschwimmer ab.‹ Darauf bekamen alle Nichtschwimmer noch ihre Schwimmweste. Dann macht ich weiter mit einem Besatzungangehörigen Relingsketten los, um den Nichtschwimmern ins Wasser zu helfen...«

***

Auch Oberleutnant zur See SCHÜRDT überlebte den Untergang. Der Offizier wurde als einer der ersten Soldaten auf *Blücher* verwundet: »Mich erwischte es auf dem Vormars, dann verlor ich das Bewußtsein. Auf der Back kam ich schließlich wieder zu mir. Die Kameraden hatten mich nach schwierigem Transport dorthin gebracht. Ich konnte lediglich feststellen, daß *Blücher* in einer Entfernung von 600 Metern zum Land geankert hatte.

Nachdem ich etwa 20 Minuten auf der Back gelegen hatte, wurde ich mit dem meines Wissens einzigen klaren Kutter an Land gebracht. Über weitere Rettungsmaßnahmen durch den Kommandanten hatte ich keine Kenntnis, da ich immer wieder das Bewußtsein verlor. Für mich stand jedoch fest, daß jeder der eingeschifften Heeres-Soldaten mit einer Schwimmweste ausgerüstet war. Außerdem hatten die Leute Anweisungen über das Verhalten bei einem Gefecht. Später wurde mir bekannt, daß Besatzungsangehörige von *Blücher* in mehreren Fällen ihre Schwimmwesten an die Soldaten des Heeres gegeben hatten. Vermutlich hatten die Infanteristen ihre eigenen in der Aufregung verlegt und konnten sie nicht wiederfinden.«

***

Kapitänleutnant HANS HEINRICH GIESSLER stellte fest: »Zu den Maßnahmen der Führung stand mir als jungem Offizier keine Kritik zu. Ich beobachtete, daß die schweren Motorboote nicht zu Wasser gebracht werden konnten. Nach meiner Erinnerung war der Strom ausgefallen. Von den beiden Kuttern war der eine zerschossen, der andere war zur Bergung eingesetzt. Der größte Teil der Flöße und Schwimmwesten war mittschiffs gelagert. Wegen des Brandes und der explodierenden Munitionskisten waren sie nicht zugänglich.

Von einer Auseinandersetzung zwischen General ENGELBRECHT und dem Kommandanten ist mir nichts bekannt. Im Gegenteil. In Gesprächen wurde stets die gute

Zusammenarbeit aller Wehrmachtsteile hervorgehoben. Bei den Messegesprächen herrschte stets ein kameradschaftlicher Ton. Außerdem war jeder bemüht, auf die Wünsche des anderen einzugehen.
Als wir uns unmittelbar nach dem Untergang an Land sammelten, hörte ich von keiner Seite der Armee irgendwelche Vorwürfe, sondern nur Anerkennung über die Haltung und Einsatzbereitschaft der Marine. Ich hatte den Eindruck, daß Armee und Marine durch das gemeinsame Erleben zu einer Einheit verschmolzen waren.«

***

Kapitänleutnant JÜTTNER berichtete: »Nach dem Artillerie-Gefecht und den Torpedo-Treffern fiel die Ruderanlage aus. Das Schiff mußte ankern. Zu diesem Zeitpunkt bestanden nach meinen Beobachtungen keine Bedenken, den Schweren Kreuzer wieder fahrbereit zu bekommen. Die Besatzung an Deck war mit dem Löschen des Brandes in der Flugzeughalle, dem Bergen der Heeresmunition aus dem Feuerbereich und Verwundeten-Transport beschäftigt. Ich beaufsichtigte die Arbeiten und beobachtete auf dem Steuerbord-Mitteldeck, daß wieder Kessel angezündet und die Kesselgebläse angefahren wurden. Zu diesem Zeitpunkt rechnete ich noch immer mit baldigem ›Anker auf‹.
Doch gegen 6.30 Uhr erhielt ich Nachricht, daß die Fahrbereitschaft nicht wieder herzustellen sei. Daraufhin wurde der Steuerbord-Kutter ausgesetzt. Alle anderen Boote auf der gleichen Seite konnten nicht benutzt werden, weil die Kräne ausgefallen waren. Sie lagen im Feuer-Bereich. Außerdem waren die Boote zum Teil beschädigt oder völlig unbrauchbar. Die normalerweise über das Schiff verteilten Marks-Rettungsinseln habe ich auf dem Vorschiff nicht gesehen. Möglicherweise sind sie bei Turm B während des Gefechts außenbords gefallen. Als behelfsmäßige Rettungsmittel wurden Munitionskisten des Heeres entleert und an die Soldaten gegeben.
In dieser Zeit wurde auch der Versuch gemacht, die Ankerkette zu slippen. Doch Brände und Rauchentwicklung unter Deck verhinderten das Vordringen zum Kettenkasten und somit das Lösen der Slipp-Vorrichtung. Daher wurde die restliche Kette gesteckt. Das Schiff sollte so näher an Land herangebracht werden. Der Versuch, durch schnelles Ausrauschen der Kette einen Bruch herbeizuführen, mißlang. Wie es später zu Behauptungen kam, an Bord sei von der Besatzung nichts zur Rettung der eingeschifften Truppen und für sich selbst geschehen, ist mir unverständlich.«

***

Leutnant GUSTAV NEUPERT befand sich während des Gefechtes unter Deck im Funkraum A: »Nach den Torpedo-Treffern erlosch das Licht. Alle Funkgeräte fielen wegen Strom-Mangel aus. Die Notbeleuchtung versagte ebenfalls. Außerdem

waren sämtliche Telefone ausgefallen. Als ›Alle Mann an Deck!‹ befohlen wurde, ließ ich alle Funkschlüssel, Geheim- und Gkdos-Vorschriften in einem Seesack sammeln. Wir hatten zwar keine Taschenlampen, aber mit meinem kleinen Privat-Strahler gelang es mir, alle Verschluß-Sachen zusammenzutragen. Wir versuchten, den Seesack durch den Notausgang neben der Kommando-Zentrale ans Oberdeck zu bringen. Das gelang nicht. Die Verschluß-Sachen kamen wieder zurück in den Funkraum. Ich nahm den Offizierschlüssel an mich und übergab ihn Kapitänleutnant KNAPPE zur Vernichtung.
Oben auf der Back befand sich ein Teil der Besatzung mit einigen Offizieren und Heeresangehörigen. Viele Soldaten schwammen schon im Wasser. Manche hatten bereits festen Boden unter den Füßen. Im Mittelschiff wütete ein Großfeuer. Was achtern vorging, konnte ich nicht sehen. Aber ich beobachtete, daß ein Kutter mit Verwundeten auf die Küste zusteuerte. Mehrere Soldaten klammerten sich an dem Boot fest. Gleichzeitig sprangen mehrere Eingeschiffte trotz vorheriger Warnung durch die disziplinierte Besatzung — viele Männer hatten ihre Schwimmwesten an die Heeres-Soldaten abgegeben — mit voller Ausrüstung über Bord.«

***

Leuntnant REHBEIN meldete: »Ich habe beobachtet, daß mehrere Floßsäcke den Verkehr zwischen den Inseln und dem sinkenden Schiff aufrechterhalten haben, um Überlebende zu retten. Während ich an Land schwamm, setzte ein mit Schwimmwesten beladener Floßsack, der von einem Marine-Angehörigen gepaddelt wurde, von der einen Insel ab. Damit sollten die letzten Schiffbrüchigen von dem schon tief im Wasser liegenden Kreuzer gerettet werden.«

***

Der Verwaltungsoffizier, Korvettenkapitän RAMM, war in seiner Kammer im Batteriedeck an Steuerbord: »Ich hatte gerade dem Oberzahlmeister der Heeresteile das deutsche Geld abgenommen. Nach dem ersten Artillerie-Treffer breitete sich im Batteriedeck ein ziemlicher Dunst aus. Die von Heeresangehörigen als Gas bezeichneten Schwaden erschwerten die Orientierung sehr, verzogen sich jedoch nach einiger Zeit. Später legte sich das Schiff immer mehr auf die Backbord-Seite. Ich konnte nicht mehr aufrecht stehen. Nach einer Weile sah ich den Leitenden Ingenieur, Fregattenkapitän THANNEMANN, vor seiner Kammer stehen. Ich hörte, wie er Leutnant HIRTZ den Befehl erteilte, dem Kommandanten auf der Brücke den vollständigen Ausfall der Maschinen zu melden.
Einige Heeresoffiziere verlangten aufgeregt von mir, irgendetwas zu unternehmen, damit alle ans Oberdeck gelangen. Ich erklärte, daß wir zu warten hätten. Kurz dar-

auf wurde der Niedergang von oben geöffnet, und wir sollten heraufkommen. Ich kam als letzter an Deck und sah, daß der Schwere Kreuzer in der Mitte brannte. Eine Verbindung zwischen Brücke und Vorschiff bestand nicht mehr. Oberleutnant zur See KÜHN ließ das Schlauchboot zu Wasser, Verwundete wurden eingeladen. Andere Boote waren nicht mehr zu gebrauchen. Viele Soldaten sprangen über Bord und versuchten die Askeholmen-Inseln zu erreichen. Einen großen Teil der Männer verließen jedoch im Wasser die Kräfte — sie riefen um Hilfe.
Als ich sah, daß immer mehr Soldaten das Schiff verließen, sprang auch ich über Bord und schwamm zu den Inseln. Kaum hatte ich an Land das steinige Ufer hinter mir gelassen und mich hinaufgearbeitet, versank *Blücher* im Oslo-Fjord.«

***

Kapitänleutnant BLOOMFIELD war als Ingenieur-Offizier an Bord: »Meine Gefechtsstation war im Turbinenraum 2/3. Von den Vorgängen an Deck und den eingeleiteten Rettungsmaßnahmen hatte ich keine Kenntnis. Ich befand mich während und nach dem Gefecht bis unmittelbar vor dem Kentern unter Deck. Nach der Detonation des ersten Torpedos unterhalb des Turbinenraums 2/3 — etwa in Höhe des Backbord-Kondensators — drang sehr viel Wasser in den Raum. Mein Personal und ich mußten den Bereich schon nach kurzer Zeit verlassen.
Danach waren wir mit Abstütz- und Sicherungsarbeiten beschäftigt. Als die Gefechtsschaltung vom Turbinenraum 1 geändert wurde, befand ich mich längere Zeit im Zwischendeck. In dieser Zeit, ich schätze etwa eine Stunde vor dem Untergang, wurden sämtliche Hängematten ans Oberdeck gebracht. Vor- und Achterschiff waren durch die brennende Abteilung VII vollkommen voneinander getrennt. Befehle der Schiffsführung zur Bereitstellung von Rettungsmitteln drangen nicht zu uns durch. Das Personal meiner Wache war vollständig mit Schwimmwesten ausgerüstet. Davon hatte ich mich tags zuvor auf einer Betriebsrunde überzeugt. Die Männer hatten in Gummibeuteln zusammengelegte Gummi-Schwimmwesten zum Aufblasen erhalten. Mir ist nicht bekannt, daß im Bereich der Maschinenanlage Westen gefehlt haben. Ich folgerte daraus, daß für die gesamte Besatzung genügend Schwimmwesten vorhanden waren.«

***

Korvettenkapitän (Ing.) HELMUT KARBE meldete über die Vorgänge zum Untergang der *Blücher*: »Ich war E-Ingenieur an Bord, befand mich während des Gefechts in Abteilung III. Nach den Treffern und trotz größter Ausfälle in der E-Anlage gelang es, die notwendigsten Einrichtungen für die Leckwehr und die Feuer-Bekämpfung in Betrieb zu halten. Bis zum letzten Augenblick war die

Beleuchtung klar. Das erleichterte die Sicherungs- und Rettungsmaßnahmen unter Deck wesentlich.
Der Befehl ›Alle Mann aus dem Schiff!‹ erreichte mich durch einen Läufer. Doch ich blieb auf Station, weil die Leckwehr noch arbeitete und die Anordnung nur für die Eingeschifften galt. Die Schlagseite wurde immer größer, als mich der nächste Befehl vom Leitenden Ingenieur THANNEMANN erreichte: ›Alle Mann aus dem Schiff! Diesel-E.Maschinen weiterlaufen lassen!‹ Ich ging mit dem Personal nach oben. Im Zwischendeck an der Backbord-Seite war kein Mensch mehr. Auf dem stark geneigten Deck konnte man sich nur mit Mühe halten. Wir schoben uns nach Steuerbord-Seite hinauf, um von dort ans Oberdeck zu gelangen. Aber ein Besatzungsangehöriger, der sich dort noch zu schaffen machte, rief uns zu, nur der Backbord-Niedergang sei noch frei. Wir kehrten um und erreichten den Niedergang zur Schanz.
Beim Heraustreten am Oberdeck war ich gebannt von dem Anblick des brennenden Schiffes mit der hochgehenden Infanterie- und Signalmunition. Das Schiff hing schwer über. Ich rutschte mehr unfreiwillig als absichtlich ins Wasser. Dort trieben viele Gegenstände. Ein großes Feld von Menschen strebte schwimmend dem Land zu. In meiner Nähe trieb eine Hängematte. Ein Feldwebel hielt sich daran fest. Ich nahm ihn mit an Land. Dort traf ich noch mehrere Soldaten, darunter einige Verwundete. Mit einem Maschinisten machte ich mich auf den Weg, um Hilfe zu holen. Ein norwegischer Fischer brachte uns im Motorboot nach Fagerstrand. Dort wurden wir ›interniert‹ und organisierten mit der norwegischen Wache sofortige ärztliche Hilfe und die Abholung der Soldaten, auch von der Insel Askeholmen.«

***

KARBE war nach dem Untergang bis zum 1. Juli 1941 Versorgungsleiter in Oslo. In dieser Zeit nahm er mehrfach die Gelegenheit wahr, bei Offizieren anderer Wehrmachtsteile unklare Auffassungen über das *Blücher*-Gefecht richtigzustellen. So hielt KARBE im Januar 1941 ein Referat über die Ereignisse und erläuterte Einzelheiten vor dem Reichsführer SS, Generaloberst STUMPF, Generaladmiral BOEHM und Generalleutnant REDIES. Trotzdem kursierten in Oslo und Berlin andere Berichte über den Untergang, die KARBE aber als unzutreffend zurückwies*.

* Deshalb ist es heute bei der Aufarbeitung das Geschehens um so unverständlicher, daß KARBE auf einen Brief von HANS HERMANN SCHLÜNZ vom 19. Juni 1989 mit der Bitte um Unterstützung für diese Dokumentation bitter antwortete: »Ich möchte ein solches Buch nicht auf dem Markt sehen. Wir können nur eine Trauer-Geschichte breittreten. Außerdem ruft der Name *Blücher* in Norwegen sofort eine Reizstimmung hervor, obwohl die Autoren zur Völkerverständigung beitragen wollen. Ich kann sie aber nicht aufhalten.« Auch die »Marine-Kameradschaft Schwerer Kreuzer *Blücher*« zeigte sich wenig kooperativ, versagte den Autoren eine konstruktive Zusammenarbeit. Ebenso unverständlich ist, warum sogar der Sohn des *Blücher*-Kommandanten WOLDAG keine Informationen über seinen Vater zur Verfügung stellte.

FRITZ LIMBACH aus Troisdorf-Oberlar war als Signalgast auf der *Blücher*: »Meine Gefechtsstation war der Manöver-Signal-Fernsprecher auf der Kommandobrücke. Während wir uns langsam in den Fjord tasteten, trat Kapitän WOLDAG an Admiral KUMMETZ heran und schlug vor, zwischen Tofte und Filtvet in Ausnutzung des Landvorsprungs zu stoppen. Von dort sollte ein Torpedoboot zur Erkundung in Richtung Oscarsborg entsandt werden. Sollte das Boot angegriffen oder von der Festung unter Beschuß genommen werden, hätte man aus sicherer Position die Festung oder einen anderen Angreifer unter Feuer nehmen können. KUMMETZ lehnte den von Woldag gemachten Vorschlag ab — eine Fehlentscheidung, wie sich bald zeigte. Kurz vor dem Untergang gab WOLDAG KUMMETZ zu verstehen, daß er auf der Brücke seines Schiffes bleiben wolle. Daraufhin erteilte der Admiral seinem Kommandanten den Befehl, den Schweren Kreuzer gemeinsam mit ihm zu verlassen. Zwei größere norwegische Fischerboote fuhren wenig später an Backbord vorbei nordwärts — unerreichbar für uns.

An der Kette des Steuerbordankers rutschte ich schließlich ins Wasser, die Stiefel hatte ich mir um den Hals gehängt. Beim Schwimmen schluckte ich mehrfach Heizöl. Vor, hinter und neben mir schwammen Kameraden um ihr Leben. Die Luft war von Stöhnen und Röcheln erfüllt. Rechts neben mir sank einer mit gurgelndem Laut in die Tiefe. Ein anderer rief den Namen seiner Braut oder Frau und versank. Die Strecke ans Ufer kam mir unendlich vor. Einer meine Seestiefel lief voll Wasser, zog mich in die Tiefe. Ich glaubte, zeitweilig ohne Besinnung zu sein. Dann sah ich einen Soldaten, der mir einen Ast hinschob. Ich klammerte mich fest, wurde durchs seichte Wasser an Land gezogen und torkelte die Felsen hoch.

Nachdem ich mich an einem Feuer etwas aufgewärmt hatte, brachten uns norwegische Offiziere zu einen Gehöft. Dort nahmen uns die Hofbewohner in Augenschein. Aus ihren Mienen erkannten wir, daß sie die überwiegend barfüßigen, zerlumpten, verrußten und ölverschmierten Männer eher für Banditen und Strauchdiebe, als für Soldaten hielten. Vor allem im Schulter- und Halsbereich war die Uniform voller Heizöl. Der Geruch haftete uns monatelang an. Zuletzt war ich auf der Festung Oscarsborg eingesetzt.« Ein Jahr später wurde LIMBACH auf die *Tirpitz* abkommandiert.

***

Leutnant zur See SCHWEIGER meldete: »Ich war bei Gefechtsbeginn am Oberdeck auf dem achteren Nachtleitstand. Nach den ersten Artillerie-Treffern versuchte die Schiffsführung, *Blücher* durch Fahrterhöhung aus dem Schußfeld der Landbatterien zu bringen. Der Kreuzer war jedoch durch die beiden Torpedo-Treffer manövrierunfähig geworden. Daher konnte der Kommandant das Schiff nicht mehr mit eigener Kraft auf Strand setzen.

Um das Schiff mit seiner Besatzung zu retten, wurde geankert. Dadurch sollte der Kreuzer in der Nähe des Ufers an Land festgehalten werden. Der Strom sollte das Heck auf Land schwojen lassen, um so die schnellste Ausschiffung aller Soldaten zu ermöglichen. Der in der Enge herrschende Kreiselstrom trieb *Blücher* aber in die entgegengesetzte Richtung.
Alle Soldaten im Bereich der brennenden Flugzeughalle waren durch die Detonationen der auf dem Oberdeck lagernden Heeresmunition gefährdet. Auf den Befehl ›Alle Mann von Bord‹ löste ich mit einigen Matrosen von den achteren Gefechtstürmen und Aufbauten zwei Rettungsinseln — trotz der großen Schlagseite erfolgreich. Nach meiner Rettung erfuhr ich, daß der Steuerbordkutter trotz Beschädigung zum Transport von Verwundeten benutzt werden konnte. Das Boot sah ich nach dem Untergang gegen acht Uhr auf einer kleinen Insel an Land liegen. Von einer Auseinandersetzung zwischen Offizieren der Marine und des Heeres habe ich nichts bemerkt.«

***

Oberleutnant zur See FREIHERR VON FREYBERG war seit dem 15. September 1939 auf *Blücher* als Adjutant kommandiert. Als KUMMETZ die Führung der Kampfgruppe V übernahm, wurde v. FREYBERG dem Kommandanten zugeteilt. Der Oberleutnant stand beim Einlaufen in den Oslo-Fjord und seit Überschreiten der Hoheitsgrenze auf der Brücke neben dem Kommandanten. Dort blieb er — mit einigen Unterbrechungen — bis zu den Torpedo-Treffern.
FREIHERR VON FREYBERG berichete »die Gedanken der Führung, wie sie mir aus den Besprechungen noch in Erinnerung sind« und meldete als persönliche Beobachtungen: »Zu dem Vorschlag, ein weniger wertvolles Fahrzeug bei der Forcierung der Dröbak-Enge vorauszuschicken: Es war die Aufgabe der *Blücher* und der *Lützow*, im Rahmen der Gesamtoperation der Kampfgruppe V bis nach Oslo vorzudringen und dort die eingeschifften Heerestruppen zu landen. Der Operationsbefehl der Gruppe Ost befahl bezüglich der in der Dröbak-Enge ausgebrachten und durch einen V-Mann ein paar Tage vor der Unternehmung als einsatzklar gemeldeten elektrisch zu zündenden Minensperre wörtlich: ›Bei Minentreffern durchhalten‹. Mit darauf gründete sich der Entschluß, auch bei feindlicher Haltung der Norweger und bei eingreifenden Batterien durch die Enge zu stoßen und den durch die Batterien bestrichenen Raum möglichst schnell zu durchfahren.
Damit erübrigte es sich, mit einem besonderen Fahrzeug das Verhalten der Batterien erst festzustellen, da das Ergebnis nichts an dem Entschluß geändert hätte. Außerdem war das Eingreifen der Batterien so gut wie sicher. Schon Rauöy hatte unter Scheinwerfer-Beleuchtung Warnschüsse abgefeuert. Anschließend wurden alle Feuer gelöscht. Infolgedessen war mit einer feindlichen Haltung der Norweger

zu rechnen — zumindest hatte man von unserem Kommen Kenntnis und daraufhin die Batterien besetzt.
Einer möglichen Verseuchung der Enge durch Minen wollte die Führung dadurch begegnen, daß zwei Sperrbrecher vor dem Verband fahren sollten. Kapitän STOSCH, Kommandant eines dieser Schiffe, wäre dazu besonders geeignet gewesen. Er kannte aus seiner Zeit bei der Handelsmarine den Oslo-Fjord gut, hätte sich die Durchfahrt auch bei gelöschten Feuern zugetraut. Das Vorhaben wurde aber fallengelassen, als der oben erwähnte V-Mann die Dröbak-Sperre als elektronisch zu zünden meldete.
Sicher hätten die Norweger die Spitze des Verbandes über die Sperre fahren lassen und erst unter dem wertvollsten Schiff gezündet. Mit der vorhandenen Torpedo-Batterie wäre genauso gehandelt worden. So bestand nur wenig Aussicht, daß die Norweger auf das Ablenkungsmanöver mit einem wertlosen Fahrzeug hereingefallen wären und die großen Einheiten unangetastet durchgelassen hätten. Ein weiterer Nachteil: Die Fahrt des gesamten Verbandes hätte sich auf die geringe Geschwindigkeit der Sperrbrecher (zehn Seemeilen) reduziert. Damit wären die Schiffe entsprechend länger in dem gefährdeten Bereich aufgehalten worden.
Also blieb nur die Wahl zwischen *Blücher* und *Lützow* als Spitzenschiff. Die Führung entschloß sich für *Blücher.* Ausschlaggebend war vor allem die starke, modernste Mittel- und Leichte Artillerie. Schon deshalb, weil bei dem zu erwartenden Nahkampf mit nicht so schnell und klar zu erkennenden Zielen gerechnet werden mußte. Die größere Standkraft gewährte ein unbeschadeteres Durchkommen. Die verletzlicheren Schiffe hätten nur noch einen zum Teil schon niedergekämpften Gegner zu überwinden gehabt. Außerdem war *Blücher* das schnellste Schiff und lief selbst mit einer ausgefallenen Maschine noch schneller als *Lützow.*
Maßgeblich beim dem Entschluß, *Blücher* als Spitzenschiff einzusetzen, war außerdem die unbedingte Notwendigkeit, die Enge nicht durch gesunkene Fahrzeuge zu sperren. Die nachfolgenden Schiffe wären dadurch unter dem Feuer der Batterien zum Stoppen und rückwärtigen Herausmanövrieren über den Achtersteven gezwungen worden. Das hätte den Nachschub für die folgenden Tage erheblich in Frage gestellt. Dazu mußte die Durchfahrt der Dröbak-Enge unter allen Bedingungen erzwungen werden, weil die Truppen zur O-Zeit in Oslo sein sollten.
Die Zusammensetzung des Verbandes war mindestens eine halbe Stunde vor dem Passieren der Batterie — nämlich seit Filtvet — bekannt. Dort hatten uns wiederholt Scheinwerfer abgetastet und Bewachungsfahrzeuge bemerkt. Die Führung hatte die Absicht, mit der größtmöglichen Geschwindigkeit den unter den Batterien liegenden Teil der Enge zu durchfahren, zumal der bestrichene Raum sehr begrenzt war.
Im Augenblick der Feuereröffnung befahl der *Blücher*-Kommandant: ›Alle Maschinen äußerste Kraft voraus!‹ Tatsächlich kam das Schiff noch auf 21 Meilen. Durch

die ersten feindlichen Salven (28 cm) fielen die Ruderleitung, der Maschinentelegraph, die Mittelmaschine und die Befehlsübermittlungen aus. Der Kommandant stand im Brückengang vor der Friedens-Steuerstelle, um in der Dunkelheit und dem engen Fahrwasser einen besseren Überblick zu haben. Ohne Ruder, über den Not-Maschinen-Telegraphen und nur mit den Außenmaschinen manövrierte WOLDAG bei zunehmender Fahrt durch den engen, zum Teil nur 400 Meter breiten Schlauch, der an Backbord liegenden Inseln Nord- und Süd-Kaholm.
In flachen, langgezogenen Kurven durchzog *Blücher* das Fahrwasser. Dabei näherte er sich Nord-Kaholm und der Stelle, die in das Fahrwasser hineinragt. Kurz darauf hoben zwei Erschütterungen das Vorschiff an. Es waren die beiden Torpedo-Treffer. Der Kommandant bestätigte dies. Der Maschinenraum 2/3 war getroffen, und damit war das Schiff bewegungslos.
Gerade an dieser Stelle (59 Grad, 41,5 ′ Nord) erweitert sich der Oslo-Fjord und wird schließlich durch die Inselgruppe Askeholmen in zwei Fahrwaser geteilt. Mit der restlichen Fahrt erreichte das Schiff das östliche Fahrwasser. Um weitere Schäden durch Grundberührung zu vermeiden und die Fahrrine freizuhalten, wurde *Blücher* etwa 300 Meter von der Ostküste des Fjordes entfernt verankert. Die Gesamtbreite des Stroms betrug an dieser Stelle 1500 Meter. Die Inseln von Askeholmen waren etwa 400 Meter weit weg. Der Wind stand Nordwest 2 bis 3.
Zu diesem Zeitpunkt rechnete die Schiffsführung noch nicht mit dem Verlust des Schweren Kreuzers. Deshalb bestand auch keine Veranlassung, *Blücher* auflaufen zu lassen, um die Truppen schnell an Land setzen zu können. Der Kommandant dachte selbstverständlich nicht nur an die Heeres-Soldaten, sondern vor allem an das Schiff und die Aufgaben, die der Kreuzer noch in Zukunft haben würde. Alle waren sicher, daß *Blücher* gerettet würde. Die Schäden wurden noch nicht in ihrem ganzen Ausmaß übersehen. Und so antwortete Admiral KUMMETZ auf Anfrage von *Lützow*-Kommandant THIELE, ob sein Schiff die Führung übernehmen solle, zunächst: ›Führung bleibt auf *Blücher*‹. Außerdem war der Abstand zwischen den Schiffen wegen der zuletzt höheren Geschwindigkeit der *Blücher* sehr groß geworden. Nach dieser letzten Nachrichten-Verbindung fiel die U.K. aus. Dadurch wurde nicht bekannt, daß alle Schiffe außer der *Blücher* wieder nach Süden aus der Enge hinausgelaufen waren. Es wurde noch mit dem Nachrücken der anderen Fahrzeuge gerechnet, so daß im schlimmsten Fall auch diese das Ausbooten der *Blücher*-Truppen und der Besatzung hätten durchführen können.
Nach dem Ankern schickte mich der Kommandant auf das Signaldeck, um eine optische Verbindung herzustellen. Wenigstens *Möwe* sollte zum Löschen und zu anderen Hilfeleistungen herangeholt werden. Scheinwerfer 1 (Vormars) wurde durch den ersten Treffer zerstört. Der Steuerbord-Signalscheinwerfer reichte aber allein nicht aus, um den schweren dicken Qualm, schwarz vom Öl, zu durchdringen. Außerdem hatten sich die anderen Schiffe schon zu weit nach Süden entfernt.

Der Kampf gegen die Brände an Bord war auch zwecklos. Zum Löschen war kein Druck auf den Standrohren. Zum Lenzen und Trimmen fehlte den Pumpen der Strom. Das Fluten der durch die Brände gefährdeten Munitionskammern an Backbord erlaubte die wachsende Schlagseite nicht. Das Gegenfluten an Steuerbord aber hätte bei den unklaren Lenzmitteln den sowieso ständig sinkenden Restauftrieb zu stark belastet.
Beim Aussetzen der Boote gab es große Probleme. Die meisten waren durch Feuer unbrauchbar geworden. Andere konnten nicht zu Wasser gelassen werden. Der Strom war ausgefallen, damit funktionierten auch die entsprechenden Kräne nicht mehr. Trotzdem gelang es, eine Pinasse auszusetzen. Doch bevor sie klargemacht werden konnte, trieb sie in das auf dem Wasser brennende Öl und ging verloren. Immerhin konnten vier Rettungsinseln benutzt werden. Der Gebrauch war nicht allgemein bekannt. Ein großer Teil wurde durch Feuer und Splitter zerstört.
Von einer Auseinandersetzung zwischen Kapitän WOLDAG und General ENGELBRECHT war mir nicht das geringste bekannt. Auch kann keine Rede davon sein, der General habe das Ausbooten organisiert — es fehlten einfach die Boote. Alle Vorgesetzten ermöglichten das Ausschiffen so gut es ging. Um beim Kentern vom Deck auf die Außenbordwand steigen zu können, wurden Leinen und Schläuche befestigt. Ein Kutter brachte zwei bis vier Fuhren Verletzte ans Ufer, vom Unterdeck konnten viele Soldaten lebend geborgen werden. Durch prächtiges Zupacken und Opferbereitschaft jedes einzelnen wurde hier Erstaunliches geleistet. Das Schwimmen konnte aber nicht organisiert werden, sondern blieb jedem selbst überlassen. Der eine ertrank, weil er zu viele Sachen anbehalten hatte, der andere erfror, weil er sich ganz entkleidet hatte. Es konnten nur ganz allgemeine Anweisungen gegeben werden.«

***

ALBERT SCHURR aus Kuchen berichtete: »Ich war im untersten Teil des Schiffes stationiert. Zehn Meter von mir entfernt schlug es plötzlich ein. Zwei Sekunden später ergoß sich ein unheimlicher Wasserstrahl über mich. Weil ich das Leck nicht dichten konnte, verließ ich die Station durch den Notausgang...«

***

Oberfähnrich JÜRGEN GÖTSCHKE aus Bad Pyrmont: »Ich war als Signalfähnrich an Bord. Plötzlich war die Hölle los. ›Sie schießen‹, brüllte einer neben mir. Das ganze Mittelschiff stand in Flammen. Waren es Torpedos oder Minen? Egal. Neben mir stöhnte jemand. Ich leuchtete mit der Taschenlampe hin. Am Boden lag der Scheinwerfer-Heizer in seinem Lederpäckchen. Blut lief aus seiner Hose, das Gesicht war verzerrt. Einer hielt die Lampe. Dann verband ich ihn. Er hatte fünf glatte Durchschüsse am Oberschenkel, drei am linken Fuß. Auch am Hals hatte er was abbekommen. Später vernichteten wir noch Geheimsachen. Signalbücher, Patronen und Gefechtstafeln flogen über Bord. Kurz darauf sprang ich ins eiskalte Wasser. Ich schwamm in Hose und Jackett, kämpfte um mein Leben. Als ich plötzlich Land unter den Füßen spürte, war ich am Ende meiner Kraft. Alle Glieder waren steif und blau. Auf dem Bauch rutschte ich den Felsen hinauf. Viele schafften es nicht mehr, glitten zurück und ertranken. Irgendwie kam ich dann doch noch auf die Beine. Ich hielt mich an einem Baum fest, um nicht umzufallen, wärmte mich später an einem Feuer. Als einziges Andenken an Bord besitze ich noch meinen Spindschlüssel aus Messing. Er dient mir seither als Talisman und bei einer späteren Hebung des Schiffes als Nachweis, daß der bezahlte Kasten Bier in dem Spind mein Eigentum ist.«

***

Leutnant Joachim Hirtz war beim Gefecht im Mittelmaschinenraum auf Station: »Nach dem Torpedo-Treffer fiel die Maschine aus. Es stand kein Dampf mehr zur Verfügung. Weil auch sämtliche Befehlsübermittlungs-Mittel ausgefallen waren, konnte die Verbindung zur Maschinenleitung nur durch Läufer aufrechterhalten werden. Als nach einiger Zeit die Mittelmaschine wieder Dampf bekam, wurde die Anlage sofort wieder angestellt. Doch beim Anfahren blieb der Dampfdruck wieder weg, und alles mußte erneut abgestellt werden. Die Maschinenleitung meldete durch Läufer, daß alle Kesselräume ausgefallen seien und die Hauptmaschine für längere Zeit nicht mehr angestellt werden könne. Darauf wollte ich die elektrische Leckpumpe in Betrieb nehmen, aber das einzig klare E-Werk lieferte nur Lichtstrom.

Dann sollte ich dem Ersten Offizier vom Leitenden Ingenieur melden, daß die gesamte Antriebsanlage ausgefallen und für mehrere Stunden nicht mehr klarzubekommen sei. Das Schiff war völlig manövrierunfähig und konnte daher auch nicht auf Strand gesetzt werden. Außerdem wäre ein Platz dafür dort auch nicht vorhanden gewesen. Ich kenne die Umgebung deshalb so genau, weil ich nach dem Untergang vom 10. April bis zum 10. Mai 1940 auf der Festung Oscarsborg als Batterieoffizier tätig war.

Als der Anker fiel, war ich auf der Back. Ich stellte fest, daß er gar nicht hatte fassen können. Nachdem etwa 20 bis 30 Meter Kette gegeben waren, ruckte der Deckstopper durch die Backbord-Seite vom Schiff ein und ließ sich nicht mehr lösen. Weil kein Strom zur Verfügung stand, konnte auch mit dem Spill nicht mehr gehievt werden. *Blücher* schwojte mit dem Heck noch etwas nach Askeholmen und blieb dann bis zum Untergang quer im Fjord liegen. Nach Lotungen, die vier Wochen

später durchgeführt wurden, liegt *Blücher* in etwa 70 Meter Tiefe. Darauf stütze ich auch meine Behauptung, der Anker habe nicht gefaßt.
Um die Rettung der eingeschifften Heeresverbände und der Besatzung zu erleichtern, wurden alle schwimmbaren Gegenstände außenbords geworfen. Ich sah selber, wie Marinesoldaten den Infanteristen ihre Schwimmwesten gaben. Bei einer Musterung der auf der Festung Oscarsborg eingesetzen Teile der *Blücher*-Besatzung sagte der ehemalige Erste Offizier ERICH HEYMANN, daß Generalmajor ENGELBRECHT geäußert habe, die Kameradschaft und Hilfsbereitschaft zwischen Marine- und Heeresangehörigen beim Untergang der *Blücher* sei sein bisher stärkstes militärisches Erlebnis gewesen.«

***

Aus einer Meldung des Kapitänleutnants (Ing.) FREIHERR VON ENGELHARDT-BERGESHOF: »Ich ging auch ans Oberdeck, erklärte den Heeresangehörigen die Marks-Rettungsflöße und zog mich aus bis auf Hemd und Hose. Ich beobachtete, daß der Mechaniker-Gefreite ALFRED SCHENK seine Schwimmweste freiwillig einem Kameraden vom Heer gab, der Nichtschwimmer war...«

***

Maschinen-Gefreiter ALFRED SCHMIDT fand am Oberdeck den am Kopf verwundeten Maschinenobermaat KROPF. Um ihn wohlbehalten an Land bringen zu können, rannte er nochmal ins Zwischendeck, holte zwei Hängematten und band sie zusammen. Dann ließ er den Verletzten langsam ins Wasser gleiten. SCHMIDT schwamm hinterher. Am Ufer zogen zwei Kameraden den Obermaat aus dem Wasser.

***

Maschinen-Gefreiter ANTON GIES notierte: »Auf Befehl des Kommandanten, das Schiff zu verlassen, begab ich mich ans Oberdeck. Dort saßen zwei Soldaten vom Heer in einer Kombüsen-Wanne. Sie sagten mir, daß sie nicht einen Meter schwimmen könnten. Daraufhin schoben mein Kamerad, der Maschinen-Gefreite SCHILLING, und ich die Wanne an Land. Dadurch verzögerte sich meine Rettung, und ich kam völlig erschöpft ans Ufer.«

***

Schreiber-Gefreiter HANS HUMPKAMP berichtete: »Schwimmend erreichte ich das Ufer. Ich blickte zurück und hörte zwei Soldaten im Wasser um Hilfe rufen. Der erste war ein Infanterist. Er befand sich nur 15 Meter von der Insel entfernt. Der zweite, ein Seemann, war noch 40 Meter weit weg. In der Mitte der Insel legte ein Ruderboot ab, näherte sich den beiden Männern trotz lauter Rufe jedoch nicht. Da sprang ich nochmal ins Wasser, schob zuerst den Infanteristen an Land, dann mit letzter Kraft den Verwaltungsmaat PUSCHNER.«

***

Auch der Matrosen-Gefreite ROBERT KRAMER rettete unter Lebensgefahr zwei Kameraden: »Als ich von *Blücher* auf das Ufer zuschwamm, sah ich im Wasser einen Landser, der zu ertrinken drohte. Ich brachte ihn zurück an Bord. Ein anderer klammerte sich an eine Hängematte und rang um sein Leben. Ich half ihm unter größten Anstrengungen ans Ufer.«

***

Der Maschinen-Obergefreite SIEGMANN nahm ebenfalls einen Infanteristen mit an Land und Ober-Bootsmann PIOTROWSKI sowie der Matrosen-Hauptgefreite ZIEFLE stürzten sich von Land nochmal ins Wasser, brachten je drei Soldaten ans Ufer. Die meisten der mutigen und selbstlos-kameradschaftlichen *Blücher*-Besatzungsmitglieder wurden später mit dem E.K. 2 ausgezeichnet. Darunter die Mechaniker-Gefreiten JUNG, STÄHLER, KAMMLEITER, KLEINBAUER, JÄGER, die Maschinen-Gefreiten BORDEMANN, HANS REIF, der Matrosen-Gefreite SOMMERFELD, der Matrosen-Hauptgefreite HONDONG, die Mechaniker-Maaten JANDER, HUSEMANN, der Sanitätsmaat MENZEL, der Stabs-Maschinist LINDNER, der Obermaschinist JANS, der Stabs-Obermaschinist HIRT und der Bootsmann WOLF.
Hunderte von Deutschen wurden auch von norwegischen Fischern gerettet. Einige der Männer setzten sich dabei besonders tatkräftig ein. Zum Dank überreichten ihnen deutsche Marine-Offiziere später goldene Uhren. Andere Soldaten und Besatzungsmitglieder von *Blücher* wurden erst Tage und Monate nach dem Untergang tot angespült. Den ganzen Sommer über trieben tote Deutsche an die Ufer des Oslo-Fjords oder in den kleinen Hafen Dröbak. Insgesamt wurden 576 Leichen geborgen.

***

Leutnant (Ing.) LÖBLICH schilderte seine Erlebnisse so: »Meine Station war der Kesselraum. Auf mein Kommando hörten zwei Unteroffiziere und zehn Mannschaften. Gegen 5.15 Uhr erschütterten zwei Detonationen das Schiff. Das Licht fiel aus. Alles stürzte durcheinander. Durch die Gebläseschächte schlugen Flammen in

den Raum. Beißender Qualm drang in die Augen. Dicke Schwaden zogen durch den Kesselraum. Wir hörten weitere Einschläge. Das Schiff neigte sich langsam nach Backbord. Ein Läufer meldete: ›Alle Maschinen ausgefallen, Raum verlassen. Feuerlöscharbeiten im Zwischendeck unterstützen!‹ Dort sah's trostlos aus. Umgekippte Spinde versperrten den Weg, Platten waren verbogen, Türen ließen sich kaum noch bewegen. Mit einem Taschentuch vor dem Mund tastete ich von Deck zu Deck. Hinter mir flog eine Munitionskammer in die Luft, Handgranaten krepierten, Patronen knallten. Doch ich blieb unverletzt.
Um sieben Uhr stand ich endlich auf dem Oberdeck, am Ausgang der Schanze. Vorne wogte ein einziges Flammenmeer. Die Decksbalken verbogen sich vom Feuer. Die Farbe an den Wänden warf Blasen, kochte in der Hitze. Das Schiff neigte sich immer weiter nach Backbord, legte sich vollkommen auf die Seite. Prasselnd tauchten die brennenden Aufbauten in die eiskalten Fluten. Ich stand ganz vorn auf der Bordwand, war schon vollkommen ausgezogen. Dann ließ ich mich ins Wasser gleiten. Ich bekam zunächst einen entsetzlichen Schock, schluckte vor Schreck auch noch etwas Wasser. — Die Kälte war mörderisch. Deshalb bewegte ich mich mit aller Kraft. Ich schwamm ein kleines Stück um das Schiff herum, um nicht in das brennende Heizöl zu geraten. Neben mir bemerkte ich einen Landser, der verzweifelt mit dem Tode rang. Irgendwie bekam ich ihn zu fassen, zog ihn mit mir auf das Ufer zu. Wie ich an Land kam, wußte ich selbst nicht mehr. Jedenfalls zerrten uns an der Küste einige Leute aus dem Wasser.
Zunächst lag ich völlig teilnahmslos auf den kalten, schneebedeckten Felsen. Der ganze Körper war taub. Ich zitterte, die Muskeln waren total verkrampft, ich war unfähig, einen Schritt zu machen. Dann raffte ich mich auf, kroch erst mühsam die Steine hinauf. Als ich schließlich stand, war ich schon glücklich über Schritte von zehn Zentimetern. Nach einiger Zeit mußte das Blut wieder etwas in Bewegung gekommen sein, ich konnte mich auch an einem Feuer wärmen.
Stunden später führten uns norwegische Soldaten zu einem Bauernhof. Danach bekam ich vom Ersten Offizier den Auftrag, alle Verwundeten, die am Küstenstreifen verteilt lagen, zu sammeln und zu dem Hof zu bringen. Gegen Abend war die traurige Arbeit erledigt. Mehrere Männer halfen mir dabei. In einem Kuhstall verbrachte ich die Nacht. Morgens wurden wir mit Bussen nach Oslo gebracht.
Ende April bekam ich Sonderurlaub. Mit einer Ju 52 sollte es in die Heimat gehen — der erste Flug meines Lebens. Kurz nach dem Start stotterten plötzlich die Motoren und fielen aus. Die Maschine stürzte ab. Der Pilot wühlte noch verzweifelt in den verschiedenen Hebeln — vergeblich. Beim Aufprall wurde ich gegen das Armaturenbrett geschleudert. Blutend sprang ich aus der Kanzel und landete schon wieder im kalten Wasser. Doch diesmal kam es mir viel wärmer vor. Ich erreichte das Ufer, lief zu einem kleinen Haus in der Nähe und wärmte mich auf. Als ich zwei Tage später Deutschland erreichte, sagte man mir, ich sei etwas nervös gewesen...«

Der Untergang. *Blücher* brennend vor Anker, dunkle Rauchwolken quellen in den Himmel, der weiße Dampf stammt von einer geöffneten Nebelkanne.
Besatzungsmitglieder und eingeschiffte Heeressoldaten verlassen das sinkende Schiff, versuchen schwimmend (vorn) die Insel Askeholmen zu erreichen. Im Hintergund die östliche Festlandseite des Oslo-Fjords, nördlich von Dröbak.

Blücher mit Backbord-Schlagseite im Oslo-Fjord.

7.23 Uhr, Position 59 Grad 44′ Nord und 10 Grad 36′ Ost. Nur das Heck der *Blücher* ragt noch hoch aus dem Wasser.

Gebannt beobachten Überlebende auf der Insel Askeholmen die letzten Sekunden des Schweren Kreuzers *Blücher*.

Überlebende der *Blücher* haben schwimmend die im Oslo-Fjord gelegene Schäreninsel Askeholmen erreicht, erklimmen die Felsen.

Überlebende der *Blücher* auf Askeholmen am 9. April 1940.

Das Foto zeigt fast hundert Überlebende der *Blücher* auf Askeholmen.

Rittmeister Paul Goerz am Morgen des 9. April barfuß auf Askeholmen.

Signalgefreiter Heitmann auf Askeholmen mit *Blücher*-Kriegsflagge.

Die am 24. Juli 1940 enthüllte Gedenktafel am Oslo-Fjord für die Gefallenen der *Blücher*. Das Ehrenmal wurde im Mai 1945 von norwegischen Widerstandskämpfern und amerikanischen Offizieren zerstört. Die Reste wurden zerhackt und als Feuerholz verbraucht. Das Steinfundament besteht heute noch.

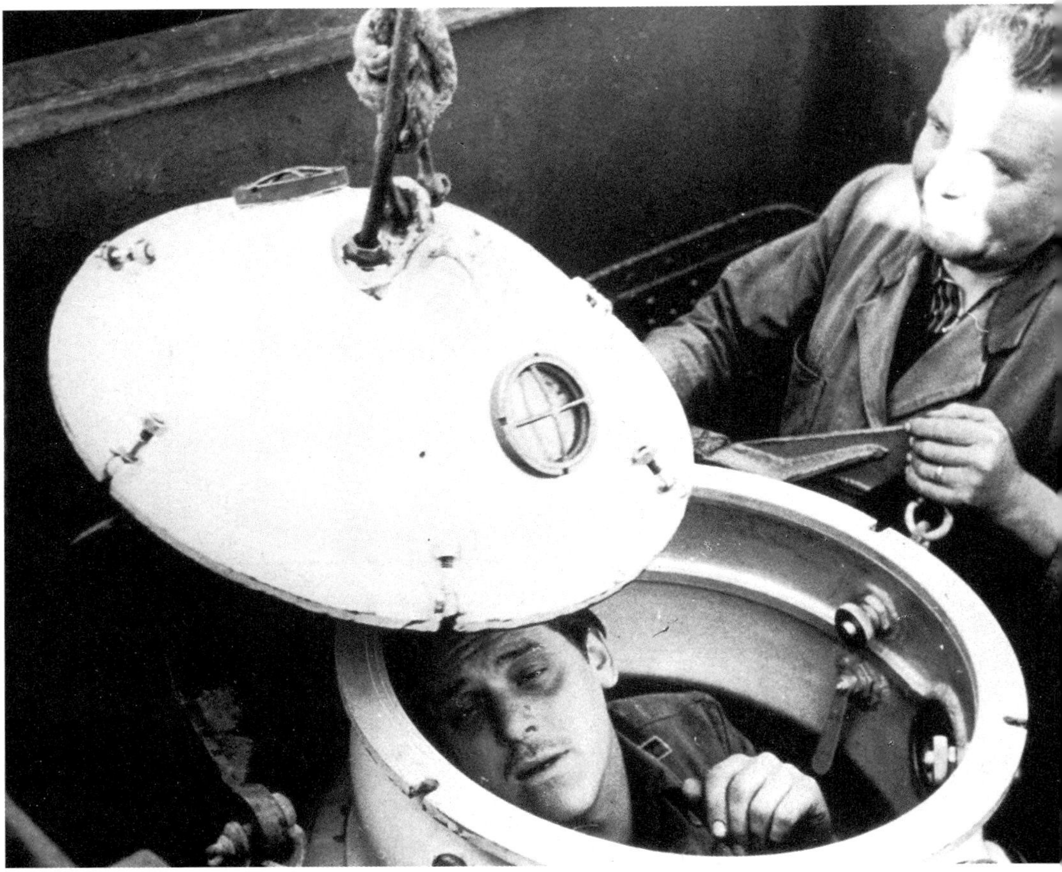

Die ersten Bergungsarbeiten am Wrack der *Blücher* im Jahr 1951. Rechts: Tauchmeister Jess. Links: Taucher Heinz Prüter vor dem Schließen des Tauchgerätes (Marke Hagenuk), dann wurde es ganz langsam abgefiert.

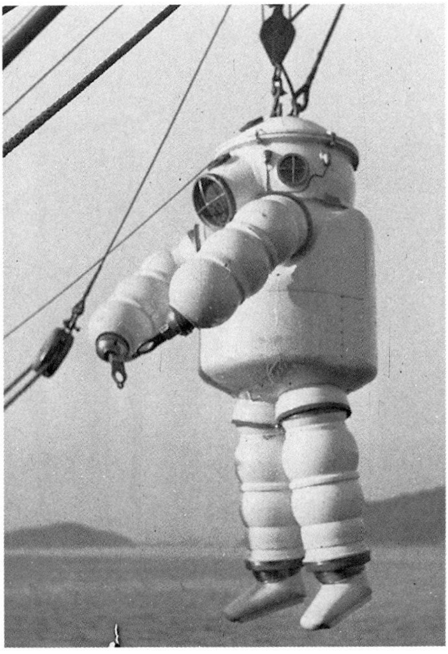

Die zweite der drei *Blücher*-Schrauben ist geborgen, 1951.

Unterwasseraufnahmen vom Wrack der *Blücher* im Oslo-Fjord, November 1989.

Warnschild

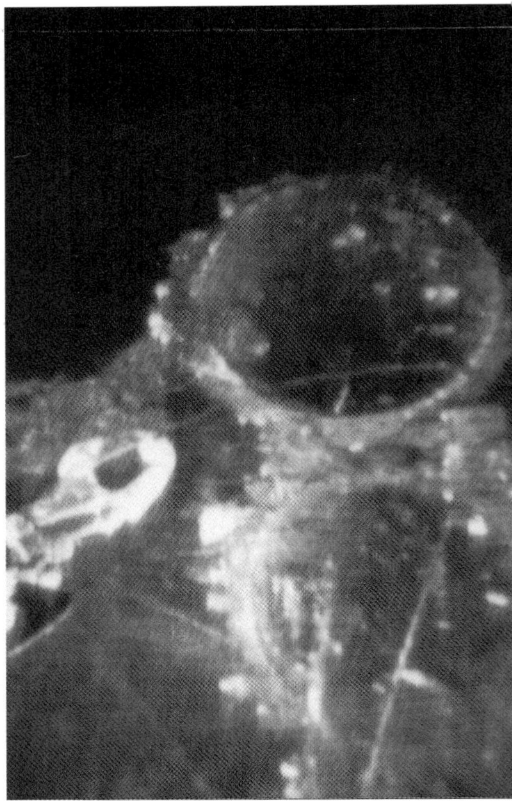

Torpedo-Ausstoßrohre

90 Meter tief: Ankerkette der *Blücher*.

Die geheimnisvollen Papiere

Unter den an Bord der *Blücher* eingeschifften Heeres-Soldaten war auch Oberleutnant Jürgen Bieler. Zusammen mit wenigen weiteren Offizieren — Rittmeister Paul Goerz, Oberleutnant Carl Otto Tewaag, Dolmetscher Erdewin Pinckernelle — bildete er das sogenannte Vorauskommando des Stabes Falkenhorst. Der junge Mann trug mit seinen 25 Jahren bereits eine schwere Verantwortung. Er gehörte zu dem kleinen Kreis auserwählter Offiziere, die am 25. Februar 1940 in einem streng abgeschirmten Büro des Oberkommandos in Berlin ihre Arbeit aufgenommen hatten. Als Ordonanz-Offizier teilte er sein Büro mit dem Chef der Operationsabteilung, Oberstleutnant Hartwig Pohlman, der zwei Tage vor der Invasion in Begleitung eines diplomatischen Kuriers aus dem Außenministerium mit der Eisenbahn nach Oslo fuhr. Dort ließ er dem deutschen Botschafter Dr. Curt Bräuer Anweisungen für das Ultimatum an die norwegische Regierung überbringen. Gleichzeitig fungierte er als Brückenkopf des deutschen Oberkommandos in der norwegischen Hauptstadt in der Anfangsphase des Unternehmens.

Oberleutnant Bieler hatte in diesem Zusammenhang eine außerordentlich wichtige Funktion. Er sollte als engster Mitarbeiter von Oberstleutnant Pohlman die Arbeitsunterlagen für den Stab in der deutschen Botschaft in Oslo so schnell wie möglich herbeischaffen. Da es sich um streng geheime Papiere, zum größten Teil Originaldokumente wie Hitlers Anordnungen, operative Detail-Analysen, Pläne zur Kriegführung in Norwegen mit unterschiedlichen Alternativen, Skizzen und Landkarten handelte, erschien der Transport mit dem Flugzeug zu unsicher. Deshalb wurde Bieler auf *Blücher* dem sogenannten »Vorgeschobenen Kommando« zugeteilt.

Die dem Oberleutnant anvertraute kostbare Fracht mußte an Bord natürlich möglichst unerkannt bleiben. Deshalb besorgte sich Bieler einen Koffer der bekannten Firma Mädler aus hellem Holz. Das gute Stück war so klein, daß es notfalls auch durch ein Bullauge passen würde.

Kurz nachdem sich der Verband am frühen Morgen des 8. April auf den Weg Richtung Norden gemacht hatte, diskutierte Bieler ausführlich mit Korvettenkapitän Zoepffel, was mit den geheimen Unterlagen, die mindestens so wichtig wie der Marinecode waren, in einer Not-Situation geschehen sollte. Es wurde vereinbart, den Koffer in einem solchen Fall zusammen mit dem Marinecode zu versenken. Damit die Dokumente auch wirklich für immer auf dem Grund des Meeres oder des Fjords ruhen würden, sollten schwere Blei-Platten benutzt werden.

Als die wichtigsten Einzelheiten geklärt waren, sprach der Oberleutnant mit seinem alten Freund aus Pfadfindertagen, Kapitänleutnant Pochhammer, dem Chef der

Flugabwehr-Artillerie an Bord. Da Pochhammer Dienst hatte, bot er Bieler seine Einzelkabine an. Der Oberleutnant verbrachte den Abend zunächst in der Offiziersmesse und trank einige Whisky-Soda. Gegen Mitternacht ging er zu Bett. Bieler wachte erst auf, als Granaten auf *Blücher* einschlugen. Wenige Minuten später stand er an Deck. Dort erwartete ihn ein schrecklicher Anblick. Pochhammer war total verstümmelt, die meisten Soldaten in unmittelbarer Umgebung waren tot oder schwer verwundet. Bieler zweifelte keinen Moment daran, daß der Whisky ihm das Leben gerettet hatte. Hätte er nicht so tief geschlafen und sich dadurch verspätet, wäre er seinem Schicksal nicht entgangen.
In den folgenden Minuten wurde das Chaos noch größer, Explosionen setzten sich in einer Kettenreaktion fort. Schnell wurde klar, daß das Schiff sinken würde. Oberleutnant Bieler und Leutnant Forte (ebenfalls aus dem Stabe des Generals von Falkenhorst) warteten, bis sich ein Teil des Decks der *Blücher* in Höhe des Wasserspiegels befand. Dann zog Bieler die Stiefel aus, ließ sich in das eiskalte Wasser gleiten und schwamm, bekleidet mit Uniform und Mantel, in zwanzig Minuten an Land. Nach und nach sammelten sich am Ufer Hunderte von Schiffbrüchigen. Besatzungsmitglieder und Soldaten trugen Brennmaterial zusammen und schürten Feuer, um sich zu wärmen und die Kleider zu trocknen.
Darüber vergingen Stunden. Plötzlich bemerkte Bieler, wie ein ihm nicht unbekannter, gewöhnlicher Koffer an den Strand trieb. Er glaubte seinen Augen nicht zu trauen, dachte an eine Sinnestäuschung. Kurz entschlossen ging er dann jedoch zum Wasser hinunter und nahm den Koffer an sich. Gespannt wartete er auf die Reaktion der norwegischen Gardesoldaten, die nur wenige Steinwürfe entfernt ihre Gewehre auf die Deutschen gerichtet hatten. Aber nichts passierte. Bieler öffnete den Koffer. Sofort sprangen ihm aus der geheimen Karten- und Dokumentensammlung die Aufschriften ›Geheime Kommandosache‹ und ›Nur durch Offiziere‹ ins Auge. Auch Hitlers Unterschrift war auf den Papieren deutlich zu erkennen.
Bieler hatte keine Wahl. Ohne zu zögern verteilte er die feuchten Dokumente in kleinen Bündeln auf fünf oder sechs der Strandfeuer und hörte nicht auf, bis der Koffer leer war und der letzte Papierbogen zu Asche wurde. Immer wieder mußte der Oberleutnant darüber nachdenken, welche Konsequenzen sich ergeben hätten, wären die Dokumente in die Hände der Norweger gefallen. Es wäre ein fabelhafter Ausgangspunkt für das Verhör der deutschen Offiziere gewesen, die Gefangene der Gardekompanie waren. Unter ihnen befand sich auch Generalmajor Engelbrecht. Von Falkenhorsts Stellvertreter war durch seinen Chef genauestens instruiert, wie die Eroberung Oslos durchgeführt und die anschließenden Operationen von dort geleitet werden sollten.
Wie seine älteren und jüngeren Kameraden mußte auch Oberleutnant Bieler in seiner Eigenschaft als Ordonanz-Offizier und nicht zuletzt aufgrund seines Sonderauftrages einen Bericht an den Stab sowie an die vorgesetzte Behörde in Berlin schrei-

ben. Ihm war natürlich klar, daß sich ein Teil der Geschehnisse nicht zur schriftlichen Wiedergabe eignete. Wenn er auch guten Gewissens war und alles Menschenmögliche getan hatte, so überwogen doch die dramatischen Ereignisse beim Untergang der *Blücher*. Bieler berichtete, daß er keine Möglichkeit gehabt habe, das vorschriftsmäßige Verhalten von Korvettenkapitän Zoepffel beim Versenken des Koffers mit den geheimen Kommando-Sachen zu überprüfen, und daß es höchst zweifelhaft gewesen sei, ob es die nahezu unmögliche Situation überhaupt zugelassen hätte, den Koffer mit Blei-Platten auszustatten.
Sicher war nur, daß der Koffer auf dem Wasser trieb und kaum vorstellbar gegen jede Wahrscheinlichkeitsrechnung ausgerechnet Kurs auf die Stelle nahm, wo sich die einzige Person befand, die den Inhalt sofort indentifizieren konnte. Auch wenn die Dokumente nicht wie vorgesehen auf dem Grund des Oslo-Fjords ruhten, so wurden sie jedenfalls trotzdem vollkommen vernichtet. Aber dies war auf eine Art und Weise geschehen, die ganz klar gegen Pflicht und Reglement verstieß. Oberleutnant Bieler wäre dem Kriegsgericht wohl kaum entgangen, hätte das Oberkommando erfahren, daß er sich nicht bis zum letzten Blutstropfen geopfert hatte, um zu überwachen, daß der Koffer vorschriftsmäßig einen halben Kilometer von der Insel Askeholmen entfernt im Meer versenkt wurde.
Jeder, der den offiziellen Bericht des Oberleutnants liest und mit dem vergleicht, was dieser 43 Jahre später erstmals dem norwegischen Historiker Sverre Hartmann anvertraute, erhält eine interessante und äußerst anschauliche Bestätigung dafür, daß schriftliche Quellen, die kurz nach dem Geschehen verfaßt wurden, nicht immer zuverlässig sind.

Fjord in Flammen — zehnstündiges Bombardement

Die Norwegerin Asgot Enger erlebte das Inferno am Schlafzimmerfenster ihrer Villa mit dem herrlichen Blick über den Oslo-Fjord. Die Frau des Majors Vagn Enger, der damals das Kommando über die Kopas-Batterien auf der östlichen Seite am Dröbaksund gegenüber der Festung Oscarsborg hatte, erinnerte sich: »Es begann alles ganz harmlos. Daß mein Mann abends zur Batterie ging, war ja nichts Ungewöhnliches. Ich weiß noch, daß ich, bevor er hinausging, zu ihm sagte: ›Vagn, nimm einen Schal mit, es ist kalt.‹ Nachdem er weg war, ging ich zwar nicht gleich ins Bett, aber ich setzte mich auch nicht hin und wartete auf den Krieg.
So gegen zwei oder drei Uhr rief mein Mann an und erzählte, ein Schiff habe wohl nach einem Kampf auf See Zuflucht im Fjord gesucht, ich solle ruhig zu Bett gehen. Das tat ich dann auch. Kurze Zeit später krachte es ganz fürchterlich. Nun ging alles so atemberaubend schnell, daß ich kaum folgen konnte. Plötzlich stand der ganze Fjord in Flammen, die Fensterscheiben klirrten im Kanonendonner. Als ich die Haustür öffnete, wurde sie mir allein durch die Druckwelle vom Fjord her aus der Hand gerissen.
Ich weiß noch, daß ich zu unserem 17jährigen Sohn ins Zimmer ging und zu ihm sagte: ›Nun haben wir Krieg!‹ Am frühen Morgen machten wir uns mit ein paar persönlichen Sachen auf ins Landesinnere. Viele andere waren schon in der Nacht aufgebrochen. Die Menschen waren frühzeitig zur Evakuierung aufgefordert worden. Viele andere waren dem Rat nicht gefolgt und stattdessen zum Ufer hinuntergegangen, um dem Gefecht zuzusehen — das zeigte, wie wenig wir vom Krieg wußten! An Land konnte man die Todesschreie hören und das Lied ›Deutschland, Deutschland über alles‹. Aus allen Richtungen wurde gefeuert. Die Luft war erfüllt von Explosionen und Rauch, überall stiegen Leuchtraketen auf. Mittendrin lag die *Blücher.* Der Schwere Kreuzer glich einer brennenden Fackel.
Meinen Mann sah ich erst einige Tage später wieder. Er war deutscher Kriegsgefangener, und sein Transport hielt zufällig auf dem Marktplatz in Dröbak. Da wußte ich wenigstens, daß er noch am Leben war...«
Dem mißlungenen Seeangriff folgte ein zehnstündiges Bombardement aus der Luft. Einige Bomben fielen auf ein Villenviertel in Froen. Angeblich versehentlich. Es hieß nämlich, einige Flugzeuge seien zu schwer beladen gewesen und hätten deshalb Ballast abwerfen müssen. Richtig war jedoch, daß die 600 bis 700 Meter entfernte Gardekaserne Tortebjergjordet bombardiert werden sollte. Die Garde war Waffe und Schutz des Königs und sollte als Streitmacht unbedingt ausgeschaltet werden.

Eine der für die Gardekaserne bestimmten Bomben fiel als Volltreffer auf eine Villa gegenüber vom Bahnhof Stenerud. Ironie des Schicksals: Der kleine Sohn des deutschen Botschaftssekretärs Graf, der das Haus gemietet hatte, kam ums Leben.

DNB Berlin, 9. April 1940

Das Oberkommando der Wehrmacht gibt bekannt:

Um dem im Gang befindlichen britischen Angriff auf die Neutralität Dänemarks und Norwegens entgegenzutreten, hat die Deutsche Wehrmacht den bewaffneten Schutz dieser Staaten übernommen.

Hierzu sind heute morgen in beiden Ländern starke deutsche Kräfte aller Wehrmachtteile eingerückt bzw. gelandet.

Zum Schutze dieser Operationen sind umfangreiche Minensperren gelegt worden.

Unruhe in Oslo — wo bleiben die Schiffe?

Nur eine Handvoll Deutsche in Oslo waren in das geplante Unternehmen eingeweiht. Einer von ihnen war der Abwehr-Offizier Leutnant Hermann Kempf. Er hatte sich auf dem im Hafen von Oslo liegenden deutschen Dampfer *Widar* der Hamburger »Frigga»-Seereederei einquartiert und hielt wachsam Ausschau. Tags zuvor hatte er den Auftrag bekommen, den erwarteten deutschen Verband mit dem Schweren Kreuzer *Blücher* an der Spitze in den Hafen zu lotsen. Als Schiffahrtsinspektor getarnt, war Kempf schon seit Monaten in Norwegen — im Auftrag der Abwehr unter dem Kommando von Admiral Canaris. Sein Vorgesetzer in Oslo war der deutsche Marineattaché, Korvettenkapitän Richard Schreiber. Er hatte rechtzeitig feststellen lassen, daß die *Widar* mit einem kombinierten Sender und Empfänger ausgerüstet war. Das Afuge-Gerät der »Abwehrstelle Hamburg« war betriebsklar, ein Motorboot lag bereit.
Zuerst versuchte Kempf, am 9. April um 0 Uhr mit dem Stab der Gruppe XXI in Hamburg Verbindung zu bekommen. Das gelang erst später. Ab sechs Uhr gab er laufend Meldungen durch. Erregt warteten die Männer auf der *Widar* im Morgengrauen auf die deutschen Kriegsschiffe. Vorher verhinderten Funkstörungen die Übermittlung der ersten Fliegeralarme mit Verdunklung in Oslo.
Fast zur gleichen Zeit, als *Blücher* im Oslo-Fjord von den norwegischen Geschützen schwer getroffen wurde, betrat der deutsche Gesandte in Oslo, Dr. Curt Bräuer, das Außenministerium, um ein Gespräch mit Außenminister Professor Koht zu führen. Im selben Augenblick wurde in der Stadt Fliegeralarm ausgelöst. Es gab kein Licht mehr. Koht empfing Bräuer in der Bibliothek. Im Kerzenschein gab Bräuer, der selbst erst fünf Stunden vorher informiert worden war, die deutschen Forderungen bekannt. Die Deutschen kämen als Freunde, nicht als Feinde, hieß es. Sie wollten nur einen Angriff der Westmächte abwehren. Ihre Absicht sei es, das Königreich Norwegen zu beschützen, bis der Krieg zu Ende sei. Die Norweger sollten augenblicklich die Waffen niederlegen und keinen Widerstand leisten.
Koht informierte sofort die Regierungsmitglieder. Es gab keine langen Debatten. Nach wenigen Minuten kam die Antwort: »Wir beugen uns nicht freiwillig, der Kampf ist bereits im Gange«. Schon um 7.15 Uhr verließen König Haakon VII. und die Regierung mit einem schnell bereitgestellten Sonderzug Oslo, um sich nach Norden zurückzuziehen. Wären die Deutschen planmäßig und nicht erst mit 30 Stunden Verspätung gelandet, hätte das auf der *Blücher* eingeschiffte Musikkorps am Mittag des 9. April ein Promenaden-Konzert auf der bekannten Flanierstraße Karl-Johan-Gate gegeben. Anschließend wären die Deutschen mit klingen-

dem Spiel zum Schloß hinaufmarschiert. Der König sollte mit norwegischen Volksliedern abgelenkt werden. Zugleich hätten andere Truppen das Schloß eingekreist, um Haakon und seine Regierung gefangenzunehmen. Doch diese Erniedrigung blieb dem stolzen und tapferen norwegischen Volk dank der schnellen Reaktion seiner Führung erspart.

Während der deutsche Gesandte im norwegischen Außenministerium weilte, spazierten zwei Herren mittlerer Größe am Hafen auf und ab — Korvettenkapitän Richard Schreiber, der deutsche Marineattaché, und ein ganz junger Mann, NSDAP-»Reichsamtsleiter« Hans-Wilhelm Scheidt. Im Halbunkel schlenderten sie scheinbar ziellos am Kai entlang, nur 50 Meter von der Polizeiwache Pipervika entfernt. Die Zeit verging. Polizisten betraten das kleine Gebäude in regelmäßigen Abständen und kamen wieder heraus. Scheidt fühlte sich nicht besonders wohl bei dem Gedanken an den Inhalt seiner Aktentasche. Sie enthielt eine Spezialkarte von Oslo und Umgebung mit Kennzeichnung aller wichtigen Zufahrtswege und Hauptstraßen, mit Angabe militärischer Ziele, öffentlicher Gebäude, Polizeihauptwache, Postamt, Rundfunk, Gaswerk usw. Die Karte sollte Generalmajor Engelbrecht ausgehändigt werden, nachdem der Schwere Kreuzer *Blücher* im Hafen von Oslo festgemacht haben würde. Engelbrecht hätte den Auftrag gehabt, die militärischen Operationen im Osten anzuführen — wenn es zum Kampf gekommen wäre.

Aber kein Schiff kam in Sicht, kein Flugzeug zeigte sich am Horizont. Dabei hätte der Schwere Kreuzer längst seine Position im Hafen am Piperwikenkai einnehmen müssen. Scheidt und Schreiber fuhren zur Botschaft — vielleicht wußte Oberstleutnant Pohlman etwas. Der Offizier hatte am Vortag dem Gesandten die geheimen Anweisungen übermittelt. Es herrschte große Ungewißheit. Dann ließen sich Scheidt und Schreiber hinauf zur Navigationsschule in Ekkeberg bringen, um von dort den Hafen zu überblicken — Fehlanzeige. Gegen sieben Uhr kehrten die beiden Deutschen wieder in die Botschaft zurück. Dort hatte man inzwischen eine telegrafische Meldung der Norweger abgehört, es habe ein Seegefecht gegeben. Kurz darauf meldete der Botschaftsdiener, die ersten Flugzeuge kreisten über der Stadt.

Dann überstürzten sich die Ereignisse. Leutnant Kempf funkte seine Beobachtungen in großer Eile nach Hamburg:

08.10 Uhr:

Vier He 111 überfliegen Hafen, heftiges Flakfeuer.

08.21 Uhr:

Wieder heftiges Flakfeuer, Geschützfeuer aus Dröbak, dauernde Tiefangriffe von sechs HE 111 auf den Flughafen Fornebu.

08.26 Uhr:

Noch keine eigenen Schiffe in Sicht. Drei Ju 52 anscheinend in Fornebu gelandet. Oslo wird evakuiert. Schweres Geschützfeuer aus Richtung Dröbak. Heftiges, aber schlecht liegendenes leichtes und schweres Flakfeuer. Fornebu anscheindend in deutscher Hand. Weiße Landesterne für He 111. Drei HE 111 setzen zur Landung an.

08.44 Uhr:

Einige weitere He 111 in Fornebu gelandet. Hafenleben tot. Seit heute nacht 0.30 Uhr laufend Fliegeralarm.

08.50 Uhr:

Drei HE 111 werden von Flak-Batterie Ekkeberg beschossen. Vier Ju 52 in Fornebu gestartet, Kurs Süd. Drei He 111 im Tiefangriff auf Flak-Stellungen Ullevalls-Stadion, lebhaftes Flakfeuer. Drei Ju 52 fliegen Richtung Ejeller, drei Ju 52 Kurs West passiert.

08.58 Uhr:

Gefechtspause.

09.00 Uhr:

Zwei Ju 52 landen in Fornebu.

09.01 Uhr:

Schwere Salve aus Dröbak, heftiges Flakfeuer auf allein fliegende He 111. Feuer am heftigsten aus Flakstellung Ekkeberg, Akershus und Nähe Rathaus. Vier weitere Ju 52 Richtung Kjeller, fliegen nördlich, Flakfeuer. Zwei Ju 52 landen in Fornebu. Wind Nordost 3, Wolkenhöhe 1000 Meter, 8/10 Meter bewölkt. Hafen liegt tot. Vier Ju 52 landen in Fornebu, drei weitere Ju 52 setzen auf. Evakuierung in vollem Gange, auf der Festung Akershus weht die norwegische Kriegsflagge. Beschießung einer einzeln fliegenden He 111 durch schwere Flak.

09.23 Uhr:

Zwei Ju 52 nordöstlich der Stadt in Sicht. Vier Ju 52 flogen von Süden an, setzten zur Landung an, erhielten kein Flakfeuer. Eine weitere Ju 52 landet in Fornebu, erhielt schwaches Feuer von Lindoe, Fornebu in deutscher Hand.

Zwei Ju 52 einfliegen aus östlicher Richtung, noch kein Flakfeuer. Wind leicht aufbrisend aus Nordost. Deutsche Kriegsschiffe im Gefecht mit Oscarsborg. Ein Kreuzer auf Höhe Digerudgrunden, zehn Seemeilen Süd von unserem Liegeplatz, noch nicht in Sicht.

Drei Ju 52 aus östlicher Richtung eingeflogen. Fünf Ju 52 landen in Fornebu. Hochfliegende He 111 erhält Flakfeuer.

Sechs Ju 52 einfliegend aus Osten, Flakfeuer aus der Stadt.

Flakfeuer vom gelben Hausdach neben dem Außenministerium, südlich vom Schloß, Abstand 800 Meter. Schießt zeitweise beim Auftauchen deutscher Flugzeuge.

Über uns fliegende Do 17 erhält heftiges Flakfeuer, während Ju 52 nicht beschossen wurden. Die meisten Ju 52 umfliegen nördlich Stadt aus östlicher Richtung kommend, westlich steuernd Einflug Fornebu von Norden. Noch kein eigenes Kriegsschiff in Sicht.

Im Augenblick alles ruhig. Auf dem Schloß weht die Königsstandarte nicht mehr.

10.40 Uhr:
Drei Ju 52 fliegen von Osten ein. Zwei Ju 52 gestartet, erhalten heftiges Flakfeuer aus Richtung gelbes Haus beim Schloß sowie von Bygdö Südhuk, Akershus und grauem hohen Geschäftshaus 200 Meter östlich vom Rathaus.

Danach meldete Kempf seine Beobachtungen laufend weiter, nur in erheblich größeren Abständen. Außerdem gab er Position und Aussehen der im Hafen liegenden deutschen Handelsschiffe nach Hamburg durch. Zur gleichen Zeit rasten Schreiber und der Luftwaffenattaché, Hauptmann Spiller, mit seinem Opel Kapitän nach Fornebu. Am Eingang waren norwegische Wachen postiert. So kletterten die beiden über den Zaun und liefen auf den Platz, um die ersten Maschinen einzuweisen. 25 Fallschirmspringer sicherten den Flugplatz zunächst nur schwach. Dann jagte Schreiber weiter, um mit wenigen anderen Fallschirmjägern die norwegische Hauptflakstellung in Bygdöy auszuheben.
Weil aber inzwischen die Situation in Oslo kritisch geworden war, eilte Schreiber zurück, um verschiedene Geheimsachen zu vernichten. Obwohl er sogar in voller Uniform im Wagen durch die Stadt fuhr, wurde er nicht von der norwegischen Polizei gestoppt. Gegen 12 Uhr rückten deutsche Truppen in die Stadt ein. Die Norweger leisteten keinen Widerstand. Am frühen Nachmittag war Oslo fest in deutscher Hand. Deutsche Kriegsschiffe waren dagegen immer noch nicht zu sehen. Erst am späten Nachmittag meldeten Flieger ein sinkendes Kriegsschiff und einen großen Ölfleck nördlich von Oscarsborg. Und so verdichtete sich die Annahme, eines der Schiffe sei aufgelaufen und würde das Fahrwasser für die nachfolgenden Einheiten blockieren. Zur Erkundung wurde ein Motorschiff ausgeschickt.
Obwohl die nach Norden ausgewichene norwegische Regierung zum Widerstand gegen die deutsche Besetzung entschlossen war, ging sie am 9. April nachmittags bei einem Aufenthalt in Hamar — etwa 100 Kilometer nördlich von Oslo — auf das erneute Verhandlungsangebot des Gesandten Bräuer ein, um eventuell eine Kompromißlösung zu finden, die auch deutschen Interessen entgegengekommen wäre. Bevor es zu dieser Kontaktaufnahme kam, hatte in den Abendstunden des 9. April der Führer der kleinen nationalsozialistischen Splitterpartei »Nasjonal Samling«, Vidkun Quisling, auf eigene Faust in Oslo eine Regierung gebildet. Der deutsche Marineattaché Schreiber und der NSDAP-Funktionär Scheidt hatten den Coup maßgeblich mit vorbereitet. Um 19.30 Uhr verkündete Quisling die neuen Machtverhältnisse über Rundfunk, obwohl er nicht in die Pläne der Deutschen eingeweiht war.
Am 10. April kam es dann in Elverum — etwa 30 Kilometer östlich von Hamar — noch zu einer letzten Besprechung zwischen König Haakon und dem deutschen Gesandten Bräuer. Dieser forderte, der Monarch möge die Einstellung des bewaffneten Widerstandes erwirken und Quisling mit der Regierungsbildung beauftragen.

Nach Rücksprache mit der Regierung lehnte König Haakon diese Forderung ab und zog sich unter dem Schutz seiner Truppen weiter nach Norden zurück, da sein Hauptquartier von der deutschen Luftwaffe angegriffen wurde.
In Oslo fand Quisling mit seiner »Regierung« keinerlei Rückhalt bei der Bevölkerung und den eigenen Streitkräften. Daher wurde er bereits am 15. April von deutscher Seite zum Rücktritt gedrängt. Kurz danach übernahm der von Hitler persönlich ausgewählte Gauleiter Terboven in Norwegen seine Aufgabe als »Reichskommissar für besetzte Gebiete«. Damit begann ein Besatzungsregime, das dem freiheitsliebenden norwegischen Volk viel Leid und Unterdrückung bringen sollte.
König Haakon und die rechtmäßige Regierung konnten sich nur noch bis Anfang Juni im Land halten. Sie mußten sich mit den alliierten Streitkräften zurückziehen und verließen Norwegen an Bord eines britischen Kreuzers, der sie nach Großbritannien ins Exil brachte.
In Berlin hatte die Seekriegsleitung den gesamten Verlauf des Unternehmens »Weserübung« mit gespannter Aufmerksamkeit verfolgt. Bereits am 9. April hielt sie in ihrem Kriegstagebuch folgende Lagebeurteilung fest:
»Der Hinmarsch der Seestreitkräfte in ihre Zielräume und die Operationen zur Truppenlandung in den norwegischen und dänischen Häfen sind bei kühnem Durchstoßen durch die Befestigungsanlagen dank des entschlossenen Einsatzes der beteiligten Streitkräfte und begünstigt vom Glück gelungen. Die Überraschung des Gegners konnte infolge verschiedener Vorwarnungen in Verbindung mit einer seit mehreren Tagen erkennbaren Versteifung der norwegischen Haltung nicht gewahrt werden. Die eingetretenen Verluste, besonders der Verlust des neuesten Schweren Kreuzers *Blücher* sind schmerzlich; sie entsprechen jedoch durchaus der Größe des gelaufenen und erwarteten Risikos und können nicht als zu hoch bezeichnet werden. (...)«.
Am 11. April kam die Seekriegsleitung zu folgender Einschätzung:
»Hinsichtlich der Operationsdurchführung der Norwegen-Aktion ist zuzugeben, daß die Anwesenheit der auf *Lützow* eingeschifften Truppe angesichts des Ausfalls von *Blücher* von großem Nutzen für die Oslo-Operation gewesen ist.
Rückblickend ist festzustellen, daß sowohl der Einsatz von *Lützow* als auch der Einsatz des neusten Kreuzers *Blücher* in Oslo zu schwersten Verlusten an operativer Kampfkraft der Kriegsmarine geführt hat. Möglicherweise wäre die Landungsoperation in Oslo auch mit zahlreichen kleinen Fahrzeugen (Torpedoboote, Geleitboote usw.) ohne größere Verluste durchführbar gewesen. Es hätte aber bei der Zahl der zu überführenden Truppen eine sehr große Anzahl derartiger Fahrzeuge bedurft. Die Eingliederung kampfkräftiger Schiffe in die Oslo-Unternehmung kann nach Auffassung der Seekriegsleitung keineswegs als operativer Fehler bewertet werden. Der Einsatz schwerer Schiffsartillerie wurde grundsätzlich zur Brechung des Widerstandes in Oslo und zur Deckung der Landungsoperation für erforderlich

gehalten. Auch der Einsatz der alten Linienschiffe in Oslo ist von der Skl. vorher geprüft worden. Abgesehen davon, daß eins dieser Schiffe in seiner Manövrierfähigkeit und Fahrbereitschaft beschränkt und das andere für die Aufgabe Korsör eingesetzt war, wurde ihr Kampfwert gegenüber den Küstenbatterien als sehr gering eingeschätzt. Schließlich spielte bei der Entscheidung über die Entsendung des *Blücher* auch die Frage der Einwirkungsmöglichkeit durch ein modernes repräsentatives Schiff eine Rolle.
Mit Verlusten mußte in jedem Falle gerechnet werden. Sie waren im Interesse der Größe der durchzuführenden Aufgabe in Kauf zu nehmen.«

Norwegen –

das kühnste Unternehmen der deutschen Kriegsgeschichte

Dieser Schlag war das kühnste Unternehmen der deutschen Kriegsgeschichte. Seine erfolgreiche Durchführung wurde nur möglich dank der Führung und Haltung aller der daran beteiligten deutschen Soldaten. Was unsere drei Waffen: das Heer, die Marine und die Luftstreitkräfte, in diesem Kampf um Norwegen leisteten, sichert ihnen die Bewertung eines allerhöchsten Soldatentums.

Die Marine

führte ihre Operationen und später die Transporte durch gegen den Feind, der im gesamten fast mehr als die zehnfache Überlegenheit besaß. Alle Einheiten unserer jungen Kriegsmarine haben sich dabei mit unvergänglichem Ruhm bedeckt.

Der Führer im Reichstag am 19. Juli 1940

Kritik und Vorwürfe nach dem Untergang

Der Leitende Ingenieur der *Blücher*, Dipl.-Ing. Karl Thannemann, kritisierte heftig die Maßnahmen der Leckwehrleitung. Er stellte fest: »Die Leckwehrleitung lag in den Händen des nicht besonders tatkräftigen 1. Leckwehringenieurs. Der Erste Offizier hatte vom Kommandanten ausdrücklichen Befehl, während des Unternehmens im Oslo-Fjord auf der Brücke in seiner Nähe zu bleiben. Die Begründung für diesen Befehl muß wohl darin gesehen werden, daß kurze Zeit später die Ausschiffung der Landungstruppen beabsichtigt war und der Kommandant dafür den Ersten Offizier zur Hand haben wollte.
Durch den raschen Ausfall aller B.- und M.-Anlagen war die Leckwehrleitung von ihren Leckwehrgruppen völlig abgeschnitten. Die Leckwehrgruppenführer, die im allgemeinen sehr tatkräftig und richtig handelten, hatten es in der Hitze ihrer Tätigkeit übersehen, die Leckwehrleitung auf dem laufenden zu halten. Das war zweifellos eine Folge der erst in den Anfängen stehenden Ausbildung.
Doch immerhin war die Leckwehrleitung einigermaßen über die vollgelaufenen Räume unterrichtet. Irgendwelche Maßnahmen der Leckwehrleitung waren aber nicht erkennbar, abgesehen davon, daß sie die Pumpenmeister-Einsatzgruppe zur Feuerbekämpfung nach Abteilung IX sandte und auf eine Anfrage des 1. Pumpenmeisters, also nicht von sich aus, die Anweisung zum Gegenfluten der Flutzellen an Steuerbord gab.
Nach dem alle B.- und M.-Anlagen ausgefallen waren, hätte die Anwesenheit des 2. Leckwehringenieurs in der Leckwehrzentrale völlig genügt. Er hätte damit seinen Maschinisten Kusenberg sowie das Befehlsübermittlungspersonal freigehabt, um sich die nicht eingehenden Meldungen von den Leckwehrgruppenführern zu holen. Auch der 2. Leckwehringenieur machte nicht den Versuch, eine genaue Übersicht der Leckschäden aufzustellen, wie er mir auf Befragen nach seiner Rettung meldete. Der Führer der Pumpenmeister-Einsatzgruppe, der 1. Pumpenmeister, hat tatkräftig und vielseitig gehandelt. Aber er hatte ebenfalls nach dem Ausfall der B. und M.-Anlagen versäumt, die Leckwehrleitung durch Läufermeldungen auf dem laufenden zu halten.
Der 2. Leckwehringenieur in der Leckwehrhilfszentrale war über den Fortgang der ganzen Ereignisse wenig unterrichtet. Das lag nach dem schnellen Ausfall der Anlagen vor allem daran, daß die Leckwehrhilfszentrale in einem kleinen Raum unter dem Maschinenleitstand lag. Nachdem der Raum durch Wassereinbruch ausgefallen war, wäre es richtig gewesen, daß der 2. Leckwehringenieur die Verbindung mit dem 1. Leckwehringenieur in der Leckzentrale aufgenommen und ihn durch Klärung

sowie Eingreifen an Gefahrenpunkten unterstützt hätte. Er durfte seine Aufgaben mit dem Verlassen der Leckwehrhilfszentrale nicht als abgeschlossen betrachten.
Daß der Erste Offizier nicht in der Leckwehrzentrale war und die Leckwehrleitung in den Händen des 1. Leckwehringenieurs lag, war mir nicht bekannt. Es wäre vom 1. Leckwehringenieur richtig gewesen, mich davon in Kenntnis zu setzen.«
Der 1. Leckwehringenieur, Kapitänleutnant (Dipl.-Ing.) Glatzer, bemerkte dazu in seinem Bericht: »Es kann nicht als Versagen der Leckwehrleitung angesehen werden, daß von ihr aus während der gesamten Zeit der Leck- und Feuerbekämpfung so gut wie nichts zu den Abwehrmaßnahmen beigetragen wurde. Daß und warum sich die Leckwehrleitung in dieser hilflosen Situation befunden hat, geht aus den Berichten des 1. Leckwehringenieurs und des Leckwehrfähnrichs hervor*.
Im übrigen ist durch die Organisation des Lecksicherungsdienstes ausdrücklich dafür Sorge getragen worden, daß die einzelnen Organe der Leckwehr völlig auf sich selbst gestellt, lediglich auf Grund ihrer Wahrnehmungen und ohne die — in dem Bericht wiederholt vermerkten — Befehle handeln konnten und sollten, wenn die Umstände sie dazu gezwungen hätten. So haben auch auf *Blücher* sämtliche Gruppen der Leckwehr selbständig und größtenteils richtig gehandelt.
Den Befehl zum Gegenfluten habe ich absichtlich nicht eher bei der Schiffsführung zu erwirken versucht. Wie in meinem Bericht dargestellt, hatte ich keinerlei Überblick über den tatsächlichen Umfang des eingedrungenen Wassers und konnte somit der Schiffsführung keine Auskunft geben, ob die Mehrbelastung durch Fluten der Steuerbord-Flutzellen tragbar sein würde. Daß ich mich schließlich auf Anfragen des 1. Pumpmeisters doch zu diesem Befehl, und zwar ohne Befragen der Schiffsführung, entschloß, geschah in der Erkenntnis, daß das Gegenfluten in Anbetracht der zunehmenden Krängung nach Backbord als das geringere Übel in Kauf genommen werden mußte, und zwar so schnell wie möglich, damit es noch einigermaßen wirksam würde.
Es wird weiterhin moniert, daß ich versäumt hätte, eine Leckrechnung oder wenigstens den Versuch einer solchen zu machen. Dazu ist zu bemerken, daß selbst der Versuch einer Leckrechnung unsinnig sein dürfte, wenn nicht wenigstens die zu erfassenden Räume bekannt waren. Das war nicht der Fall, wie genügend oft erwähnt. Andererseits wurde nicht an Versuchen gespart, sich ein Bild von den Vorgängen im Schiff zu verschaffen. Durch die zum Sprechen und Hören ja noch lange Zeit klare LHF-Anlage wurden öfters die Gruppen, die Störungen gemeldet hatten, nach dem Stand und dem Erfolg der Arbeiten gefragt. Daß nur sehr wenige und unzureichende Meldungen einliefen, war bei der Fülle der Arbeiten, die jeder Mann der Leckwehr zu bewältigen hatte, nur zu verständlich. Freilich hätte bei

* Anmerkung der Autoren: Die entsprechende Stellungnahme des Fähnrichs ist unauffindbar, gehörte auch nicht zum erstellten Gefechtsbericht des Ersten Offiziers.

einem höheren Ausbildungsstand mehr zur Zentrale durchkommen können, obgleich der Läuferverkehr sehr erschwert war. So kam zum Beispiel ein von mir fortgeschickter Läufer nicht wieder zurück.
Ich habe die Zentrale absichtlich nicht verlassen, obwohl ich hier so gut wie nichts mehr ausrichten konnte. Der Grund: Einige Wochen zuvor hatte das OKM wegen eines Treffers auf der *Leipzig* ausdrücklich Befehl erteilt, daß die Leckwehrzentrale während des Gefechts von einem Offizier besetzt gehalten werden mußte. Trotzdem fragte ich schließlich die Schiffsführung, ob ich die Zentrale verlassen dürfe. Das wurde genehmigt. Den 2. Leckwehringenieur an meiner Stelle in die Zentrale zu nehmen, kam für mich nicht in Betracht.
Ich wußte nämlich nicht und hätte mich wegen der Schwierigkeiten in der Befehlsübermittlung auch nicht davon überzeugen können, ob die Leckwehr-Hilfszentrale noch klar war. Auf alle Fälle mußte der 2. Leckwehringenieur, von mir aus gesehen, genauso auf Gefechtsstation bleiben wie ich, zumal unter Deck an keiner Stelle bekannt war, in welchem Stadium des Gefechts sich das Schiff befand. Also war auch gar nicht zu übersehen, ob nicht plötzlich der 2. Leckwehringenieur in der Leckwehr-Hilfszentrale die Leitung würde übernehmen müssen.
Zu der im Bericht erwähnten Unterlassung einer Benachrichtigung des Leitenden Ingenieurs über die Abwesenheit der Ersten Offiziers von der Kommandozentrale ist zu bemerken, daß eine Verständigung zwischen Leckwehr- und Maschinenleitung nur bei Fragen erforderlich ist, die in beider Interessen- und Befehlsbereich liegen. Ein derartiges Erfordernis war in diesem Falle meines Erachtens nicht gegegben. Auch war ich durch die mich angehenden Fragen der Leckwehr zu sehr beschäftigt, als daß ich zu solchen Sondermeldungen Zeit gehabt hätte.
Von einer Auseinandersetzung zwischen Generalmajor Engelbrecht und dem Kommandanten wegen der Rettungsmaßnahmen habe ich ebenso wenig bemerkt wie von der daraufhin angeblich erfolgten ›Ausbootung und Rettung‹ auf Veranlassung des Heeresbefehlshabers, obgleich ich mich seit meinem Erscheinen auf dem Oberdeck größtenteils in der Nähe dieser Herren aufhielt. Bemerkenswert ist in diesem Zusammenhang die Äußerung eines Oberleutnants im Stabe Falkenhorst. Er sagte später mal zu mir, er sei ganz froh, daß er seinerzeit trockenen Fußes vom *Blücher* an Land gekommen sei.«
Ob es der Major war, den Oberleutnant Carl Otto Tewaag nach seiner Rettung »in voller Montur wie aus dem Ei gepellt und in Feldherrenpose mit erhobener Hand« auf einer der kleinen Inseln im Oslo-Fjord gesehen hat, ist ungewiß.
Jedenfalls habe sich ein Offizier des Heeres von der sinkenden *Blücher* an das norwegische Ufer rudern lassen, sagten mehrere Soldaten (z.B. Korvettenkapitän Zoepffel) später übereinstimmend aus. Einige Zeugen wollen in dem Passagier Dr.-Ing. Paul Goerz, Direktor der Blaupunkt-Radiowerke, erkannt haben. Als Rittmeister der Reserve nahm Goerz im Vorauskommando des Stabes von Falkenhorst

auf *Blücher* an der Fahrt nach Oslo teil. Goerz meldete dagegen: »Ich hatte das Glück, auf einer Luftmatratze zusammen mit sechs Kameraden, darunter Major Lehmann-Bärenklau, die Insel zu erreichen. Ich war bei dieser Fahrt nur bis zum Koppel naß geworden.« Goerz berichtete später Fregattenkapitän Nieden, der vom OKW mit der Prüfung der Untergangs-Umstände des Schweren Kreuzers *Blücher* beauftragt war, weil sich viele Heeres-Offiziere über mangelhalfte Rettungsmaßnahmen geäußert hatten, in seiner Berliner Grunewald-Wohnung:
»An die eingeschifften Heerestruppen sind keine Schwimmwesten ausgegeben worden. Beim Untergang des Schiffes wurde auf entsprechende Anforderung geantwortet, daß keine vorhanden seien. Während auf den anderen Schiffen des Verbandes auf der Überfahrt eingehende Übungen mit der Truppe über ihr Verhalten im Havarie-Fall vorgenommen wurden, geschah auf *Blücher* nichts Derartiges. Deshalb stand die Truppe auch nach den Treffern ohne jede Unterrichtung und Anweisung in den Räumen unter Deck und wartete auf Befehle. Die kamen aber nicht. Auch ein Befehl zum Verlassen des Schiffes wurde auf dem Achterdeck, wo ich mich mit anderen Offizieren des Stabes aufhielt, nicht gegeben. Da kein Seeoffizier achtern vorhanden war, öffneten schließlich die Heeresoffiziere Luken und Türen zu den Räumen, in denen Leute eingeschlossen waren, und ermöglichten ihnen dadurch das Entkommen aus dem sinkenden Schiff.
Soweit ich sehen konnte, war nur ein Boot zu Wasser gelassen worden. Die Leute versuchten, sich mit Matratzen und anderen schwimmenden Gegenständen zu retten. Dabei verließen aber viele in dem kalten Wasser schnell die Kräfte. Mit Schwimmwesten hätten die Kameraden vielleicht gerettet werden können.
Einige der Geretteten, darunter Kapitän zur See Woldag, General Engelbrecht und ich, sammelten sich auf der Insel Askeholmen. Plötzlich wollte sich Woldag eine Kugel in den Kopf schießen. General Engelbrecht verhinderte den Selbstmordversuch und befahl Woldag, an seiner Seite zu bleiben und nicht von ihm zu weichen.«
Gleich nach der Rettung stellte Goerz auf der Insel Askeholmen einige Aufnahmen des PK-Berichterstatters Max Ehlert sicher, die der Gefreite vom Untergang der *Blücher* gemacht hatte. Mit dem Hinweis auf strengste Geheimhaltung nahm er die Bilder an sich. Ehlert gehörte als Sonderführer zur Propaganda-Staffel, die mit auf *Blücher* eingeschifft war. In Oslo sollte Ehlert die ersten Aufnahmen vom Eintreffen des Verbandes machen und das Landemanöver vom ersten Augenblick an im Bild festhalten. Dafür wäre er vor dem Anlegen mit dem ersten Boot und in Begleitung von Oberleutnant Richard Daub (Truppführer und Wortberichter des 1. Leichten Berichtertrupps Heer) an Land gesetzt worden. — Am 10. April 1940 tauchte Goerz im KNA-Hotel auf. Dort traf er nach und nach Kameraden, denen nichts anderes geblieben war, als ihre nassen Uniformen am Leib. Großzügig verteilte der Rittmeister daraufhin drei bis vier Hunderter an die notleidenden Männer. Die machten natürlich große Augen, daß ihr dringendstes Problem auf diese überraschende Weise gelöst wurde.

Ein paar Tage später erfuhr General von Falkenhorst von dieser ganz speziellen Art der Mildtätigkeit. Er ließ Goerz zu sich rufen und verlangte nach Quittungen der jeweiligen Empfänger. Außerdem wollte er die Höhe der herausgegebenen Beträge erfahren. Daran hatte Goerz aber nicht gedacht, als er seinen Kameraden aus der Patsche half. Denn das Geld gehörte ihm gar nicht.
In seiner Eigenschaft als Versorgungschef waren Goerz viele wichtige Aufgaben übertragen worden. Dazu gehörte unter anderem, daß er auf *Blücher* den Restbestand der Deutschen Reichsbank an norwegischen Valuten mit sich führte. Das waren vor allem 100-Kronen-Scheine, die den Liquiditätsbedarf der ersten Tage decken sollten. Als das Schicksal der *Blücher* besiegelt war, kümmerte sich der Rittmeister nicht nur darum, Fotoapparat und Filme in kleinen Aluminiumbehältern an sich zu nehmen. Goerz sicherte auch die vielen 100-Kronen-Scheine aus dem Geldkoffer.
Goerz bot schließlich General von Falkenhorst an, das Defizit aus eigenen Mitteln zu decken. Da gewann bei v. Falkenhorst das Menschliche die Oberhand. Auf Empfehlung des Generals bekam Goerz sogar noch einen Orden.
Nach dem Untergang des Schweren Kreuzers gab es überall lebhafte Diskussionen. Zwischen Heer und Kriegsmarine kam es sogar zu heftigen und erbitterten Kontroversen über die Begleitumstände des umstrittenen *Blücher*-Einsatzes. Erfahrene Seeleute hielten es für unverantwortlich, ein Schiff, das gerade aus der Probefahrzeit entlassen war und noch über keinerlei Kriegserfahrung verfügte, in ein solches Unternehmen zu schicken. Daneben wurde bemängelt, daß die Schiffs-Artillerie nicht richtig eingeschossen war und es bis zum Kommando »Klar Schiff zum Gefecht« immer wieder erhebliche Pannen gegeben hatte. Militär-Experten bezeichneten den Einsatz der *Blücher* sogar als »unsinnig«. Als Begründung verwiesen sie auf die Luftwaffe, der es ohne Verluste gelungen war, auf dem bei Oslo gelegenen Militärflughafen Fornebu zu landen.
Die Auseinandersetzungen wurden zwar offiziell nicht bestätigt, gehen aber aus einigen Unterlagen deutlich hervor. So berichtete der oben bereits erwähnte Fregattenkapitän Nieden am 28. Juil 1941 aus Oslo: »Aus Äußerungen verschiedener Mitglieder des Stabes der Heeresgruppe XXI, so unter anderem des I a der Gruppe, Oberstleutnant von Butlar, habe ich entnommen, daß in Heereskreisen eine falsche und der Marine sehr abträgliche Beurteilung über die Führung der *Blücher*-Gruppe und das Verhalten des *Blücher*-Kommandanten... am 9. April herrscht. Der Führung wird der Vorwurf gemacht, daß bei der Forcierung der Dröbak-Enge nicht ein kleines, weniger wertvolles Schiff vorausgesandt worden sei, um das Verhalten der Batterie festzustellen und eventuell deren Feuer von dem wertvollen Objekt abzulenken. Dem Kommandanten wird vorgeworfen:
a) Er habe nach der schweren Beschädigung seines Schiffes nicht versucht, sein Schiff auf Strand zu setzen und die Ausschiffung der Besatzung und der Truppen

dadurch zu ermöglichen, obwohl ein dazu geeigneter Platz ganz in der Nähe war (ein solcher Platz ist nach meinen Feststellungen dort nicht vorhanden).
b) Er habe das Schiff mitten in der Durchfahrt zu Anker gebracht und dadurch die Rettung erschwert, weil nun nach beiden Seiten die Entfernung groß war. Die taktisch auf der Dröbakseite erforderlichen Truppen seien dadurch zum Teil nach Askeholmen gekommen. (Soweit ich feststellen konnte, wurde *Blücher* auf Dröbakseite zu Anker gebracht mit der Absicht, daß das Schiff auf Land zuschwojen sollte, damit die Ausschiffung vom Achterschiff aus auf kürzestem Wege erfolgen könne. Der in der Enge herrschende Kreiselstrom hat dann das Schiff entgegen dieser Absicht nach der Mitte des Fahrwassers schwojen lassen. Dieser Vorgang war den Herren der Gruppe XXI unbekannt.)
c) An Bord der *Blücher* sei nichts zur Rettung und schnellen Ausbootung der Truppen geschehen, die zum Angriff auf Oslo dringend nötig waren. Dazu seien die Schiffsboote nicht zu Wasser gebracht, die vorhandenen Flöße nicht klar gemacht und aufgepumpt worden. Nach einer Auseinandersetzung zwischen dem General Engelbrecht und dem Kommandanten habe dann der General selbst die Ausbootung und Rettung seiner Leute übernommen.
Das Heer zieht aus diesen Vorgängen, wie mir der I a, Oberstleutnant von Butlar, sagte, die Folgerung, daß in Zukunft bei solchen gemeinsamen Operationen, bei denen Heerestruppen auf Kriegsschiffen eingeschifft sind, eine Änderung des Befehlsverhältnisses gegenüber dem bisherigen notwendig sei. Es sei falsch, daß der Seebefehlshaber bis zum Aussteigen der Truppe den Oberbefehl führe. In diesem Falle habe er spätestens in dem Augenblick, in dem sein Schiff manövrierunfähig geworden sei, die Befugnis an den eingeschifften General übergeben und nun dessen Anweisungen für die Rettung und Ausbootung der Truppe entgegennehmen müssen. — Gleiche und zum Teil noch schärfere Tendenzen sind in dem Erfahrungsbericht der 69. I.D. über die Landung in Bergen niedergelegt. Es wird darin gesagt: ›Die Marine müsse sich damit abfinden, daß sie bei gemeinsamen Operationen die Rolle eines dem Heeresbefehlshaber unterstellten Transportmittels zu spielen habe.‹ Der Oberbefehlshaber der Kriegsmarine nahm zu diesem Bericht in einem Schreiben an den Oberbefehlshaber des Heeres sehr scharf Stellung. Deshalb scheint eine Berichtigung der in Heereskreisen herrschenden falschen Ansichten am Platze, bevor sie in die Geschichtsschreibung übernommen werden.
Diese Gefahr besteht, denn dem General Gudovius, dem Referenten in der kriegswissenschaftlichen Abteilung des Heeres, dem die Beschreibung des Norwegen-Unternehmens oblag, waren bei einer Besichtigungsfahrt nach Dröbak Mitte Juli 1941 von dem ihm beigegebenen Begleitoffizier der Gruppe XXI die Vorgänge des 9. April 1940 in der oben erwähnten Form dargestellt worden«.
Gleich nach Erhalt des ersten Berichtes von Nieden forderte die Seekriegsleitung Meldungen von allen beteiligten bzw. ältesten überlebenden Offizieren an. Zu den

eingehenden Stellungnahmen gehörte auch die von Konteradmiral Kummetz mit Datum vom 12. September 1941. Der ehemalige Kampfgruppenführer schrieb: »Zu den Vorwürfen, die von verschiedenen Mitgliedern des Stabes der Gruppe XXI, so unter anderem dem I a der Gruppe, Oberstleutnant von Butlar, gemäß Meldung des Fregattenkapitäns Nieden gegenüber dem Kommandanten *Blücher* erhoben werden, melde ich folgendes:

1. Weder beim Kommandanten noch bei mir entstand nach den schweren Treffern der Eindruck, daß das Schiff verloren sei. Infolgedessen wurde auch der Gedanke gar nicht erwogen, das Schiff auf die Felsen laufen zu lassen. Die Folgen des erhaltenen Treffers ließen sich in jener Minute keineswegs übersehen. Es kam daher zunächst darauf an, das manövrierunfähige Schiff auf möglichst flachem Wasser zu Anker zu bringen. Für den Ankerplatz hatte der Kommandant im übrigen keine Wahl. Die Maschinen standen still, das Schiff lief aus. Mit ›Hart Steuerbord Ruder‹ konnte der Kommandant das Schiff eben frei von der Inselgruppe Askeholmen manövrieren und ließ den Steuerbordanker eben östlich der nordöstlichsten Insel der Inselgruppe fallen.

Auch nach dem Ankern bestanden beim Kommandanten und mir noch keinerlei Befürchtungen für das Schiff. Erst erheblich später,

- als der Brand auf dem Mittelschiff sich zu einem Großfeuer auswuchs, das mit eigenen Mitteln nicht zu bekämpfen war,
- als die 10,5-cm-Munitionskammer zwischen K 1 und K 2 und noch eine weitere in Abteilung 9 detonierten,
- als durch Vollaufen weiterer Abteilungen das Schiff immer stärkere Schlagseite bekam, wurde die Gefahr für das Schiff offenbar.

Während das Schiff zunächst eine Schlagseite von nur 5 Grad hatte, nahm sie nach der Detonation der Munitionskammer auf 18 Grad und dann schnell bis auf 25 Grad zu. Es muß auch betont werden, daß ein ›auf Strand setzen‹ nicht in Frage kam, weil kein Strand vorhanden war. Es wäre nur ein ›auf die Felsen laufen‹ übrig geblieben. Das hätte bei der Beschaffenheit der Küste von vornherein bei dem havarierten Schiff den Totalverlust bedeutet. Einen derartigen Entschluß wird kein verantwortungsbewußter Kommandant fassen, solange noch die geringste Aussicht besteht, das Schiff zu retten.

Wenige Minuten vor dem Kentern schwojte das Schiff mit dem Heck in Richtung der nördlichsten Insel. Von der Brücke aus schien es so, als ob das Heck sich auf die Felsen setzen würde. Zu diesem Zeitpunkt hätte der Kommandant alles getan, um dies zu erreichen. Er hatte aber keinerlei Mittel, um die Bewegung des Schiffes zu unterstützen. Die Kette ließ sich wegen zu großer Schlagseite nicht mehr stecken. Das Schiff schwojte frei vor der Insel. Im übrigen wäre diese Maßnahme auch nur den Soldaten auf dem Achterschiff zugute gekommen; denn ein Verkehr von vorn nach achtern war infolge des Großfeuers auf dem Mittelschiff nicht möglich.

2. Es bedürfte eigentlich gar nicht der Erwähnung, daß vom Kommandanten und vom Ersten Offizier unmittelbar nach dem Ankern alle Maßnahmen erwogen wurden, um die Heerestruppen an Land zu setzen. Es sollte dies in erster Linie geschehen, um einen Brückenkopf an Land zu bilden, von dem aus weiter vorgestoßen werden sollte. Wie ich bereits in meinem Kurzbericht der Kampfgruppe V über das Eindringen in den Oslo-Fjord seinerzeit gemeldet hatte, standen nur ein Kutter und wenige Flöße zur Verfügung. Mit diesen mußten zunächst die Verwundeten geborgen werden. Es war tragisch, daß der Kutter bei der zweiten Fahrt an Land Leck schlug und somit auch ausfiel.
Es ist nicht zu verstehen, daß der Vorwurf erhoben wird, der Kommandant habe nicht dafür gesorgt, daß die Boote zu Wasser gebracht und die vorhandenen Flöße klar gemacht würden. Es ist doch selbstverständlich, daß in dieser Lage nicht nur vom Kommandanten, sondern darüber hinaus von allen Vorgesetzten dafür gesorgt wurde, daß alle verfügbaren Rettungsmittel eingesetzt wurden. Es ist für mich außerordentlich schwer, mich in die Gedankengänge hineinzuversetzen, aus denen heraus diese Vorwürfe entstanden sind. Sie würden eine Panik an Bord voraussetzen, die tatsächlich zu keinem Zeitpunkt bestanden hat.
Wie ich in dem bereits angeführten Kurzbericht seinerzeit gemeldet habe, waren ein Teil der Schlauchboote und der Schwimmwesten bei dem Feuer auf dem Mittelschiff verbrannt. Erschwerend kam hinzu, daß für Heerestruppen aus Tarnungsgründen keine Schwimmwesten zusätzlich an Bord genommen waren. Auf meine Frage an den Kommandanten nach den Schiffsbooten wurde mir gemeldet, daß nur ein Kutter klar zu bekommen sei. Aus welchen Gründen die anderen Beiboote unklar waren, kann ich jetzt nicht mehr mit Bestimmtheit angeben. Sicherlich wird sich der 1. Offizier der Gründe noch erinnern. Mit Sicherheit aber weiß ich, daß ich gerade diese Frage mit dem Kommandanten besprochen habe und das Ergebnis das oben Gemeldete war.
3. Eine Auseinandersetzung zwischen dem Generalmajor Engelbrecht und dem Kommandanten hat meines Wissens niemals stattgefunden. Generalmajor Engelbrecht hat mir gegenüber vom Kommandanten nur mit Hochachtung gesprochen. Der Kommandant landete an einer anderen Stelle als die große Masse der Geretteten. Als seine glückliche Rettung bekannt wurde, da konnte ich überall Freude und tiefe Befriedigung feststellen. Denn er genoß in seltenem Maße die Liebe und Achtung seiner Besatzung. Ich entsinne mich, daß aber auch andere Heeresoffiziere, unter ihnen in erster Linie die Generalmajore Engelbrecht und Süßmann, dieser Freude lebhaft Ausdruck gaben.
Es entspricht nicht den Tatsachen, daß der General selbst die Ausbootung und Rettung seiner Leute in die Hand genommen habe. Es ist vielmehr so gewesen, daß vom Kommandanten dafür gesorgt wurde, daß der General und sein Stab, ebenso Generalmajor Süßmann und sein Stab, mit Schwimmwesten versehen wurden.

Andererseits ist mir nicht bekannt geworden, daß irgendein Marineoffizier mit Schwimmweste geschwommen ist. Tatsache ist vielmehr, daß die Marineoffiziere sowie ein großer Teil der Unteroffiziere und Mannschaften ihre Schwimmwesten den Kameraden des Heeres überließen. Den General hat nach seinen mir gemachten Angaben besonders beeindruckt, daß ihm, bevor er ins Wasser ging, Matrosen mit Rat und Tat zur Seite standen. So hat ihm ein Matrose den Ledermantel abgenommen, ihn zusammengerollt und dem General geraten, ihn und seine Reitstiefel vor sich herzustoßen. Tatsächlich schwamm der Ledermantel auf diese Weise, und er hat ihn trocken herüberbekommen.
Ich erwähne dieses Beispiel nur, um zu zeigen, daß einmal nicht der General die Ausbootung und Rettung seiner Leute in die Hand genommen haben kann und zum anderen bis zum bitteren Ende nicht die geringste Panik geherrscht hat. Die Hilfsbereitschaft der Besatzung hat den General und mich auf das tiefste beeindruckt.
4. Als ich mich am 10. April von Generalmajor Engelbrecht verabschiedete, brachte er seine Genugtuung über die gute Zusammenarbeit mit der Marine zum Ausdruck. Es sprach die Absicht aus, dies in seinem Bericht zu erwähnen. Ich konnte aus voller Überzeugung das gleiche erwidern. Er hat sich mir gegenüber auch in gleichem Sinne wie gegenüber dem Kommandierenden Admiral Norwegen über die vorzügliche Haltung der *Blücher*-Besatzung geäußert.
Die Haltung der *Blücher*-Besatzung ist aber das Spiegelbild seiner Offiziere und hier wiederum in erster Linie seines Kommandanten gewesen. Ich bin es dem Andenken dieses vortrefflichen Offiziers schuldig, an dieser Stelle das zu wiederholen, was ich unmittelbar nach der Rückkehr aus Oslo dem Oberbefehlshaber der Gruppe Nord mündlich gemeldet habe: ›Kapitän zur See Woldag hat sich während des Gefechts tapfer und unerschrocken gezeigt und war seiner Besatzung bis zum Schluß in jeder Hinsicht ein Vorbild. Ruhe und Besonnenheit haben ihn in keinem Augenblick verlassen.‹«
Am 15. September 1941, nur drei Tage nach den vorherigen Aussagen, meldete Konteradmiral Kummetz noch: »In Ziffer 3 Absatz 2 habe ich erläutert, daß mir nicht bekannt geworden sei, daß irgendein Marineoffizier mit Schwimmweste geschwommen ist. Ich muß mich berichtigen. Ich hatte vergessen, daß Kapitänleutnant der Reserve Falkenbach, falls mir der Name richtig in Erinnerung geblieben ist — früher Kapitän von *Robert Ley* mit Schwimmweste geschwommen ist. Hierzu habe ich aber noch folgendes zu melden: »Falkenbach wurde vom Kommandanten dem Navigations-Offizier bei der Navigation durch den Oslo-Fjord zur Unterstützung beigegeben. Er hat sich hierbei hervorragend bewährt und sich während des Gefechts tapfer und unerschrocken gezeigt. Als der Untergang des Schiffes unmittelbar bevorstand, bot er mir auf der Brücke seine Schwimmweste an. Er drängte sie mir förmlich auf. Ich lehnte ab. Als ich ihn später an Land unter den Geretteten begrüßte, erfuhr ich von einem Danebenstehenden, daß er überhaupt Nichtschwim-

mer ist. Ich glaube, daß auch dieser Fall lediglich ein Beweis für die vorzügliche Haltung und den Opfergeist der *Blücher*-Besatzung ist.«
Nach Vorlage der Meldung von Admiral Kummetz befahl das OKM die äußerste Beschleunigung des abschließenden Berichts des Flottenkommandos.
Übrigens: Beide verantwortlichen Kampfgruppenführer im Oslo-Fjord — und damit auch Kummetz — bekamen schon am 18. Januar 1941 das Ritterkreuz zum Eisernen Kreuz verliehen. Dabei waren das modernste deutsche Kriegsschiff und hunderte von Soldaten fast leichtfertig geopfert worden...
Der Matrosen-Gefreite Franz Brodocz aus Burgsolms machte dafür allein Admiral Kummetz verantwortlich. Brodoczs Gefechtsstation an Bord war die Geschoßplattform. Er sagte: »Schuld an unserem Untergang war Kummetz. Denn unser Kommandant Woldag, wollte mit 20 Meilen bis Oslo durchpreschen und beide Seiten des Fjords unter Beschuß nehmen. Das verbot Kummetz. So machten wir nur vier bis sieben Meilen Fahrt. Deshalb konnten die Norweger mit altertümlichen Geschützen und Torpedorohren über den Daumen peilen. Dann war der Teufel los. Kurz vor dem Kentern sah ich noch, wie Fregattenkapitän Erich Heymann und Offiziere des Heeres Geheimpapiere auf dem Vorschiff verbrannten. Im vorderen und achteren Vorschiff lagen Hunderte von Verletzten unter Deck. Sie ertranken alle!«

Kriegstagebuch »Blücher — Oslo« vom 9. bis 23. April 1940

Aufgestellt vom derzeitigen ersten Offizier, Freg.Kapt. Heymann

Dienstag, den 9.4.1940

Klares Wetter, Luft-Temperatur etwa 0 Grad C, Wassertemperatur 2 Grad C.

(...) Auf dem Festland wurden festgestellt (fast alle vom Vorschiff aus an Land geschwommen): Konteradmiral Kummetz, Kampfgruppenführer V, Generalmajor Engelbrecht, Kommandeur 163. I.D., Generalmajor Süßmann, Luftwaffe, Kommandant, I.O., 22 Offiziere, etwa 750 Mann von *Blücher* und etwa 200 Heeresangehörige (darunter Oberst Blohmeyer, Kdr. I.R. 307).

gegen 08.00 Uhr kreisten mehrfach deutsche Flugzeuge über der Untergangsstelle, die mehrere Stunden durch brennendes Öl weithin sichtbar gekennzeichnet ist.

etwa 10.00 Uhr (Zeit ungenau) Gen.Maj. Engelbrecht mit Kutter an Land südlich zur Erkundung. Kehrt später nach Hallangen zurück.

etwa 13 Uhr: Gemeinsamer Marsch der auf dem Festland gesammelten Überlebenden (fast alle ohne Schuhzeug, mit schnell gefertigter behelfsmäßiger Fußbekleidung aus Schwimmwesten) und Transport der Verwundeten in zwei norwegischen Jollen und Schiffsflössen nach einigen an der Küste südlich gelegenen Fischerhütten. — Nach einiger Zeit Umstellung des Sammelplatzes »Fischerhütte« durch norwegische Truppe. Durch führenden norwegischen Offizier aufgefordert, nach Hallangen abzumarschieren. Da nur einige Pistolen vorhanden, wird, da in Kürze mit Entsatz durch deutsche Truppen gerechnet wird, der Aufforderung zum Abmarsch nach Hallangen Folge geleistet. Waffen werden nicht abverlangt. Beschwerlicher, einstündiger Fußmarsch mit leicht Verwundeten nach Hallangen. Schwer Verwundete werden in »Fischerhütte« unter ärztlicher Hilfe zurückgelassen.

Hallangen: Bauernhof mit zwei Nebengebäuden (Pferde- und Kuhstall).

etwa 17 Uhr: Abmarsch der norwegischen Bewachung. Verhalten der Wache korrekt, teilweise freundlich. Einige Kameraden bekamen sogar Zigaretten.

23.00 Uhr: Der Kampfgruppenführer V von Hallangen im Autobus nach Oslo, das inzwischen besetzt ist.

N.O. als für gefallenen Korv.Kpt. Karlowa neu designierter Hafenkommandant Oslo begleitet ihn mit dem Auftrag, baldigst für Verpflegung und Abtransport der in Hallangen befindlichen Soldaten zu sorgen. Behandlung der leicht Verwundeten (Meist Brand- oder Frostschäden).

Nachts: Erste Verpflegung seit Untergang je Mann eine Kartoffel, etwas Milch. Hausbewohner entgegenkommend.

Belegung Hallangen: 25 Offiziere, 43 Portepee- Unteroffiziere und Oberfähnriche, 137 Unteroffiziere, 548 Mannschaften zuzüglich 11 Offiziere und 156 Angehörige des Heeres. Insgesamt: 920 Köpfe.

Auf den drei Inseln Askeholmen hatten sich viele Angehörige von Kriegsmarine und Heer (fast ausschließlich vom Achterschiff Gerettete) zusammengefunden, die im Laufe des Tages nach dem Ostufer hinübergebootet wurden.

Ältester der größten Insel: L.I.

Gegen Nachmittag erschien im Auftrag Kreuzer *Lützow* ein Motorfahrzeug mit einem Ob.Strm. Maat, um sich nach dem Verbleib von Schiff und Besatzung *Blücher* zu erkundigen.
Gleichzeitig forderte Polizeiboot unter Führung Lt.d.R. Erling Carelius die Internierung. Internierung des Personals der großen Insel wurde durch L.I. angenommen, da nur vier Pistolen mit wenig Munition und das Personal ohne jeden Schutz und Proviant auf der kahlen Insel. Maßgebend war die Überlegung, daß die Internierung nur wenige Tage dauern würde und dadurch das Leben wertvollen Personals gesichert wurde. Eine Nacht auf der schutzlosen Insel hätte viele Tote gekostet.
Auf den beiden kleineren Inseln, die westlicher lagen, bleiben ca. 150 Mann zurück, die später abgeholt werden sollten. Da inzwischen von *Lützow* R-Boote gesandt wurden, verweigerten diese Inselbesatzungen die Internierung. (Spätere Festungsbesatzung *Oscarsborg* unter Kptlt.(Ing.) Bloomfield.
S. Kriegstagebuch *Lützow* und *Oscarsborg*

Mittwoch, den 10.4.1940
Klarer, blauer Himmel, Frost, harter Schnee.
A. Gruppe »Hallangen«. Soldaten müssen teilweise im Freien übernachten, da äußerste Raum-Beschränkung. Auch in den Räumen fast alles stehend.
08.00 Uhr: Zwei Omnibusse mit Verletzten nach Oslo. Kommandant fährt mit.
10.00 Uhr: Auf LKW Teil des Div. Stabes nach Oslo.
10.45 Uhr: Im Privat-PKW Leutnant zur See Nollau mit drei Kranken nach Oslo.
11.55 Uhr: I.O. versucht mit Omnibus Verpflegung, die von Oslo unterwegs sein soll, zu beschaffen. Verletzte und Teile der 9. Division *Blücher* werden mitgenommen.
12.50 Uhr: I.O. zurück. Feststellung: Infolge schlechter Wege mehrere (5) große Omnibusse festgefahren. Bergung veranlaßt. Ersten Proviant mitgebracht. (Eiserner Proviant des Heeres). 13.30 Uhr: Ausgabe je Mann eine halbe eiserne Portion (Dosenfleisch und Zwieback), dazu noch je eine warme Kartoffel und etwas Milch.
15.25 Uhr: Die 2. Division *Blücher* und Stabspersonal des Heeres (insgesamt 102 Mann) unter Kptlt. Gießler zum Halteplatz der großen Omnibusse nach etwa 800 m entferntem Lagerplatz in Marsch gesetzt.
15.55 Uhr: zwei kleine Autobusse mit Soldaten ohne Schuhe (80 Mann) zum Halteplatz der großen Omnibusse in Marsch gesetzt. Danach laufend Abholung aus Hallangen mit zwei Zubringer-Bussen bis zur Reichsstraße, von dort mit inzwischen flott gemachten fünf großen Omnibussen nach Oslo. Omnibusse werden durch Heeres-Wache gedeckt.
Unterbringung in Oslo:
a) Die zuerst eintreffenden Soldaten mit zugeteilten Offizieren: Berufsschule Mollersgaten 49.
b) Rest der Soldaten mit zugeteilten Offizieren: Mädchenschule Oestershausgaten.
c) Rest der Offiziere: Hotel Astoria.
gegen 21 Uhr: Ausgabe von je drei Broten, zwei großen Büchsen Fleischklößen (kalt), an je 35 Mann ein halben Paket Margarine, eine Zigarette und etwas Kakao an jeden Soldaten.

15 Uhr: Admiral und Kommandant auf *Lützow* eingeschifft.
Restbesatzung Hallangen (etwa 250 Mann) unter Führung von Kptlt. Knappe mit R-Booten nach Oslo gebracht. Unterbringung zunächst auf Kreuzer *Emden*.
B. Inselgruppe: fand vormittags einen abgestürzten deutschen Jäger Me 109. Die beiden toten deutschen Flieger wurden auf dem Friedhof in Mesodden feierlich bestattet. Der Name des einen Toten wurde an seiner Erkennungsmarke festgestellt und gelangte in die Hände des Staffelführers. Außerdem wurden vierzig Leichen am Fjord und auf den Askeholmen abgeholt. Ab morgen hörte die Internierung auf. Nachmittags wurde die Gruppe im Dampfer *Droebak* nach Oslo gebracht und stieß dort zur Gruppe I.O. in die Schule Oesterhausgaten.

Donnerstag, den 11.4.1940
Klares, sonniges Wetter, frisch.
09.00 Uhr: Offiziersbesprechung.
Meldung I.O. bei Kommandierendem Admiral Norwegen. Befehl: Wertvolle Spezialisten in die Heimat, Rest zur Verfügung. Kptlt. Mihatsch Hafenkapitän anstelle des gefallenen Kptlt. Wulle, Oblt. z. S. Ballier Adjutant Hafenkapitän.
Erste Aufstellung der Personalstärken (Überlebendenlisten).
Verhandlungen mit Stadtkommandantur und Polizeipräsident über Beschaffung von Waffen, Proviant und Bekleidung.
Vorbereitungen für die Beisetzung der Toten, die laufend durch Fjorddampfer u. a. nach Oslo gebracht wurden.
Versuch der Feststellung der in den Lazaretten und als Lazarett eingerichteten Schulen eingelieferten Verwundeten.
17.00 Uhr: Offiziers-Besprechung. Ob. Masch. Zech mit 82 Mann nach Horten zur Inf.-Komp.

Freitag, den 12.4.1940
Klares, sonniges Wetter, frisch.
Vorbereitung des Transportes der Spezialisten auf dem Luftweg in die Heimat.
Beginn der Einkleidung mit norwegischer Heeresbekleidung.
Umzug Offiziere des Stabes nach Pension Ritz (Frederik Stangsgate 3) da Hotel Astoria von Luftwaffe beschlagnahmt.
11.00 Uhr: Lagebesprechung bei Kommandierendem Admiral im KNA.
Musterung auf Schulhof Mollersgate. Ansprache I.O. an ersten (und einzigen) Heimattransport (75 Mann).
14.00 Uhr: Offiziersbesprechung in Schule Mollersgaten.

Samstag, den 13.4.1940
Klares, sonniges Wetter, frisch.
06.45 Uhr: K.Kpt. (Ing.) Karbe im Flugzeug nach Deutschland entsandt zur schnellen Beschaffung von Bekleidung.
09.00 Uhr: Transport von 75 Spezialisten unter Führung von Oblt. z. S. Frhr. v. Freyberg zum Flugplatz zum Start nach Deutschland.
10.00 Uhr: Besprechung I.O. auf *Emden*.

11.00 Uhr: Lagebesprechung bei Kdr. Adm. Norwegen im KNA.
Befehl: Keine weiteren Transporte in die Heimat. Personal bereitstellen für in Dienst zu stellende norwegische Kriegsfahrzeuge und Besetzung von Batterien im Oslo-Fjord. Weitere Transporte in die Heimat werden aufgehalten.
13.30 Uhr: Offiziersbesprechung in Schule Mollersgate.
Kptlt. (Ing.) Grathoff nach Horten als Werftleiter mit Oblt. z. S. Markworth als Spezialist für waffentechnische Fragen.
14.30 Uhr: Dem schwer verletztem Oblt. z. S. Schürdt wird im Namen von Kommandierendem Admiral Norwegen verliehenes E.K. II durch I.O. überreicht.
15.00 Uhr: Abschiedsmusterung aller restlichen überlebenden *Blücher*-Soldaten vor Verteilung auf Hafenschutzverband und Batterien auf Schulhof Mollersgate durch I.O. Abschiedsansprache mit Siegheil auf Führer, Volk und Vaterland. I.O. und L.I. verabschieden sich mit Händedruck von allen *Blücher*-Soldaten.
17.00 Uhr: Besuch Friedhof Vestre Gravelund. Besprechung mit Verwalter. Gruft wird mit Baggern ausgehoben. Anschließend Lazarettbesuche durch I.O.
22.00 Uhr: Besprechung bei Kommandant *Emden* zur Vorbereitung der Indienststellungen. Anschließend Personalzusammenstellung in Schule Mollersgate bis 04.30 Uhr.

Sonntag, den 14.4.1940
Wetterumschlag, Regen — Schnee.
10.00 Uhr: Besprechung auf *Emden*.
I.A.O. mit zwei Offizieren Fahrt nach Horten zur Besichtigung der in Dienst zu stellenden norwegischen Kriegsfahrzeuge.
11.00 Uhr: Lagebesprechung bei Kommandierendem Admiral im KNA!
Kommandant Blücher kündigte telephonisch Besuch für den 17.4. an.
vorm.: Ausrüstung mit Waffen zum Abtransport auf gechartertem Dampfer *Christiania* von 100 Mann unter Kptlt. Knappe nach Oscarsborg zur weiteren Besetzung der von Kptlt.(Ing.) Bloomfield mit 50 Mann besetzten Batterie.
100 Mann unter Kptlt.(Ing.) Glatzer nach Horten (Infanterie- Komp.)
50 Mann unter Oblt. z. S. Kühn nach Dröbak zur Besetzung der 15-cm-Batterien.
25 Mann unter Lt. (Ing.) Anders nach Hauoy zur Besetzung der Bergbatterien.
15.00 Uhr: Abfahrt
14.00 Uhr: Offiziersbesprechung in Schule Mollersgate
vorm: I.O. bei Kommandeur 163. I. Div. und Stadtkommandant Oslo (Maj. Lehmann-Bärenklau).
18 Uhr: 1 Offizier (Lt z. S. Bertelsmann), 2 Ob.Feldw., 4 Unteroffz. und 46 Mannschaften mit zehn Gewehren gem. Vereinbarung mit II a der 163 I. D. zur Entlastung des Heeres zur Gefangenenbewachung nach Festung Akershus entsandt. Ein Halbzug wird sofort zurückgeschickt, da Wache zu stark.
20.00 Uhr: Besprechung bei Kommandant *Emden*.

Montag, den 15.4.1940
Regnerisch, nachmittags etwas aufklarend.
09.00 Uhr: Abfahrt der besetzten Dampfer *Alpha* und *Urswig* mit Verpflegung und Ausrüstung nach Horten.

Vorm.: I.O. Besprechungen.
Nachm.: I.O. Krankenbesuche. Neuer Hafenkapitän Lt. z. S. Bodenstein.
18.00 Uhr: Lagebesprechung bei Kommandierendem Admiral im KNA!
20.00 Uhr: Offiziersbesprechung in Schule Mollersgate.
Rest der Wache auf Festung Akershus zurückgekehrt.

Dienstag, den 16.4.1940
Regnerisch, nachmittags aufklarend.
11.00 Uhr: Beisetzung der Gefallenen auf dem Friedhof Vestre Gravelund.
Ehrenkompanien *Emden* — Heer.
Teilnahme: Kommandierender Admiral
Kommandierender General
Divisionskommandeur I. D. 163
General z.b.V. der Luftwaffe
Kommandant Kreuzer *Emden*
I.O. Kreuzer *Blücher*. Teilnahme *Blücher*-Leute auf Befehl Kdr. Adm. Norw. nicht, da einheitliche Bekleidung und Ausrüstung noch nicht durchführbar.
12.00 Uhr: Laufend Besprechungen und Personal-Anforderungen von Oslo-Dienststellen. Rückkehr K.Kpt.(Ing.) Karbe auf dem Luftwege aus Deutschland. Einrichtung der Kleiderkammer. Ausgabe von blauem Zeug, Unterzeug u. Schuhzeug. (Mit Flugzeug nur Teilsendung; Rest soll mit Dampfer kommen.
16.15 Uhr: Meldung I.O. »Brummer« Kptlt. Jahn mit rund 260 Überlebenden (4 Offz., 16 Port.-Unt.Offz., 48 Unt.Offz., 198 Mann). Rest mit F 5 nach Frederikshaven. Befehl: Kptlt. Hagena räumt Mädchenschule Osterhausgaten geht mit restlichen *Blücher*-Leuten nach Schule Mollersgate und überläßt Schule Osterhausgaten Brummerleuten. Betreuung bzw. Verpflegung, ärztliche Hilfe und Bekleidung durch *Blücher*stamm.
16.30 Uhr: Befehl von Kdr. Adm.: Ein Offizier mit 50 sind sofort nach Larvik in Marsch zu setzen zum Empfang von deutschen Transporten, Sicherung Freuer usw. (Hafenkommandant).
17.00 Uhr: Kptlt. (Ing.) Frhr. v. Engelhardt bei Chef des Stabes Kdr. Adm. Norwegen zum Befehlsempfang für Aufgabe Larvik.
18.00 Uhr: Lagebesprechung bei Kdr. Adm. Befehl: K.Kpt. (Ing.) Karbe soll am 17.4.40 zum Stabe Kdr. Adm. als Stützpunktleiter für die Brennstoff-Versorgung. Kptlt. Pommerehne zum Stab Kdr. Adm. Norw. befohlen.
19.30 Uhr: Offiziersbesprechung Schule Mollersgate.

Mittwoch, den 17.4.1940
Regnerisch, Lufttemperatur: Vier Grad Celsius.
02.30 Uhr: Abtransport Gruppe Engelhardt in Stärke von 1. Offz., 1 Port.-Unteroffz., 5 Unteroffz., 51 Mann in zwei Omnibussen und einem Lkw nach Larvik. Eintreffen dort 08.00 Uhr.
Laufend weitere Einkleidungen.

08.30 Uhr: Besprechung mit Mar.Kriegsgerichtsrat Dr. Wachsendorf wegen Nachlaßfragen und Hilfeleistung bei Totenliste, die in gemeinsamer Arbeit mit Schiffsarzt aufgestellt wird.
Fortsetzung Überlebendenlisten. Kompaniestärkenfestsetzung. Brummerbetreuung. Abtransport I.O. »Brummer« ins Lazarett.
I.O. und der L.I. nach Flugplatz Fornebu zum Empfang des Kommandanten, der nicht eintrifft*.
09.30 Uhr: K.Kpt.(Ing.) Karbe Dienst als Stützpunktleiter Oslo Dienstantritt.
10.30 Uhr: Besprechung I.O. mit K und I.O. *Emden* an Bord.
11.00 Uhr: Besprechung mit Feldpostsammelstelle wegen Postbeförderung.
12.30 Uhr: Besprechung mit Standortkommandatur wegen Urlaubsregelung.
16.00 Uhr: Verpflichtung norw. Kpt. Schramm Chef der 1. Minenleger-Flottille auf Ehrenwort.
17.00 Uhr: Besprechung mit Standortkommandatur wegen Quartierwechsel.
18.00 Uhr: Lagebesprechung bei Kdr Adm.
20.00 Uhr: Offiziersbesprechung in Schule Mollersgate (einschl. *Brummer* und M-Boote *1101* und *1108*).
22.00 — 01.00 Uhr: Besprechung im KNA wegen Personalfragen. Anwesend Chef des Stabes, A1, A2, I.O., L.I., Adj. »Brummer« und K.Kpt. Wenninger OKM Berlin.

Donnerstag, den 18.4.1940
Vormittags aufklarend, nachmittags Regen.
Vorm: Vorbereitungen für Inmarschsetzung der für die
Indienststellungen in Christiansand bestimmten Mannschaften (etwa 300 Mann). Bewaffung, Einkleidung.
Vorbereitungen für Quartierswechsel des Rest-Stammes.
14.00 Uhr: Ein Unteroffizier und 2 Mann als Wache mit Sonderführer Dr. Schramm zur Bedeckung eines Telegrafenbautrupps werden in Marsch gesetzt.
18.00 Uhr: Lagebesprechung bei Kdr. Adm. Befehl: Weitere 30 Mann sind nach Dröbak in Marsch zu setzen.

---

* Anmerkung der Autoren: Kapitän zur See Heinrich Woldag war nach seiner Rettung umgehend zur Berichterstattung nach Berlin befohlen worden. Eine Transportmaschine vom Typ Junkers »Ju 52« sollte ihn nach Norwegen zurückbringen. Doch auf dem Weg nach Oslo stürzte das Flugzeug in unmittelbarer Nähe der *Blücher*-Untergangsstelle in den Fjord. War es ein feindlicher Angriff oder Zufall? Auch eine von Woldag initiierte Selbstmord-Aktion durch Sabotage kann nicht ausgeschlossen werden. Schließlich lastete das tragische Schicksal des als unsinkbar geltenden Kreuzers mit mehreren hundert Toten schwer auf der Seele des Kommandanten. Vielleicht ist er damit nicht fertig geworden. Fest steht: Ein norwegischer Fischer entdeckte nach dem Absturz den im Wasser des Oslo-Fjordes treibenden Brief von Else Heymann an ihren Mann, den Ersten Offizier der *Blücher*. Das Papier wurde geborgen und umgehend an den Adressaten weitergeleitet. Frau Heymann erinnerte sich: »Ich übergab Woldag vor dem Abflug einen kleinen dunkelbraunen Handkoffer aus Leder. Darin hatte ich etwa 30 Briefe der Offiziersfrauen an ihre Männer gesammelt. Woldag versprach mir kurz vor dem Start, die Schreiben in Oslo zu verteilen...«
Wie durch ein Wunder erreichten die Zeilen von Else Heymann ihren Gatten. Die anderen Briefe, der Kommandant und die Maschine blieben bis heute verschollen.

Lt. z. S. d. R. Barleben wird mit 4 Mann (M-Bootspersonal) als Vortrupp nach Kongsberg entsandt zur Vorbereitung des Durchmarsches der Mannschaften nach Christiansand. Meldung bei 3/I R. 310 befohlen.
19.30 Uhr: Offiziersbesprechung in Schule Mollersgate.
Befehl: Freg.Kpt.(Ing.) Dipl.-Ing. Thannemann (L.I.) und
Korv.Kapt. (V) Ramm am 19.4.40 nach Deutschland.
Mar.Ob.Stabsarzt Dr. Korth nach Christiansand zum Adm. Süd-Norwegen.
23.00 Uhr: Eintreffen Kaptlt. Jüttner in Oslo.

Freitag, den 19.4.1940
Überwiegend Regen, Lufttemperatur acht bis neun Grad C.
08.30 Uhr: Abtransport der zur Indienststellung der sichergestellten norwegischen Kriegsschiffe (Torp.Boote *Gyller, Odin*, kl. Torpedoboote, Walboote, Hilfsschiffe) nach Christiansand bestimmten Leute unter Führung von Kptlt. d.R. v. Ramm mit fahrplanmäßigem Zuge von Westbahnhof mit Ob.St.Arzt Dr. Korth.
10.00 Uhr: Freg.Kpt.(Ing.) Dipl.-Ing. Thannemann und K.Kpt. (V) v. Ramm zum Flugplatz Fornebu zum Flug in die Heimat.
Vorm.: Besprechung I.O. bei Standortkommandantur wegen neuen Quartiers für Rest-Stamm.
13.30 Uhr: Offiziers-Besprechung in Schule Mollersgate.
Befehl: Kptlt. (Ing.) Peter (L.I. »Brummer») am 20.4.40 mit fahrplanmäßigem Zuge nach Christiansand als Verbands-Ing. der dort in Dienst zu stellenden Fahrzeuge.
K.Kapt. Zoepffel zur Verfügung Hafenkommandant.
Prisen-Besatzung City of Flint?

Sonnabend, den 20.4.1940
Besuche in Dröbak, Oscarsborg und auf Kreuzer *Emden*.
Erhalt des am Oslo-Fjord aufgefundenen Briefes meiner Frau, den der Kommandant mit im Flugzeug hatte. Fernspruch an Gruppe Ost wegen Kmdt.
Dampfer *Phönix* bringt 100 Kleidersäcke.

Sonntag, den 21.4.1940
Sechs Stunden Lazarett-Besuche. Räumung beider Schulen, Umzug in Droningsgate. Besuch Krz. *Emden*. Transport der Kleidersäcke.

Montag, den 22.4.1940
Besuch in Horten. Einkleidung des Besatzungsrestes. Gespräch über deutsche Gesandtschaft war nicht möglich nach Kiel.

Am 23. April vermerkte Fregattenkapitän Erich Heymann als letzte Eintragung im Kriegstagebuch: »Verleihungsbefehl für das Verwundeten-Abzeichen.«
Danach wurde er als Erster Offizier auf das Schlachtschiff *Gneisenau* abkommandiert.
Am 10. Juni 1940 unterzeichnete der Befehlshaber der norwegischen Streitkräfte in Nordnorwegen auf Befehl des nach London geflüchteten Königs die Kapitulation.

Die deutschen Verluste bei dem auf solche Weise beendeten Unternehmen »Weserübung« beliefen sich auf etwa 5600 Soldaten. Die Luftwaffe verlor 110 Flugzeuge, die Marine drei Kreuzer, zehn Zerstörer und sechs U-Boote.
Am 1. Juli 1940 wurde Erich Heymann zum Kapitän zur See befördert, war ab Anfang 1941 zunächst Torpedodirektor der Kriegsmarinewerft Lorient (Bretagne) und später Kommandant der Torpedoarsenale *Atlantik* und *West*. Im November 1944 kehrte Heymann noch einmal nach Norwegen zurück — als Festungskommandant in Christiansand. Nach der Kapitulation geriet er in britische Kriegsgefangenschaft, aus der er 1947 entlassen wurde.
Nach der Entlassung arbeitete Heymann als Abteilungsleiter bei der Internationalen Flüchtlingsorganisation (IRO) in Kiel, Lübeck und Hamburg. Als die Institution 1952 aufgelöst wurde, berief ihn der Deutsche Hochseesportverband »Hansa« zum Leiter der Chiemsee-Yachtschule in Prien. Heymann starb 1974. Das Schicksal des Schweren Kreuzers beschäftigte ihn bis kurz vor seinem Tod. Immer wieder hatte er Anfragen beantwortet und mit verschiedenen Dienststellen und ehemaligen Kameraden korrespondiert. Das letzte Schreiben war vom 20. September 1973.

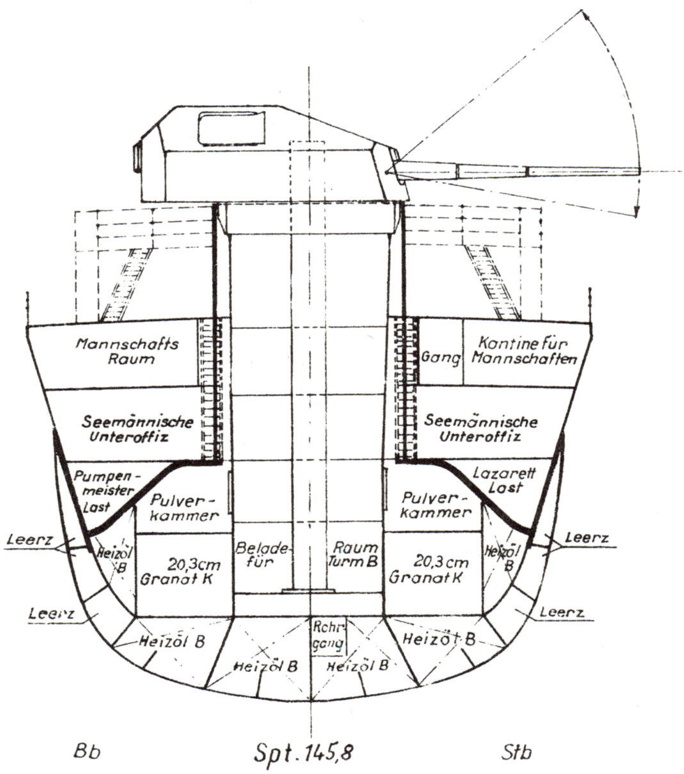

Das Wrack im Oslo-Fjord

Seit dem Inferno vom 9. April 1940 liegt der Schwere Kreuzer *Blücher* kieloben im Oslo-Fjord vor Anker — ein stählerner Sarg für Hunderte von deutschen Soldaten. Bis heute ist nicht genau bekannt, wieviele unter Deck eingeschlossene Männer mit in den Tod gerissen wurden. Schätzungen liegen zwischen 400 und 600 Menschen. Im Wehrmachtsbericht vom 12. April 1940 hieß es: »Konteradmiral Kummetz, Kommandant Woldag, 38 Offiziere und 985 Mannschaftsdienstgrade sind gerettet worden.«

An Bord der *Blücher* waren einschließlich Stab Admiral Kummetz und Marineartillerie etwa 1400 bis 1600 Mann Marinepersonal. 125 Mann der Besatzung sind nach amtlichen Unterlagen ums Leben gekommen. Es bleibt somit eine nicht geklärte Differenz zwischen 1148 Mann (38 + 985 + 125) und 1400 bzw. 1600 Mann. Bei den Angaben zu den eingeschifften Heerestruppen gibt es ähnliche Unklarheiten: Vor dem Auslaufen eingeschifft waren nach den Unterlagen der Marine etwa 800 Mann. Vor dem Untergang verließen 150 Mann das Schiff. Beim Untergang sollen etwa 650 Mann an Bord gewesen sein. Gerettet nach Angaben in der Divisionsgeschichte der 163. Inf. Div.: 528 Mann. Demnach sind etwa 122 Mann ums Leben gekommen. Nach amtlichen Unterlagen sollen aber 195 Heeressoldaten gestorben sein.

Das Schiff sank 90 Meter in die Tiefe, stieß mit dem Bug bei 92 Metern auf den Felsgrund. Das nach Norden Richtung Oslo zeigende Heck blieb etwa fünf Meter höher auf einem Felsvorsprung hängen. In der Mitte ist soviel Platz, daß Taucher unterdurch gehen könnten. In dieser ungünstigen Lage dämmert das mit Torpedos, Granaten und Dynamit vollgestopfte schwimmende Munitionsdepot vor sich hin. Mit der Zeit entstanden feine Risse im Rumpf, besonders im Vorschiff. Die Unterwasserfotos des U-Bootes *Scorpio* zeigten einen großen Spalt an der Backbordseite: mehrere Meter lang und einen halben Meter breit. 1978 berichtete Odd Tank-Nielsen, Sprengstoff-Experte der norwegischen Marine: »Die gesamte Munition der *Blücher* ist noch scharf. Die Kanonen sind geladen, die Magazine gefüllt mit Granaten, die Abschuß-Vorrichtungen voll funktionstüchtig.«

Einar Ekvold, Vorsitzender des norwegischen Taucherverbandes: »Die *Blücher* ist eine einzige Bombe, die irgendwann auch explodieren wird.« Taucher Dag Amerud von der Spezialfirma »L'Orsa« hat das Wrack siebenmal untersucht. Er warnt: »Es ist möglich, daß das Heck der *Blücher* abrutscht und hart auf den Boden schlägt. Was dann passiert, kann man sich ausmalen.«

Die letzte gründliche Ultraschall-Untersuchung liegt schon fast 2o Jahre zurück. Damals stellten Fachleute in einem Bericht für Norwegens Fischereiministerium fest, daß der Rost noch keine Gefahr bedeute, und man beschloß, das Wrack und die Toten ruhen zu lassen, weil die Bergungskosten den Schrottpreis erheblich übersteigen würden. Außerdem sei das Öl in 90 Meter Tiefe bei vier Grad Wasser-Temperatur zu einem griesartigen Brei gefroren und könne so nicht an die Oberfläche kommen. Inzwischen fragen sich aber immer mehr Experten: »Wie stabil ist der Stahl? Halten die Tanks?

Und jedesmal, wenn norwegische Fischer, vorbei an den grünbewachsenen Fjord-Ufern und rotbraunen Sommerhäusern, die engste Stelle des Oslo-Fjords passieren, blicken sie besorgt auf die Wasseroberfläche. Denn im Fjord tickt eine Zeitbombe. Aus dem Rumpf blubbert Öl. Täglich treiben schillernde Öl-Schlieren über der zwar nicht durch eine Boje kenntlichgemachten, aber in Seekarten verzeichneten Untergangsstelle. Sollte der Schwere Kreuzer tatsächlich auseinanderbrechen, würden vermutlich 1800 Tonnen Heizöl ausströmen. Das wäre die bisher schlimmste Umweltkatastrophe Norwegens.

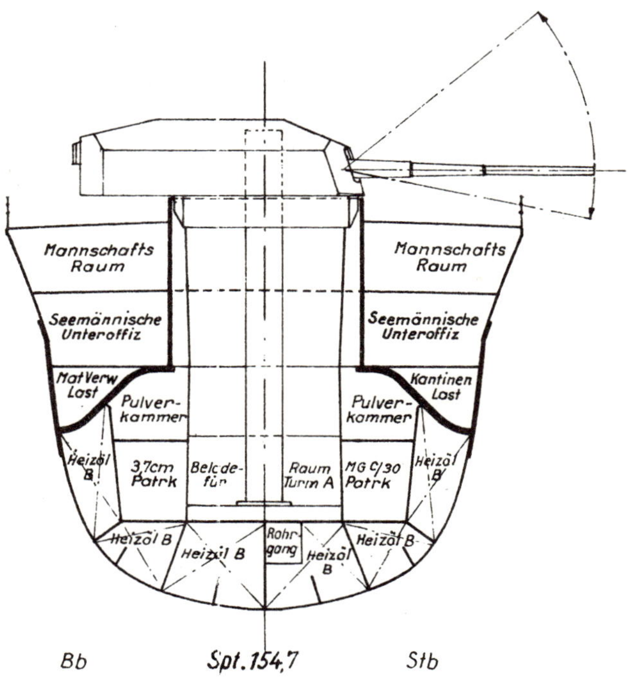

Daten zum Öl

Beim Auslaufen in Swinemünde hatte *Blücher* rund 1935 Kubikmeter Heizöl »Vierermischung« (die Wichte betrug etwa 950 Kg/mF — also leichter als Wasser), 645 Kubikmeter »Ebano«-Öl (Ebano war der Name einer Raffinerie in Hamburg, die nach dem Krieg von Esso übernommen wurde) und etwa 90 Kubikmeter Treiböl an Bord. Auf dem Kriegsmarsch wurde ausschließlich die Vierermischung gebrannt, damit das Ebano-Öl notfalls zum Betanken der Torpedoboote *Albatros*, *Kondor* und *Möwe* zur Verfügung stand. Die Ölmenge im Wrack ergibt sich aus den genannten Werten abzüglich des Verbrauchs für die Fahrt bis zur Untergangsstelle. Dazu ist noch die verbrannte Menge des ausgelaufenen Öls im Fjord abzurechnen. Aus den vorliegenden Daten leiteten die Mineralölkonzerne BP und Esso ab: Insgesamt handelte es sich um Schweröl. Für die Bebunkerung ab 1940 kam ausschließlich rumänisches und deutsches Öl in Frage. Ebano war ein mit Gasöl verdünntes Schweröl (Rückstandsöl). Der Flammpunkt lag über 60 Grad Celsius.
Norwegische und deutsche Politiker fordern seit langem, das Wrack zu heben. »Wir müssen die *Blücher* unbedingt bergen, ehe es zu spät für die Natur ist«, sagte der konservative Parlamentsabgeordnete Harald U. Lied. Der FDP-Abgeordnete Olaf Feldmann ergänzte: »Wir dürfen die Norweger mit diesem Problem nicht allein lassen!«
Pläne, das Schiff zu heben, tauchen seit Kriegsende immer wieder auf. Doch die Ausführung scheiterte bis heute an der Finanzierung. Welcher Geschäftsmann läßt schon ein Schiff wegen der Toten oder der Öl-Bedrohung bergen... »Immerhin kostet die Aktion mindestens 100 Millionen D-Mark, aber der Schrottwert beträgt höchstens zehn Millionen«, sagt Einar Hövding, Chef einer norwegischen Abwrackfirma. Bereits seine Telegramm-Adresse — Stichwort »Tirpitzmetall« — deutet auf entsprechende Erfahrung mit deutschen Schiffen hin. Hövding gilt als Reeder der größten Unterwasser-Flotte der Welt. Nach dem Krieg kaufte er alle in norwegischen Gewässern versenkten Kriegs- und Handelsschiffe.
Das spektakulärste Objekt bezahlte er mit 30000 Kronen (16000 Mark). Andere Firmen hatten an der öffentlichen Ausschreibung kein Interesse. Hövding bekam den Zuschlag vom Amt für feindlichen Besitz des Außenministeriums für das deutsche Schlachtschiff *Tirpitz* und verdiente ein Millionen-Vermögen. Hövdings Bergungsarbeiter schweißten den Schiffsrumpf an zwei Stellen auf und demontierten fast unversehrte Maschinen und Elektro-Anlagen. Die E-Werke versorgten wiederaufgebaute Ortschaften in Nordnorwegen mit Strom. Auch die schweren Panzerplatten wurden herausgetrennt und verkauft. Die Auftragsliste von Hövding ver-

zeichnete auch Sonderwünsche wie Nähmaschinen und Musikinstrumente. Bis 1953 holten die Männer 10000 Tonnen Schrott aus dem Wrack. Weitere 38000 Tonnen Stahl und Buntmetall ließ Hövding mit Hilfe der Hamburger Firmen Eisen und Metall KG Lehr & Co und Bugsier bergen. In Oslo sprach man damals nur von der »jüngsten Eisengrube Norwegens.«

Die *Tirpitz* war am 12. November 1944 von englischen Fliegern nach drei Volltreffern mit 6000 kg Spezialbomben in der Kjosen-Bucht nahe Tromsö versenkt worden. Der Koloß kenterte und lag genau sieben Minuten später kieloben auf dem Grund. Etwa ein Drittel des Rumpfes blieb über Wasser. Sechs Tage lang hörte man aus dem Inneren das Klopfen der zu Hunderten qualvoll erstickenden Soldaten. Ihnen konnte nicht mehr rechtzeitig geholfen werden. Vor Ort war zum Öffnen der dicken Panzerplatten, die der kommandierende Admiral Fischel kurz vor dem Angriff noch so stolz als unverwundbar gepriesen hatte, kein geeignetes Werkzeug vorhanden. Als die Geräte endlich zur Verfügung standen, war es zu spät.

Hövding, er hatte davor noch nie etwas mit der Bergung von Schiffen zu tun gehabt, arbeitete zunächst als Rundfunktechniker und hielt sich Ende des Krieges als Widerstandskämpfer in den Wäldern verborgen. Bei einem Ausflug nach Tromsö mit den Kameraden Harald Bergom und Arnold Skogsholm kam dem Trio die Idee, die *Tirpitz* zu erwerben. Der Deal soll durch einen weiteren Widerstandskämpfer aus der Hövding-Gruppe begünstigt worden sein, der in der zuständigen Kommission des Außenministeriums saß. Die geforderte Summe und die nötige Ausrüstung wurde durch Kredite finanziert.

Erster Bergungsversuch

Auch der Schwere Kreuzer *Blücher* gelangte 1949 schließlich in Hövdings Besitz — für nur 10000 Kronen (6000 D-Mark). 1951 wurde der erste Bergungsversuch gestartet. Das deutsche Motorschiff *Fritz Reuter* brachte den »Stählernen Mann« — ein damals neuartiges Tiefseetauchgerät — von Kiel nach Norwegen, um im Oslo-Fjord aus dem Wrack wertvolle Instrumente und Metalle zu holen. Dabei arbeitete Hövding wieder mit dem Hamburger Unternehmen Eisen und Metall KG Lehr & Co zusammen. Die Firma hatte den »Stählernen Mann« vom Hersteller »Hagenuk» entliehen. Der sieben Zentner schwere Apparat mit »Armen und Beinen« konnte in Tiefen bis 170 Meter eingesetzt werden. Er arbeitete mit seinen Fluttanks und den Belüftungsanlagen wie ein kleines Ein-Mann-Unterseeboot.
Durch eine Leine und ein Telefon war der »Stählerne Mann» mit dem Tauchschiff verbunden. Der Taucher regelte die Sauerstoffzufuhr selbst und hatte in der Atmungsmaske eine Regenerations-Patrone, die die für alle Taucher gefährliche Kohlensäure bindet. Durch das Fluten und Ausblasen seiner Tanks konnte sich der »Stählerne Mann« in jede gewünschte Lage und Tiefe bringen sowie selbständig auftauchen.
Ein erfahrener Mann verlieh dem Meeres-Roboter Leben. Der damals 54 Jahre alte Eugen Jess aus Kiel-Holtenau schlüpfte in die Stahlhülle. Er hatte von 1921 bis 1935 bereits als Tauch- und Sprengmeister gearbeitet. Dazu kamen mehrere Expeditionen als Tiefseetaucher. So tauchte er zum Beispiel 1929 für die türkische Marine im Marmarameer mit einem besonderen Apparat auf 250 Meter Tiefe. Während des Krieges war Jess Leiter der Tauchausbildung bei der U-Bootschule und späteren U-Boot-Lehrdivision der Marine.
Am 5. Oktober 1951 meldete das »Hamburger Abendblatt«: »Der Tiefseetaucher Eugen Jess hat als erster Mensch seinen Fuß auf das Wrack der *Blücher* gesetzt!« Doch zunächst lokalisierte Jess nur die Lage des Wracks und untersuchte die Bergungsmöglichkeiten. Man hoffte, rund 15000 Tonnen Schrott, darunter Geschütze und die drei aus Bronze bestehenden Schiffsschrauben nach oben befördern zu können. Dabei stellte Jess überraschend fest, daß sich neben dem Schweren Kreuzer noch ein anders Wrack befindet. Es handelt sich dabei um ein englisches Schiff, das 1901 nach einer Kollision mit einem norwegischen Fahrzeug gesunken war. Radarmessungen hatten das zweite Wrack allerdings nicht angezeigt.
1952 schickte Eugen Jess seinen Mitarbeiter Heinz Prüter zum Wrack auf den Fjord-Grund im Dröbak-Sund. Der Hamburger Taucher berichtete: »Einstieg in das im Raum bereitstehende Gerät. Nachdem das Klicken der Schraubenschlüssel, die

den Deckel verschließen, vorbei war, setzte eine ganz seltsame Stille ein...! Dann aber surrte der Kran, und das Gerät wurde über Bord ins Wasser gehievt. Ich kontrollierte nochmals alles durch, der Kran wurde ausgespickt. Alles klar. Ab in die Tiefe! Bis auf 50 Meter. Stop! — Erst einmal nachschauen, ob alles o.k. ist. Alles klar!
Um in dieser Tiefe immer in einer Richtung zu stehen, benutzten wir die an Stromkabeln hängende 1000 Watt starke Lampe als Grundgewicht. Im übrigen war ab 40 Meter Tiefe keine Sicht ohne Licht. Jetzt ging es 10 Meter für 10 Meter abwärts, 80 Meter tief. Vom Kreuzer keine Spur. 90 Meter — ich sah Grund, Felsen. 97 Meter — ich ging auf dem Grund hin und her. Im Scheinwerferlicht spielten Fische, wie ich sie vorher noch nie gesehen hatte. Ebenso wuchsen dort kleine rote Pilze, die ich nicht kannte. Nur vom Wrack nichts zu sehen.
Wir hatten nicht die richtige Stelle erwischt. Drei Stunden gingen schnell vorüber und ich wurde zurückbeordert. Ich drückte meine Fluttanks mit Preßluft leer, und ganz sachte, langsam hob ich mich vom Grund frei. In 25 Meter Tiefe stoppte ich und ließ mich, um nicht aus dem Wasser zu schießen, mit der Winde hochziehen. Da surrte auch schon der Kran, und ich hing über der Bordwand. Hilfreiche Hände drückten das Gerät in seine Aufhäng-Vorrichtung. Kurze Zeit danach konnte ich die reine, frische Luft genießen.
Das Tauchschiff wurde verholt und am nächsten Tag versuchte ich an einer anderen Stelle mein Glück, das Wrack zu finden.
Alles klar! Ab ging's in die Tiefe. In 80 Meter Tiefe — ich traute meinen Augen nicht — sah ich den Kreuzer unter mir liegen. 85 Meter — ich stand auf dem kieloben liegenden Wrack. Nun war ich doch froh, endlich ein Erfolg! Schnell wurde ein Grundgewicht heruntergelassen und oben an Deck Landpeilung genommen. Hiermit war die erste Etappe — die Wracksuche — beendet.
Nun war es ganz leicht, an das Hinterschiff heranzukommen. Denn es galt, die drei wertvollen Schiffsschrauben aus Bronze zu bergen. Für mich begann nun ein zwar schwieriges, aber auch ein interessantes Stück Arbeit. Absprengen sowie Anschlagen der ersten Schraube. Das war mit dem ungelenken Panzergerät mit seinen Greifzangen nicht leicht.
Alle Arbeiten mußten von Bord aus geleistet werden, während ich von unten dirigierte. Das kostete viel Zeit, Mühe und Schweiß — sowohl an Deck als auch unten im Gerät. Strömung sowie optische Täuschung stellten sich ein, aber wir stimmten uns aufeinander ab, und es klappte schneller und besser.
Als erstes brauchte ich einen 23-Millimeter-Draht für alle Fälle. Ich wollte der 600 Millimeter starken Hohlwelle an den Kragen — mit 25 kg Sprengstoff. Dafür kam ein Gestell herunter, das genau der Welle auf Maß angepaßt war. Nach vielem Hin und Her saß es an der von mir ausgesuchten Stelle — was konnte nun noch passieren? Das mit dem Halteseil verwickelte Sprengkabel war gebrochen und

schwebte langsam zu Boden. — Schnell mußte eine Zwei-Kilo-Sprengladung herunter. Klar zum Schuß! Ich war doch aufgeregt, ob es wohl klappte. Denn so eine dicke Hohlwelle hatte ich noch nie in Arbeit! Detonation!! Eineinhalb Stunden lang kamen Luft, Holzteile und Rauchwolken an die Wasseroberfläche. Durch die Sprengung war auch ein Riß im Schiffsboden entstanden, so daß Luft entweichen konnte.
Beim erneuten Hinuntergehen war ich gespannt auf die Wirkung der Sprengladung. Die Welle war glatt durchgeschlagen — ich war zufrieden. Aber dann kam eine Enttäuschung: Bei der Sprengung muß sich das schon angebrachte Hebeseil in der Nähe der Sprengstelle befunden haben, denn vier Meter Kabel waren abgerissen. Pech! Obwohl ich sowieso kein Zutrauen zu dem 23-Millimeter-Draht hatte, sollte der nächste Draht unter der Schraube angebracht werden. So, auch der zweite Draht war klar! Jetzt kamen die beiden Lagerstützen dran. Das Hievseil hatten wir vorsichtshalber an einer Boje befestigt, so daß es frei von der Sprengstelle lag. Zweimal 25 kg Sprengstoff, und die Schraube lag auf dem Schiffsboden. Es gab keine Möglichkeit, ein Seil im Konus durchzubringen.
So blieb nichts anderes übrig, als einen Stropp um einen der Flunken anzuschlagen, wenn es auch wegen der messerscharfen Kangen gewagt war. Wir holten einen fünf Meter langen und 60 Millimeter starken Stropp von Land. Daraus machten wir eine Schlinge. aber was war das — als ich mit dem Stropp über der Schraube stand, mußte ich feststellen, das der Flunken über 2,50 Meter breit und meine Schlinge nur 2,30 Meter war. Raus! Wir splissten uns einen acht Meter langen Stropp zurecht. Er wurde dann waagerecht heruntergehievt. Denn ich konnte unten so gut wie gar nichts am Stropp verändern. Da stand ich nun drei Meter über der Schraube und dirigierte. Nach vielem Auf und Ab — denn nichts täuschte wohl mehr, als hinter einer fünf Zentimeter dicken Glasschicht zu stehen und hinauszusehen. Aber nach und nach bekam ich einen Überblick, und es klappte!
Hinzufügen muß ich noch, daß wir das zwei Tonnen schwere Lager mitbergen wollten. Da wir nicht wußten, wieviel Gewicht unserem Hebkran zuzutrauen war, ließen wir die erste Schraube liegen und nahmen die zweite Mittelschraube in Angriff. Hier war die Absprengung viel einfacher. Die mittlere Schraube hatte keinen Lagerblock, sondern kam aus einem Kiel. Hier brauchte nur noch das Gehäuse aufgesprengt zu werden — dann lag die blanke Welle vor mir. Das Aufbringen des Stropps gelang schon wesentlich schneller. 25 kg Sprengstoff taten das weitere. Nach 16 Stunden lag die Schraube an Land in fünf Meter Tiefe. Ein sichtbarer Erfolg.
Nun ran an die dritte Schraube. Diese bearbeitete ich genau wie die Mittelschraube. Schutzkappe absprengen, Stropp anbringen, und dann mein Spezial-Sprengstoffpaket runter! Rumms, die dritte Schraube war klar zum Hieven. bis auf 40 Meter ging alles glatt. Dann konnten wir nicht weiter. Ich machte mich klar zum Tauchen, um

zu sehen, was los war. Ich glaubte meinen Augen nicht zu trauen: »Die Schraube pendelte ganz langsam am Seil. Ein anderes Seil von der ersten Schraube hatte sich daran verfangen.
Dann mußte ich noch die dritte Sprengladung runterbringen, um den Draht abzusprengen. Nichts ließ sich schlechter durchsprengen als ein Drahtseil. Schließlich lag dann auch die zweite Schraube klar an Land. Zuletzt versuchten wir uns an der noch auf dem Wrack liegenden ersten Schraube. Und wir hatten Glück. Nach sieben Stunden war auch diese Schraube an Land in Sicherheit.
So bargen wir fast 40 Tonnen Bronze und zeigten damit gleichzeitig, daß mit dem Panzergerät reelle Arbeit geleistet werden konnte. Das war allerdings nur im Einvernehmen mit einer gut eingespielten Deckscrew möglich.«
Die drei Schrauben wurden per Schiff nach Deutschland transportiert und dort eingeschmolzen. Prüter ging später in die Schweiz, arbeitete bei der Stauwehr Beznau der Döttingen AG. In dieser Zeit erstellte er auch einen Bergungsplan für den Schweren Kreuzer *Blücher*. Die wichtigsten Kriterien des Papiers: »Das Wrack muß in einem Stück gehoben werden. Nur so ist die Gefahr des Ölaustritts am geringsten. Ein kontrolliertes Absprengen einzelner Wrackteile halte ich für undurchführbar. Doppelboden und Kabelschächte sind besonders schwierig zu durchsprengen. Außerdem müssen die zahlreichen Munitionskammern berücksichtigt werden. Die Strömungen sind nicht gleichmäßig. Windrichtung und Windstärke haben Einfluß darauf. Ich selbst konnte oft drei Stunden lang tauchen. Das Wasser war klar. Mit einer 1000-Watt-Unterwasserlampe konnte ich jede Schweißnaht genau sehen. Selbst die verschiedenen Farben ließen sich unterscheiden.
Mein Plan sieht Tauchen mit dem Panzergerät vor. Dadurch gibt es keine Austauchzeiten. Um das Vor- und Achterschiff sollten Drahtseile gelegt werden, um daran zusätzliche Hebe-Ballons anzubringen. Um Details zu erarbeiten, müssen sämtliche Baupläne des Schweren Kreuzers beschafft werden. An Hand der Baupläne muß errechnet werden, ob mit einem Luftpolster im Schiffsinneren ein Anheben des Wracks zu erreichen ist. Deshalb muß geprüft werden, welche Möglichkeiten es gibt, Plastik unter einem Druck von 12 bis 15 Atü ins Schiff zu drücken. Der Vorteil beim Auffüllen eines Raumes mit Plastik: Man ist zeitlich nicht gebunden gegenüber Preßluft. Dabei muß immer mit Druckverlust gerechnet werden.«

Die Donald-Duck-Methode

Der dänische Ingenieur Karl Kröyer beschäftigte sich mit der gleichen Thematik. Im Sommer 1965 begann man nach weiteren Bergungsvorschlägen und Tauchaktionen Hoffnungen auf seine Plastik-Methode zu setzen. So berichtete das Hamburger Magazin »Stern« unter der Überschrift »Donald Duck hob ein Schiff«, wie Kröyer eine Idee der amerikanischen Comic-Figur im Hafen von Kuwait verwirklichte. Dort war der dänische Frachter *Al Kuwait* (5000 Tonnen) gekentert und lag mit 5000 toten Schafen 14 Meter tief auf dem Meeresgrund. Die gesamte Trinkwasserversorgung war in Gefahr. Denn ganz in der Nähe der Unglücksstelle betrieb Kuwait eine wichtige Meerwasserentsalzungsanlage. — Sofort wurde eine Bergungsfirma beauftragt. Aber das Unternehmen bedauerte: »Wir brauchen mindestens sechs Monate Zeit...« Das Entsetzen war groß. Bis dahin hätten die Kadaver mit Sicherheit das Trinkwasser verpestet. In der Not erinnerte sich ein Direktor der dänischen Versicherungsgesellschaft an Karl Kröyer und schilderte ihm die Situation. Kröyer versprach, eine Lösung zu suchen. Nach etwa 15 Minuten fiel ihm Donald Duck ein. 1957 hatte Kröyer in einem Comic-Strip gelesen, wie Donald und seine drei Neffen ein Wrack vom Meeresgrund auftauchen ließen — mit Ping-Pong-Bällen, die in einen großen Trichter gefüllt wurden. Der Trichter war an Bord eines Schiffes außen an der Reling befestigt. Von dort führte ein dicker Schlauch ins Meer hinunter. Durch den Schlauch kullerten nun die Kunststoff-Kugeln in das gesunkene Wrack. Das erhielt dadurch Auftrieb und kam wieder hoch.
Donald Ducks Methode mußte die Rettung bringen, dachte Kröyer. Er schlug vor: »Pumpt doch Styropor in den Frachter«. Doch die Begeisterung hielt sich in Grenzen. Weil es aber keine bessere Alternative gab, wurden einige Experimente gemacht. Sie verliefen erfolgreich. Fachleute errechneten, daß 150 Tonnen Styropor zur Hebung nötig seien. Die Menge wurde nach Kuwait geschafft. Taucher befestigten am Wrack mehrere Schläuche, Pumpen begannen durch sie das Styropor in die Hohlräume des Schiffes zu pressen — genau nach Plan. Denn der Frachter durfte ja keineswegs kieloben auftauchen.
Als etwa 70 Tonnen Styropor im Bauch des Frachters waren, gab es eine große Überraschung. Das Schiff begann langsam aufzusteigen. Die Ingenieure hatten die Auftriebseigenschaften des leichten Kunststoffs falsch eingeschätzt. Die Hälfte des Materials genügte. Nach sechs Wochen tauchte das Schiff wieder auf — Rekordzeit für eine Bergung unter diesen Umständen.
Natürlich wurde geplant, das ebenso einfache wie schnelle und billige Schiffsbergungsverfahren auch für andere Wracks anzuwenden. Kröyer erklärte sogar —

allerdings unter dem Vorbehalt anderer Umstände als in Kuwait — daß mit seiner Methode ohne Zweifel eine Hebung des Schweren Kreuzers *Blücher* möglich sei und vermutlich kaum mehr kosten dürfte, als der Schrottwert betrage. Die Realisierung der Pläne hing jedoch von den Voruntersuchungen ab, über die keine Entscheidung gefallen war.

Einen unerwarteten Rückschlag erhielten die Bemühungen durch den Tod des Kieler Bergungskapitäns Wilhelm Klostermann. Er starb im Alter von 67 Jahren. Der erfahrene Inspektor der Hamburger Bugsier-Reederei hatte das Vorhaben seit langer Zeit sachkundig und mit großem Interesse unterstützt.

Im gleichen Jahr hob die in aller Stille von deutschen und norwegischen Freunden gegründete Studiengruppe Schwerer Kreuzer *Blücher* die Aktion »Blücher e.V.« aus der Taufe.

Ziel war es, das Wrack zu heben und die eingeschlossenen Toten zu bergen. Die Eintragung als Verein war vorgesehen, um eine gesetzliche Grundlage zum Sammeln von Spenden zu haben. Auch die Deutsche Hilfsgemeinschaft unterstützte das Projekt und richtete ein Spendenkonto ein. Initiator der Aktion war der Mitautor dieses Buches, Hans Hermann Schlünz.

Nach dem Krieg arbeitete Schlünz beim Norddeutschen Rundfunk (NDR) als Redakteur und seefachmännischer Berater. Er gestaltete und moderierte Sendungen wie das berühmte »Hafenkonzert«, »Gruß an Bord« und »Grüße aus dem Heimathafen« der Deutschen Welle Köln.

Das Problem *Blücher* beschäftigte Schlünz bereits seit Jahrzehnten. Er betrachtete seine Lösung als eine seiner Lebensaufgaben. Zu den Mitgliedern der von ihm gegründeten Studiengruppe gehörten unter anderem der damalige Direktor des Norwegischen Fremdenverkehrsamtes in Hamburg, Hans Gran, sowie der Generaldirektor des norwegischen Industrie-Konzerns A/S Schreiner & Co., Christian Anker, zugleich Vorsitzender des Ausschusses »Gegen die Verunreinigung des Oslo-Fjords« und der Hamburger Journalist Rolf Behne.

Die ersten Beträge flossen, als Schlünz in einer Live-Sendung des Saarländischen Runfunks aus Hamburg gegen Mitternacht zur *Blücher*-Thematik befragt wurde. Im Gespräch mit dem Korrespondenten Dieter Bub bekannte Schlünz, daß er zusammen mit norwegischer und deutscher Hilfe hoffe, die fehlenden Millionen zur Bergung und Entfernung des Wracks durch Spenden aufbringen zu können.

Das Interview hatte ein unerwartet schnelles Echo: Fünf Minuten später erkundigte sich der Saarländische Rundfunk bereits im Auftrag seiner Hörer nach der Kontonummer, um eingehende Spenden überweisen zu können. In Kristiansand (Südnorwegen) hörte zufällig ein Redakteur der dort erscheinenden Zeitung »Faedrelandsvennen« die Sendung und schrieb einen Bericht. Der Artikel mobilisierte die gesamte norwegische Presse. Die in Oslo erscheinende »Nationen« schrieb, der Plan, die *Blücher* zu heben, sei Tagesgespräch in der norwegischen Öffentlichkeit

und in Regierungskreisen. In Norwegen habe man großen Respekt vor der deutschen Initiative. Auch deutsche Zeitungen berichteten ausführlich. So lautete zum Beispiel die Schlagzeile der BILD am SONNTAG vom 28. November 1965: »Mit 600 Toten an Bord nach Hamburg — ein Totenschiff soll heimkehren.«
Die ungefähren Kosten der Bergung wurden damals von Experten auf etwa vier Millionen D-Mark beziffert. Der Eigentümer des Wracks, Einar Hövding, hatte Hans Hermann Schlünz den derzeitigen Wert des Schweren Kreuzers mit »zwei Millionen D-Mark schwimmend« angegeben. Weder Geschäftsleute noch Dienstellen in Norwegen und Deutschland waren jedoch bereit, den gesamten Betrag oder auch nur einen Teil der Bergungskosten zu übernehmen. Auch der Pressereferent der Deutschen Botschaft, Joachim Koppen, machte Schlünz nur wenig Hoffnung: »Eine rechtliche Verpflichtung der Bundesrepublik Deutschland zur Beseitigung des Wracks besteht nicht mehr, nachdem durch ein norwegisches Amt bereits wirksam über das Eigentum an dem Kriegsschiff zugunsten eines norwegischen Staatsangehörigen verfügt worden ist...«
Doch Schlünz ließ sich nicht davon abbringen, daß Deutschland im Oslo-Fjord eine moralische Verpflichtung abzutragen habe. Darum sammelte er im Verein mit anderen Idealisten Schecks, Scheine, Mark und Pfennige. Zahnarzt Vagn Enger, der ehemalige Batteriechef bei Dröbak, dessen Einheit seinerzeit 25 Schuß auf *Blücher* abgefeuert hatte, schrieb ihm aufmunternd: »Ich bewundere Ihre Zähigkeit und Ausdauer.«
Hans Hermann Schlünz erinnert sich: »Es war rührend. Der berühmte kleine Mann hatte gespendet und das alte Mütterchen. Meistens waren es ganz kleine Beträge. Da kamen Anweisungen über fünf Mark, sogar ein 20-Dollar-Scheck aus Marysville (Ohio) in den Vereinigten Staaten war dabei. Insgesamt gingen schließlich ganze 200 Mark ein. Das Geld habe ich dann von der Deutschen Hilfsgemeinschaft an die Kriegsgräberfürsorge in Kassel überweisen lassen.«
Die geringe Summe brachte Schlünz auch noch in Verruf. Eines Tages rief Walter Weber, Redakteur der BILD-Zeitung, bei ihm an und teilte mit, ein anonymer Anrufer aus Kopenhagen habe behauptet, er habe sich an der Sammelaktion für *Blücher* bereichert und horrende Summen eingenommen. Von zwei Millionen D-Mark sei die Rede gewesen, und er habe das ganze Geld in die eigene Tasche gesteckt. Schlünz hatte zwar einen Verdacht, aus welcher Ecke der Schuß abgegeben worden sein könnte. Aber der BILD-Redakteur durfte seinen Informanten nicht preisgeben.
Am 23. Januar 1966 kam es im Haus des prominenten Norwegers Christian Anker zu einem Treffen zwischen Hans Hermann Schlünz und Einar Hövding. Anker fragte Hövding: »Wären Sie gewillt, das Wrack zur Verfügung zu stellen, wenn gewährleistet wird, daß seitens der deutschen Öffentlichkeit und der Bundesregierung die erforderlichen Mittel zur Beseitigung des Schweren Kreuzers und der damit zusammenhängenden Öl-Gefahr bereitgestellt werden?«

Hövding antwortete, er würde als Eigentümer des *Blücher*-Wracks in diesem Fall alle materiellen Interessen zurückstellen, um seinerseits dazu beizutragen, eine Hebung des Schiffes nicht an finanziellen Schwierigkeiten scheitern zu lassen. Anker gab seiner freudigen Genugtuung über Hövdings idealistische Einstellung Ausdruck. Anschließend unterschrieben alle Teilnehmer ein Gesprächsprotokoll — nur Hövding hielt sich zurück. Er sagt aber zu, ein Papier zu erstellen und zu übersenden, das seinen Verzicht bescheinige. Doch Hövdings Schreiben blieb zunächst aus.

Erst am 25. März 1966 schrieb und unterzeichnete Hövding folgendes: »Erklärung der Firma Hövding Skipsopphugging, Oslo, bezüglich der *Blücher* im Oslo-Fjord. Ich erkläre mich hiermit grundsätzlich bereit, meine verbrieften Rechte an dem im Oslo-Fjord gesunkenen Kreuzer *Blücher* zugunsten der deutschen Bundesregierung aufzugeben, nachdem ich gehört habe, daß der Bund möglicherweise die Absicht hat, das Wrack zu heben und zu verwerten.

In diesem Falle bitte ich darum, einen Beauftragten des Bundes zu veranlassen, mich in dieser Angelegenheit anzusprechen, und stelle mich jederzeit gern zur Verfügung. Ich bin bezüglich des *Blücher*-Wracks verschiedene Verpflichtungen eingegangen, deren Erfüllung im Falle meines Verzichts von der Bundesregierung übernommen werden müßten.«

Die *Blücher*-Freunde erstarrten — der letzte Satz machte die Erklärung wertlos. Trotzdem konnte man am 24. April 1967 in Oslos »Morgenposten« die Schlagzeile lesen: »Ich habe der deutschen Regierung die *Blücher* gratis angeboten«. Und im »Dagbladet« vom selben Tag stand: »Die Deutschen können *Blücher* haben«. Zu dem Zeitpunkt lag der Bundesregierung jedoch bereits ein Gutachten in Sachen *Blücher* vor, das im Kern negativ war. Darin hatte ein Hövding nahestehender Experte erklärt: »Die Gefahr, daß Öl aus dem Wrack austritt, ist gering. Die Gefahr aber, daß während der Bergung Öl ausströmt, ist sehr groß. Darüber hinaus würden die Kosten in einem sehr krassen Mißverhältnis zu dem möglichen Erlös stehen.«

Schlünz und seine Mitstreiter fragten sich daraufhin, wie sich die Ansicht des von Hövding bereitwillig präsentierten Experten mit dem zusammenreimte, was Hövding zehn Jahre zuvor öffentlich bekannt gemacht hatte. Nun auf einmal doch keine Ölgefahr mehr? Immerhin mußte Hövding auf diese Weise das Wrack nicht mehr verschenken. Außerdem erklärte Hövding, daß er mit dem Freundeskreis *Blücher* nichts mehr zu tun haben wolle.

Unabhängig davon braute sich bereits die nächste *Blücher*-Affäre zusammen. So war im »Hamburger Abendblatt« vom 20./21. Mai 1967 zu lesen: »Warum wird *Blücher* nicht geborgen?« Diese Frage richtete die Zeitung an den norwegischen Ingenieur Gunnar M. Lund aus Stavanger. Er war in die Hansestadt gekommen, um mit ehemaligen *Blücher*-Konstrukteuren, Kriegsmarine-Experten und Bergungsgesellschaften einen Plan zur Hebung auszuarbeiten. Einfach war die Aufgabe nicht.

Denn soviel stand inzwischen fest: »Hövding ist für alle Schäden verantwortlich, die durch das *Blücher*-Wrack hervorgerufen werden.« Darauf hatte am 9. Mai 1967 Norwegens damaliger Fischereiminister Oddmund Myklebust auf eine Frage des Parlamentsabgeordneten Halfdan Hegtun hingewiesen. Er sagte: »Eigner und Berger sind für alles verantwortlich, was vor, während und nach der Bergung des Schweren Kreuzers geschieht. Und weil vermutet werden muß, daß die Öl-Gefahr bei einer Bergung sehr groß ist, größer als beim unberührten Wrack, sollte das Schiff lieber im Oslo-Fjord liegen bleiben«. Damit war auch klargestellt, daß weder die norwegische noch die deutsche Regierung für die Beseitigung des Wracks zu sorgen oder sie finanziell zu unterstützen hat.
Daß diese Dinge öffentlich wurden, war ein gezielter Schuß vor Hövdings Bug. Und dort sollte er nach dem Willen Lunds auch sitzen. Doch Lund versenkte sich selbst. Bald nach dem Bericht im »Hamburger Abendblatt« kündigte ihm seine Firma quasi fristlos die Stellung. Dabei hatte Lund den Job erst kurz davor im Wettbewerb mit mehreren Bewerbern erhalten. Lund hatte keinen Zweifel, daß zwischen Kündigung und Veröffentlichung ein Zusammenhang bestand. Denn bereits vorher hatte Lund nach einer Auseinandersetzung mit Hövding wegen *Blücher* schon seine andere Aufgabe als Technischer Direktor einer norwegischen Bohrinsel verloren. Auch seine Ehe ging kaputt, das gemeinsame Haus mußte verkauft werden. Um Geld zu verdienen, verdingte er sich als Ingenieur in der Öl-Wüste am Persischen Golf.
Die Gründe dieser dramatischen Entwicklung beschrieb Lund in einer eidesstattlichen Versicherung so: Als norwegischer Bürger und Technischer Direktor einer Firma in Oslo und Stavanger habe er sich zum ersten Mal im Juni 1966 in Sachen *Blücher* engagiert. Anlaß dazu sei die Anwesenheit von Tauchern der amerikanischen »Ocean Systems Incorporation« aus Kalifornien gewesen, die in Stavanger zu tun hatten. Die US-Experten waren weltweit durch die Bergung von Wasserstoffbomben bekannt geworden, die beim Absturz eines amerikanischen B-52-Bombers am 17. Januar 1966 in der Nähe des spanischen Hafens Palomares in den Atlantik gefallen waren. Weil die Amerikaner über eine hochmoderne Tauchausrüstung verfügten, die es in Norwegen nicht gab, wollte Lund die Chance nutzen, um die Bergungsmöglichkeiten für *Blücher* untersuchen zu lassen.
Lund schrieb an Hövding. Der bekundete in seinem Antwortbrief grundsätzliches Interesse an dem Plan, befürchtete jedoch, daß alles an den Kosten scheitere. Lund fühlte sich ermutigt, ging aber von der offensichtlich falschen Voraussetzung aus, daß Hövding jeder sachlich vertretbare Weg zur Beseitigung des Wracks willkommen sein müsse. Und darum handelte er auch, ohne mit Hövding entsprechend fundierte Verträge aufzusetzen. Am 8. Februar 1967 kam es im Osloer Grand Hotel zu einem Treffen mit Hövding, an dem Lunds Chef, er selbst und der Vizepräsident von »Oceans Systems« teilnahmen. Lund glaubte, er hätte Hövding davon über-

zeugt, daß eine sorgfältige Untersuchung mit behördenfähigem Gutachten der Bergung vorausgehen müsse. Doch Hövding erklärte plötzlich, das Thema *Blücher* sei für ihn erledigt. Zu weiteren Gesprächen sei er nicht bereit.

Da erbot sich Lund, die Untersuchungskosten durch »Ocean Systems«, Presse- und Fernsehhonorare zu decken, das Wrack zu verkaufen und als Hövdings Broker bei einer Kommission von zwei Prozent aufzutreten. Hövding stimmte unter einer Bedingung zu: Die Kaufsumme darf nicht weniger als eine Million Kronen betragen. Mit einem Telex vom 2. März 1967 ins Grand Hotel bestätigte Hövding die Abmachungen.

Daraufhin setzte sich Lund mit Journalisten und PR-Managern in London in Verbindung. Mehrere Gespräche ergaben, daß der Erlös aus Presse- und Fernsehrechten die Kosten der Tauch-Untersuchung durch »Ocean Systems« in Höhe von etwa 15000 Dollar decken würde. Erst danach und wenn feststand, daß *Blücher* gehoben werden könne, sei der Verkauf des Wracks möglich — vorausgesetzt, Hövding willigte ein. Lund erinnert sich, daß Professor Ivan Rosenquist vom »Sentralinstituttet for Industriel-Vitenskapelig Forskning« in Oslo vor Jahren gegenüber Behörden die Kosten für ein theoretisches Gutachten zur Ölgefahr und Tank-Korrosion auf rund 100000 Norwegen-Kronen beziffert hatte. Das war praktisch der gleiche Betrag, den »Ocean Sytems« für das Tauch-Vorhaben mit Spezialgeräten verlangte. Am 14. März 1967 teilte Lund Hövding den zwingenden Zusammenhang zwischen Untersuchung und Verkauf mit. Hövding antwortete noch am gleichen Tag per Telex: »Ich gebe Ihnen die Erlaubnis zur Tauch-Untersuchung gemäß Ihrer heutigen Nachricht. Die Untersuchungen gehen zu Ihren Kosten und geschehen auf Ihre Verantwortung. Außerdem geben Sie uns einen Bericht über die Ergebnisse sowie Abzüge der Fotos.«

Lund verständigte »Ocean Systems«, traf Arrangements zur Finanzierung der Untersuchung mit der Fernseh-Gesellschaft CBS und anderen. Am 1. April 1967 teilte er Hövding mit: »Die Dinge laufen wie vereinbart. Das in Santa Barbara (Kalifornien) eingeschiffte Spezial-Tauchgerät trifft am 10. April in Oslo ein.« Tatsächlich wurden auf der Festung Oscarsborg nahe der Untergangsstelle 14 Tonnen Taucherausrüstung ausgeladen und dem Militär in Obhut gegeben. Es fehlte nichts — Dekompressionskammern, Gasflaschen, Kompressoren Unterwasser-Fernsehkameras, Monitore waren ebenso vorhanden wie elektrische Meßgeräte zur genauen Feststellung der Tank-Korrosion.

Am gleichen Tag bezog eine Crew harter Männer das Osloer Grand Hotel: »Captain C.A. Smith (Präsident von »Ocean Systems«), H.D. Wilson (Leiter der Untersuchungsarbeiten), J. Mac Innes (Arzt), Ed Woods und E. Tood (Taucher), James Smith (Unterwasser-Kameramann), Dan Eden (Luft-Kontrollingenieur) und Cheftaucher Lyle Kirlin. Am 11. April 1967 schickte Hövding ein Telex an Lund. Inhalt: »Der Norweger stimme der Finanzierungsform der Tauchuntersuchung nicht zu. Er beabsichtige, seine Erlaubnis zurückzuziehen. Es folgten mehrere Besprechungen zwischen Hövding, Lund und den Anwälten. Immer wieder fand Hövding neue Klauseln, die in den Vertrag aufgenommen werden sollten. Drei Tage später wurde das Papier mit den neuen Bedingungen endlich unterschrieben. Hövdings Anwälte übersetzten den Text ins Englische. Der Norweger war wieder nicht zufrieden. Er bemängelte: »Die Übersetzung ist nicht korrekt, wir müssen neue Veränderungen vornehmen.«

Die trainierten Taucher im Grand Hotel wurden inzwischen nervös. Auch deshalb, weil Hövding in loser Folge widersprüchliche Informationen an die norwegischen Zeitungen gab:

○ Er habe die Erlaubnis zur Untersuchung gegeben.
○ Er habe nur die Erlaubnis für eine Untersuchung von außen gegeben, nicht für das Innere des Wracks.
○ Er habe überhaupt keine Erlaubnis gegeben.
○ Weder Lund noch »Ocean Systems« könnten ausreichende Garantien gegen mögliche Ölschäden geben, daher streiche er die Vereinbarung.

Dabei war durch die Standard-Versicherung von »Ocean Systems« jedoch alles bestens geregelt:

○ eine Million Dollar gegen Ölschäden
○ 300000 Dollar pro amerikanischen Taucher
○ 100000 Dollar für jeden norwegischen Taucher.

Das reichte Hövding nach Lunds Aussage nicht. Plötzlich verlangte der Norweger auch noch eine Garantiesumme von einer Million Kronen (rund 137500 Mark), obwohl er früher erklärt hatte, er wolle eine Hebung der *Blücher* nicht an finanziellen Schwierigkeiten scheitern lassen. Versuchte Hövding auf diese Weise, erheblich mehr als den Kaufpreis von 1949 wieder reinzuholen?

Außerdem blieb die Frage offen, wie Hövding das Risiko gedeckt hatte, als er 1951/52 mit insgesamt eineinhalb Zentnern Dynamit die drei Propeller am Heck des Schweren Kreuzers absprengen ließ. Dabei war nämlich der Wellentunnel der Mittelschraube ein bis zwei Meter aufgerissen und viele Kubikmeter Luft waren in mächtigen Blasen aus dem Wrack entwichen. Lund konnte nicht erkennen, wie und womit die Taucher von »Ocean Systems« hätten Schaden anrichten können.

Einige Experten und Hövding-Kritiker glaubten die richtigen Antworten zu kennen. Zwei Versionen machten die Runde:

○ Hövding wußte nur zu gut, daß das Wrack wegen des geringen Sauerstoffgehalts in 90 Meter Tiefe in hervorragendem Zustand war und keine Ölgefahr bedeutete. Wäre das aber durch eine gründliche Untersuchung bestätigt worden, hätte sich weder der norwegische noch der deutsche Staat an den Bergungskosten beteiligt. Das mögliche Geschäft mit *Blücher* wäre dahin und auch die Gelegenheit, durch Presse-Interviews das Image aufzupolieren.

○ Offensichtlich gab es in Norwegen einflußreiche Persönlichkeiten, denen bei dem Gedanken einer Bergung äußerst unwohl zu Mute war. Der Grund: Bei einer Hebung oder Untersuchung im Inneren des Wracks könnten Geheimpapiere gefunden werden. Möglicher Inhalt der Dokumente: Die Namen von Norwegern, die sich bei den anrückenden Nazis als Handlanger verdingt hätten oder sogar Gauleiter werden sollten. Diese Kreise setzten Hövding unter Druck. Schließlich war auf *Blücher* der Stab des Generals Engelbrecht eingeschifft gewesen.

So berichtete die Göteborger Handels- und Seefahrtszeitung am 11. November 1969 in einem groß aufgemachten Artikel, daß norwegische Behörden an der Bergung der *Blücher* nicht interessiert seien, weil man die belastenden Listen finden könnte. Die angeblichen Papiere seien in einem Dokumenten-Schrank an Bord und noch unversehrt. Daraus könnte Zündstoff werden, schrieb der Sonderberichterstatter der Zeitung aus Oslo, ohne eine Quelle für seine Vermutungen anzugeben. Die norwegischen Behörden wiesen die Behauptung der schwedischen Zeitung als unbegründet zurück. Der angedeutete Aspekt habe bei der Entscheidung über das Schicksal der *Blücher* selbstverständlich keine Rolle gespielt.
Auch der norwegische Geschichtswissenschaftler Professor Dr. Magne Skodvin zweifelte daran, daß der Schwere Kreuzer Papiere an Bord haben könnte, deren Inhalt nicht längst bekannt sei. Norwegische Stellen neigten eher zu der Annahme, daß die Darstellungen der Göteborger Zeitung im Licht deutscher und schwedischer Bergungsaktivitäten zu sehen waren. Die Norweger nahmen an, sie sollten nur gezielt zur Bergung der *Blücher* gedrängt werden. Nach Informationen von »Aftenposten« hatte der schwedische Finanzier Gösta Wiklund Ljunbgy im Januar 1969 auf den Kauf der *Blücher* von Einar Hövding zu einem festen Preis eine Option erhalten — und die lief damals gerade ab, am 1. Dezember 1969. Obwohl Wiklund keine Kosten und Mühen scheute, um die nötigen Mittel aufzubringen, verlängerte Hövding die Option nicht.
Die Gründe wurden nicht bekanntgegeben. Außerdem hatten sich Wiklund und Hövding gegenüber der deutschen Agentur »Bild & Text« in Bad Segeberg bei Hamburg verpflichtet, keine Informationen über die Vorbereitungen einer möglichen Bergung, deren Verlauf und über die Nutzung der *Blücher* an Außenstehende weiterzugeben und zu keinem Zeitpunkt Vertretern von Presse, Rundfunk, Film und Fernsehen Zugang zu dem Kreuzer zu gewähren, sondern alle Interessenten an »Bild & Text« zu verweisen.
Professor Magne Skodvin stellte fest: »Ich bin sehr skeptisch, was die Gerüchte um die geheimnisvollen Papiere angeht. Denn ein Teil der Dokumente ist im April 1940 an Land getrieben und wird im Reichsarchiv aufbewahrt. Außerdem sind die Operations-Dokumente zur Anlandung längst bekannt. Bei ihren Plänen operierten die

Deutschen nicht mit Angehörigen der 5. Kolonne in Norwegen, sondern mit bekannten führenden Instanzen, gegen die nach ihrem Willen vorgegangen werden sollte. Die Dokumente, die der Schwere Kreuzer an Bord hatte, hätte Generalmajor Erwin Engelbrecht einige Stunden vor der Ankunft in Oslo bereits kennen müssen. Aber als der General nach seiner Rettung in Oslo eintraf, kannte er nicht einmal den Namen Vidkun Quisling.«

Skodvin ergänzte, daß die Personalkartei der Deutschen für den 9. April 1940 genauso bekannt sei, wie die offiziellen Anweisungen an den Gesandten Bräuer in Oslo. Skodvin: »Unter Berücksichtigung der tatsächlichen Verhältnisse und der anderen bekannten Faktoren bei der Vorbereitung der Invasion in Norwegen kann ich kaum glauben, daß sich an Bord der *Blücher* Dokumente von historischer Bedeutung befinden.«

Ministerialdirektor J.H. Bertnes aus dem Fischereiministerium erklärte auf »Aftenposten«-Anfrage: »Wir haben bei der Beurteilung der *Blücher*-Frage überhaupt nichts von dem gewußt, was die schwedische Zeitung da behauptet. Es sind rein technische Gründe, warum wir das Schiff bisher nicht geborgen haben.«

Doch noch einmal zurück zu Ingenieur Lund aus Stavanger. So absurd die Theorien auch klingen, weder die eine, noch die andere konnten widerlegt werden: Die Männer von »Ocean Systems« zogen wütend aus dem Grand Hotel aus und reisten ab. Sie hatten die 14 Tonnen schwere Ausrüstung nicht einmal angerührt. Lund machte noch einen verzweifelten Versuch beim Verteidigungsministerium — vergeblich. Ein Reporter einer großen Osloer Tageszeitung erlebte den Aufbruch der Taucher im Hotel mit: »Es war tragisch anzusehen. Einer nach dem anderen verließen die Riesenkerle das Zimmer. Lund saß völlig zusammengesunken auf einem Stuhl. Er weinte.« Hövding sah den Sachverhalt ganz anders: Lund habe mit *Blücher* nur ein schnelles Geschäft machen wollen. Aber dazu brauche er (Hövding) keinen Lund. Aus seiner Firma sei Lund nur herausgeflogen, weil er die Sache mit »Ocean Systems« unter dem Briefkopf des Unternehmens eingefädelt habe.

Das einzige konkrete Bergungsangebot gab der Hamburger Ulrich Harms ab. Seine Firma offerierte bereits im September 1968 auf Anfrage der Agentur »Bild & Text«: Heben und Absetzen des Wracks für 5,7 Millionen D-Mark. Weitere 2,2 Millionen D-Mark sollte das Aufrichten, Schwimmfähigmachen und Einschleppen des Kreuzers kosten. Also insgesamt rund acht Millionen D-Mark. Die Arbeitszeit war auf 16 bis 18 Monate angesetzt. Dazu garantierte Harms, seit 1955 im Geschäft und mit den beiden Kränen »Magnus I + II« (zusammen 1200 Tonnen Tragfähigkeit) weltweit erfolgreich, wirksame Ölsperren während der kritischen Bergungsphase. Mechanische und Preßluft-Sperren, eine Öl-Versicherung gegen eventuelle Verschmutzung waren ebenfalls im Preis enthalten. Außerdem trug Harms auf der Basis »keine Bezahlung ohne Erfolg« auch das größte Risiko. Der dickste Pott, den ein Harms-Kran bis dahin auf den Haken genommen hatte, war die immerhin 8700 BRT große schwedische *Alabama*. Doch wie schon in der Vergangenheit scheiterte die Umsetzung am Desinteresse der deutschen und der norwegischen Behörden. Als 1969 der damalige Außenminister Willy Brandt mit seinem Amtskollegen in Oslo zusammentraf, sprachen sie nur unverbindlich über *Blücher*. Das Ergebnis des Dialogs: »Wir bleiben in Kontakt.«

Beschreibung und Betriebsvorschrift für die Kesselregelung der Hauptkessel auf *Blücher* der Firma Askania-Werke in Berlin-Friedenau 1938 (Archiv Marine-Arsenal)

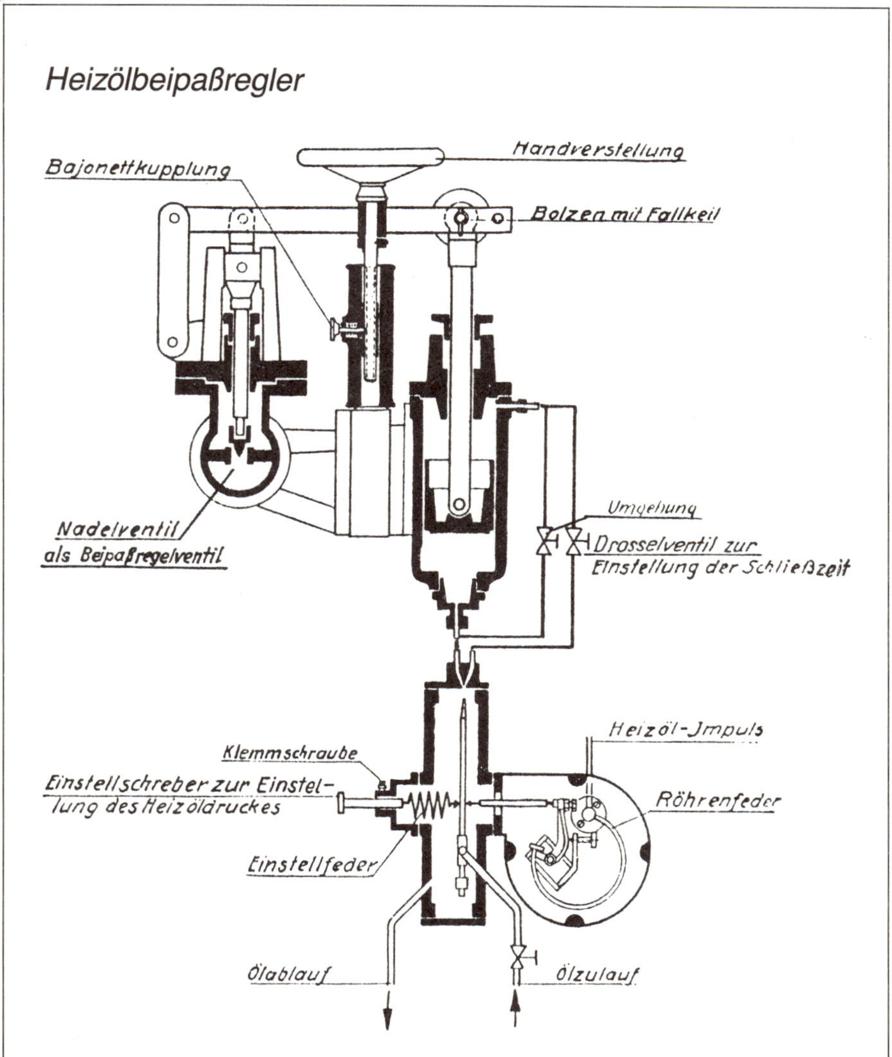

Tod in 70 Meter Tiefe

Zwölf Monate später, am 29. November 1970, forderte der Schwere Kreuzer 30 Jahre nach dem Untergang ein weiteres Todesopfer: Beim Tauchen am Wrack ertrank der Chefreporter der norwegischen Zeitung »Aftenposten«. Erik Lunde (33) hatte mit Jörn Stubdal von der Osloer Froschmannsschule versucht, das Kriegsschiff zu fotografieren. Dabei verhedderte sich der Journalist in 70 Meter Tiefe in einem der Scheinwerferkabel. Der routinierte Amateur-Taucher blieb hängen und verlor die Taucherbrille. Stubdal versuchte, seinen Freund zu retten, wollte ihn an einem Seil noch mit nach oben ziehen. Doch der Versuch mißlang — Stubdals Auftrieb war zu stark. In der Aufregung hatte er aus seinen Preßluftflaschen zuviel Sauerstoff abgelassen. Außerdem drückte ihn die starke Strömung weg. Lunde konnte wenig später nur noch tot geborgen werden. Der Redakteur hatte an der Universität in Oklahoma (USA) studiert. Seit 1963 arbeitete Lunde bei »Aftenposten«. Er hinterließ Frau und zwei Kinder.

Am 13. Juni 1973 beschäftigte sich sogar der Hamburger Senat mit dem Thema *Blücher.* Der FDP-Bürgerschaftsabgeordnete Günter Glatz hatte in einer Kleinen schriftlichen Anfrage festgestellt: Der gesunkene deutsche Kreuzer *Blücher* auf dem Grund des Oslo-Fjords gefährdet die Badestrände an Nord- und Ostsee sowie den Fischfang, weil sich an Bord des Wracks noch viele hundert Tonnen Heizöl befinden, die jederzeit austreten können. Er fragte: »Ist der Senat bereit, auf die Bundesregierung dahingehend einzuwirken, daß diese sich zusammen mit anderen Anliegerstaaten um eine Abwendung der Gefahren bemüht, die sich aus den Ölvorräten des im Oslo-Fjord liegenden Kreuzers *Blücher* für die Gewässer der Nord- und Ostsee und die angrenzenden Küsten ergeben?«

Die Antwort des Senats: »Nein. Nach Auskunft des Auswärtigen Amtes sieht die Bundesregierung keine Veranlassung, die norwegische Regierung auf Gefahren hinzuweisen, die aus dem in norwegischen Hoheitsgewässern liegenden Wrack des ehemaligen Schweren Kreuzers *Blücher* ausgehen könnten: Norwegische Sachverständige kamen zu dem Ergebnis, daß von dem im Wrack lagernden Heizöl Gefahren nicht ausgehen.«

Bis heute ist noch immer nicht eindeutig geklärt, ob *Blücher* nun eine akute Ölgefahr darstellt oder nicht. Fest steht, daß seit über 50 Jahren Öl aus dem Wrack sickert, den Oslo-Fjord verunreinigt und die Menschen an der Küste verunsichert — eine traurige Bilanz. Fest steht auch, daß kein Wrack des Zweiten Weltkrieges soviele Schlagzeilen gemacht hat wie die *Blücher.* Dabei ist es müßig zu diskutieren, ob die Ölgefahr durch Rostfraß von außen oder von innen beschleunigt wird.

Wichtig ist, daß das Risiko — wie akut es auch immer sein mag — den Menschen am Fjord Unbehagen bereitet.
Schon deshalb und besonders der Umwelt zuliebe wäre es wünschenswert, wenn nach dem 50. Jahrestag des Unterganges und der schmerzlichen Erinnerung an die deutsche Besetzung Norwegens beide Länder zu einer gemeinsamen Initative mit der endgültigen Lösung des Problems kämen. Der Brückenschlag könnte nicht nur die deutsch-norwegische Freundschaft eindrucksvoll unterstreichen, sondern würde auch beispielhaft Zeichen für die Zukunft setzen. Die Sorge um die Natur und die Verantwortung gegenüber den Ängsten der Norweger sollte Auftrag genug sein. Nutzen wir die Chance.

Dank

Verlag und Autoren danken allen Behörden, Institutionen, Verbänden, Firmen und Privatpersonen für die tatkräftige Unterstützung, insbesondere auch für Berichtigungen und Ergänzungen. Ihr Wohlwollen und Engagement haben dieses Buch erst möglich gemacht.

Quellen- und Literaturverzeichnis

A Quellen

I. Archivalien (Bundesarchiv-Militärarchiv, Freiburg, u.a.)

Schwerer Kreuzer *Blücher*: Kriegstagebuch, 13.11.1939–31.3.1940, Teil 1/2 und 3.

Schwerer Kreuzer *Blücher*: Gefechtsbericht des ehemaligen I. Offiziers, Kpt.z.S. Erich Heymann und Gefechtsbericht Abschnitt Maschine des ehemaligen Leitenden Ingenieurs, F.Kpt. (Ing.) Thannemann.

Schwerer Kreuzer *Lützow*: Kriegstagebuch 1.–15.4.1940 und Abschnitt Maschine.

Kreuzer *Emden*: Kriegstagebuch 1.–15.4.1940 und Abschnitt Maschine.

Torpedoboot *Albatros*: Kriegstagebuch 1.–10.4.1940 und Bericht über die Teilnahme an der Besetzung Norwegens vom 6.–10.4.1940; Kriegstagebuch Abschnitt Maschine, 1.–10.4.1940.

Torpedoboot *Kondor*: Bericht über die Tätigkeit während der Oslo-Unternehmung.

Admiral Norwegen: Kriegstagebuch, 7.3.–15.4.1940.

Archiv Howaldtswerke Deutsche Werft AG Kiel, Werkszeitschrift 1939/40 Deutsche Werke Kiel.

Archiv-Marine-Arsenal, Beschreibung und Betriebsvorschrift für die Kesselregelung der Hauptkessel auf *Blücher* der Firma Askania-Werke in Berlin-Friedenau 1938.

II. Gedruckte Quellen

Lagevorträge des Oberbefehlshabers der Kriegsmarine vor Hitler 1939–1945, hrsg. von Gerhard Wagner, München 1972.

Kriegstagebuch der Seekriegsleitung 1939–1945, Teil A, im Auftr.d.Militärgeschichtl. Forschungsamtes in Verbindung mit d. Bundesarchiv-Militärarchiv u.d. Marine-Offizier-Vereinigung hrsg. von W. Rahn und G. Schreiber unter Mitw. von H. Maierhöfer, Bd. 8, April 1940, Herford, Bonn 1989.

Propagandatruppen der Deutschen Kriegsmarine, Versuch einer Dokumentation, Teil 1, Juni 1939–Juni 1940, Erstes Beiheft der Zeitschrift »Die Wildente« 1964, hrsg. von Günter Heysing.

Rangliste der Deutschen Kriegsmarine, Stand: 1.11.1938. Bearbeitet im OKM/Marinepersonalamt, M.Dv. Nr. 293.

Der Zweite Weltkrieg in Chronik und Dokumenten, hrsg. von Hans-Adolf Jacobsen, Darmstadt 1959.

B Literatur

I. Handbücher und Nachschlagewerke

Handbuch für Skagerrak und Kattegat / II. Teil: Norwegische Küste, hrsg. vom Deutschen Hydrographischen Institut, Hamburg 1961.

Hoppe/Schurig (Hrsg.): »... Wahr muß es sein — Militär und Journalismus in zwei Jahrhunderten«, Herford und Bonn 1989.

Lohmann, Walter, und Hans H. Hildebrand, Die deutsche Kriegsmarine 1939-1945, Gliederung, Einsatz, Stellenbesetzung, 3 Bde, Bad Nauheim 1964.

Witthöft, Hans Jürgen, Lexikon zur deutschen Marinegeschichte, 2 Bde, Herford 1978

Weyers Taschenbuch der Kriegsflotten, Jg. XXXV 1941/42, hrsg. von Alexander Bredt, München 1941.

Nauticus, Jahrbuch für Deutschlands Seeinteressen, 25. Jg. 1942, hrsg. auf Veranlassung des Oberkommandos der Kriegsmarine von Gottfried Hansen, Berlin 1942.

II. Darstellungen

Arneberg, Sven T. und Kristian Hosar, Vi dro mot Nord, Felttoget i Norge i April 1940 skildret av tyske soldater, Oslo: Aventura Forlag 1989.

Birnbaum, Friedrich Karl, Der Untergang der Blücher am 9. April 1940, in: Marine Rundschau 62 (1965), Heft 2, S. 76-84.

Björnsen, Björn, Det utrolige Dögnet, Oslo: Gyldendal Norsk Forlag Oslo 1977.

Busch, Fritz Otto, Kanonendonner im Oslofjord, 9.4.1940, Das Ende des Schweren Kreuzers *Blücher*, Rastatt 1973.

Grimmes, Ole Kristian, Oscarsborg Festning 9. April 1940, Forsvarets Krigshistoriske Avdelin (o.J.)

v. Hase, Georg, Die Kriegsmarine erobert Norwegens Fjorde, (Hrsg. im Auftrag des Oberkommandos der Kriegsmarine), Leipzig 1940.

Hubatsch, Walther, Weserübung. Die deutsche Besetzung von Dänemark und Norwegen 1940, 2. Aufl. Göttingen 1960.

Lochner, Reinhard K., Als das Eis brach. Der Krieg zur See um Norwegen 1940, 2. Aufl. München 1987 (Heyne-TB Nr. 01/6175).

Mielke, Otto, Schwerer Kreuzer *Blücher*. Sein erstes und letztes Gefecht, München 1953 (= SOS-Heft Nr. 2).

Omberg, Asbjörn, Blüchers Undergang, Kampen om Oslofjorden, Oslo: Alb. Cammersmeyers Forlag 1946.

Pfefferle, Ernst (Hrsg.), Kameraden zur See, Bd. IV 1987 (?), Altmannstein-Schwabstetten.

Schaufelberger, Walter, Militärpolitische Betrachtungen zum deutschen Überfall auf Dänemark und Norwegen im April 1940 (Weserübung) aus schweizerischer Perspektive, in: Marineforum Nr. 7/8 1983.

Scheen, Rolf, Norges Sjökrig 1939-1940, Bd 1, John Griegs Forlag 1947.

Schmalenbach, Paul, Kreuzer *Prinz Eugen* ... unter drei Flaggen, Herford 1978.

Steen, E.A. (Orlogskaptein), Norges Sjökrig 1940-1945, Bd 2: Det tyske angrep i Oslofjorden og på Norges sörkyst, Oslo: Gyldendals Norsk Forlag 1954.

Veröffentlichungen in zahlreichen Zeitungen und Zeitschriften von 1937 bis 1990 in Deutschland, Dänemark, England, Finnland, Norwegen, Schweden und den USA.

C Unveröffentlichtes Material

Birnbaum, Friedrich Karl (Fregattenkapitän a.D.), Die Krisensituation der Kampfgruppe Oslo am 9. April 1940 und ihre Meisterung nach dem Untergang der *Blücher* (Manuskript 1962).

Berichte von Augenzeugen und Überlebenden.

Görz, Paul (Rittmeister a.D.), Bericht: 9. April 1940 (v. Mai 1940)

Schlünz, Hans Hermann, private Aufzeichnungen 1950 - 1990.

Personenregister

Berichtigungen und Ergänzungen:

Seite 17: 16./15./14. Zeile von unten

Setze: Nur sechs Wochen später, am 15./16. Dezember, folgte ein zweiter Vorstoß gegen Hatlepool, Whitby und Scarborough.
Streiche: Nur zwei Wochen später, am 15./16. November.

Seite 23: 19./18./17. Zeile von unten

Setze: Mit dem in diesem Jahr abgeschlossenen deutsch/englischen Flottenvertrag wurde den Deutschen jedoch gestattet, bis zu 35 Prozent der Tonnage der Royal Navy zu bauen.
Streiche: wurden.

Seite 23: 5./6. Zeile von unten

Setze: Der Werft-Chronist notierte: »Der Fertigbau ging zwar termingerecht, aber unter manchem Stoßseufzer der Kopf- und Handarbeiter vor sich.«
Streiche: Kopf und Handarbeiter.

Seite 24: Zeile 13 von unten

Setze: Bewaffnung: 8 Stück 20,3-cm-SK L/60 in Doppeltürmen.
Streiche: L/55.

Seite 32: 10./9./8. Zeile von unten

Setze: Hoch her ging es für die Geschützbediener und Torpedomixer (Marine-Slang), die Munitionscrew, die Bootsbesatzungen und das Brückenpersonal.
Streiche: Munitonscrew.

Seite 40: letzter Absatz

Setze: Am 23. Februar, noch vor dem Zusammentreffen seines engeren Stabes in Berlin, erteilte Hitler von Falkenhorst (der Geburtsname war ursprünglich Nikolaus von Jastrzembski, den er schon als Leutnant in Grenadierregiment 7 in Liegnitz 1911 abgelegt hatte) die grundsätzliche Genehmigung.
Streiche: bürgerlicher Name.

Seite 44: Zum Stichwort Kreuzer Blücher *im Kasten*

Setze: Ein Teil des Stabes der Gruppe XXI mit Generalmajor E. Engelbrecht.
Streiche: Heeresgruppe.

Seite 45: 2. bis 6. Zeile von oben

Setze: Erst am nächsten Tag gaben sie den Besatzungen Ziel und Zweck des Unternehmens bekannt, mit dem das Deutsche Reich ein neutrales Land überfiel, um sich die strategische und wirtschaftliche Ausgangsbasis für die weitere Kriegsführung zu sichern.
Streiche: brutal, agressive.

Seite 50: 6. Zeile von unten

Setze: Die Heeresoffiziere nickten ernst.
Streiche: Heeresoffizier.

Seite 51: 12. Zeile von unten

Streiche ersatzlos: Mit Sonnenuntergang wurde die Kriegsflagge niedergeholt.

Seite 53: 12./11./10. Zeile von unten

Setze: Eine Rotte hielt sich bei den großen Schiffen zwecks späterer Übernahme der Sturmtrupps für Horten und eine weitere Landung von Heerestruppen bei Moss und Son bereit. Streiche: Strumtrupps.

Seite 56, 3. und 5. Absatz: Anmerkung der Autoren (als Fußnote mit Sternchen)

Setze: * Anmerkung der Autoren: Grundlage der Ausführungen waren die Angaben im offiziellen Gefechtsbericht des *Albatros*-Kommandanten. Richtig ist: *Pol III* wurde nicht versenkt. Das ehemalige Wachboot dampft heute noch durch norwegische Gewässer.

Seite 64:

Setze: Oskar Kummetz als Konteradmiral. — Streiche: Konteradmiral Oskar Kummetz.

Seite 66: unten:

Setze: Offiziere der *Blücher*, Winter 1940/41 in Kiel.
Von rechts nach links: Kapitän zur See Erich Heymann, Karl Thannemann, Dipl.-Ing. Fregattenkapitän (Ing.) und Leitender Ingenieur (als Flotten-Ingenieur an Bord der *Bismarck* am 27. Mai 1941 gefallen), Kurt-Eduard Engelmann, Korvettenkapitän und 1. Artillerie-Offizier (als Kommandant von *U 163* am 15. März 1943 gefallen).
Streiche: Winter 1939/40, Fregattenkapitän und Erster Offizier.

Seite 86: letzter Satz vom ersten Absatz

Setze: Dann wurden das Feuer von Gullholmen, später die Hafenfeuer von Horten ausgemacht und angepeilt. — Streiche: wurde.

Seite 87: vorletzter Satz vom zweiten Absatz

Setze: Im Kartenhaus mußte nach den Peilungen die Identität und der betreffende Bojen-Name festgestellt werden. — Streiche: Indentität.

Seite 94: 1. Satz vom drittletzten Absatz

Setze: Außerdem war an eine Ausschiffung der Heerestruppen und des für die Eroberung des Flugplatzes Fornebu vorgesehenen Landungskorps des Kreuzers am Ankerplatz ebenfalls nicht zu denken, da die Erhaltung des Schiffes zunächst die Hauptrolle spielte.
Streiche: vorgesehenden, an.

Seite 99: 21./20. Zeile von unten

Setze: Daher war die Maschinenleistung bis zum Räumen der unteren Decks der Auffassung, daß die Beschießung durch die Norweger noch andauerte. — Streiche: doch.

Seite 100: letzter Satz vom 4. Absatz

Setze: Vorher wurde durch den Signal-Gefreiten Heinz Heitmann die Kriegsflagge im Großtopp gesetzt... — Streiche: auf Befehl von Korvettenkapitän Czygan.

Seite 101: Anmerkung der Autoren zum 1. Satz vom letzten Absatz (als Fußnote mit einem Sternchen)

Setze: * Anmerkung der Autoren: Eine kühne Behauptung angesichts der noch unter Deck eingeschlossenen Soldaten...

Seite 103 (erklärender Satz zur Überschrift »Gerettet — Überlebende berichten«)

Setze: Viele der Aussagen wurden schon kurz nach dem Untergang abgegeben. Andere Stellungnahmen konnten erst im Herbst 1941 entgegengenommen werden.

Seite 104: 11./12. Zeile von unten

Setze: Auch Ludwig Wessel aus Quickborn bei Hamburg erinnerte sich gut an das grausige Geschehen:
Streiche: Funker.

Seite 106: letzter Satz vom zweiten Absatz

Setze: In der Zwischenzeit starben fünf meiner Kameraden.
Streiche: an Starrkrampf.

Seite 108: 5. Zeile von oben

Setze: Obersteuermann RÜDIGER PERLEBERG meldete:

Seite 112: letzter Satz vom vorletzten Absatz

Setze: Ein Vorkommando wurde mit dem Bus nach Oslo geschickt, um Hilfe, Schuhzeug und Verpflegung zu holen.
Streiche: Schuhputzzeug.

Seite 113: vorletzter Satz vom letzten Absatz

Setze: Auf dem Vormarsch blieben nur noch vier Mann zum Verwundeten-Transport, der unter vorbildlichem Einsatz von Assistenzarzt Dr. ROLF HINRICHSEN und Leutnant zur See HARLFINGER weiter durchgeführt wurde.

Seite 129: 1. Zeile

Setze: Bordnachrichten-Offizier Kapitänleutnant WALTER POMMEREHNE berichtete:

Seite 139: 9. Zeile von unten

Setze: Kapitänleutnant HANS-HEINRICH GIESSLER stellte fest:
Streiche: Hans Heinrich.

Seite 141: 1. Zeile Mittelabsatz

Setze: Leutnant REHBEIN meldete:
Streiche: Leuntnant.

Seite 146: 1. Satz vom drittletzten Absatz

Setze: Maßgeblich bei dem Entschluß, *Blücher* als Spitzenschiff einzusetzen, war außerdem die unbedingte Notwendigkeit, die Enge nicht durch gesunkene Fahrzeuge zu sperren.
Streiche: beim.

Seite 154: oben

Setze: 7.23 Uhr, Position 59 Grad 42' Nord und 10 Grad 36' Ost. Nur das Heck der *Blücher* ragt noch hoch aus dem Wasser.
Streiche: 44'.

Seite 157: oben

Setze: Musikobermaat Peter Schuller auf Askeholmen mit *Blücher*-Kriegsflagge.
Streiche: Signalgefreiter Heitmann.

Seite 161: 2. Satz

Setze: Zusammen mit Rittmeister Paul Goerz, Leutnant Carl Otto Tewaag, Dolmetscher Erdewin Pinckernelle und einigen anderen Männern, bildete er das sogenannte Vorauskommando des Stabes Falkenhorst.
Streiche: Oberleutnant.

Seite 161: 11. Satz

Setze: Dort ließ er dem deutschen Gesandten Dr. Curt Bräuer Anweisungen für das Ultimatum an die norwegische Regierung überbringen.
Streiche: Botschafter.

Seite 163: 1. Satz vom vorletzten Absatz

Setze: Sicher war nur, daß der Koffer auf dem Wasser trieb und kaum vorstellbar gegen jede Wahrscheinlichkeitsrechnung ausgerechnet Kurs auf die Stelle nahm, wo sich die einzige Person befand, die den Inhalt sofort identifizieren konnte...
Streiche: indentifizieren.

Seite 167: letzter Satz vom 2. Absatz

Setze: Engelbrecht hätte den Auftrag gehabt, die militärischen Operationen in Oslo auszuführen — wenn es zum Kampf gekommen wäre.
Streiche: im Osten anzuführen.

Seite 168: 1./2. Zeile

Setze: schlecht liegendes leichtes und schweres Flakfeuer. Fornebu anscheinend in deutscher Hand.
Streiche: liegendenes, anscheindend.

Seite 170: 6./5. Zeile von unten

Setze: Es hätte aber bei der Zahl der zu überführenden Truppen einer sehr großen Anzahl derartiger Fahrzeuge bedurft.
Streiche: eine, große.

Seite 174: vorletzter Absatz

Setze: Ob es der Major war, der nach seiner Rettung »in voller Montur wie aus dem Ei gepellt und in Feldherrenpose mit erhobener Hand« (so Leutnant Carl Otto Tewaag) auf einer der kleinen Inseln im Oslo-Fjord gesehen wurde, ist ungewiß.
Streiche: den Oberleutnant Carl Otto Tewaag, gesehen hat.

Seite 175: viertletzter Satz

Setze: — Am 10. April 1940 erschien Goerz im KNA-Hotel
Streiche: tauchte auf.

Seite 175: 1. Satz vom letzten Absatz

Setze: Einige der Geretteten, darunter Kapitän zur See Woldag und General Engelbrecht, sammelten sich an Land.
Streiche: und ich.

Seite 199: 1. Satz vom vorletzten Absatz

Setze: Die ersten Beträge flossen, als Schlünz in einer Live-Sendung des Saarländischen Rundfunks aus Hamburg gegen Mitternacht zur Blücher-Thematik befragt wurde.
Streiche: Runfunks.

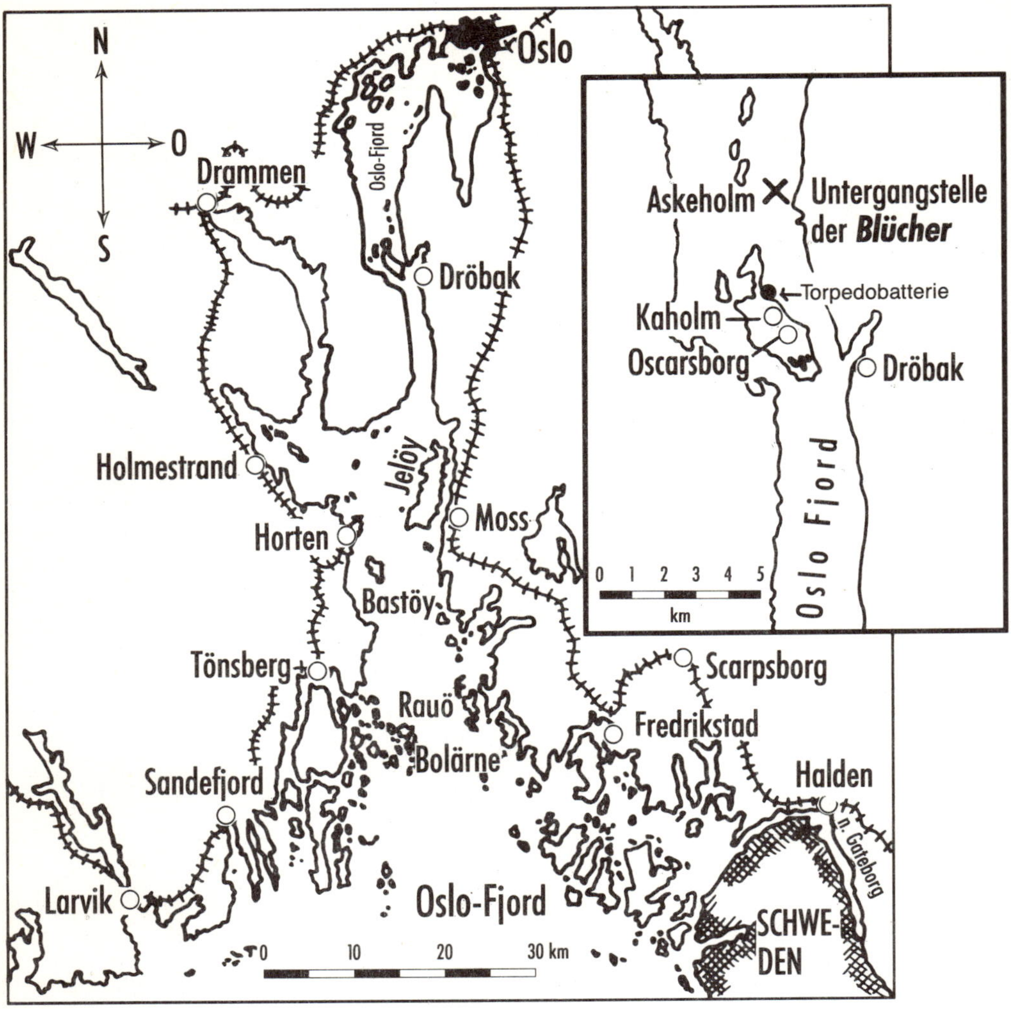

Die stark befestigte Enge bei Dröbak. Der Fjord war an dieser Stelle nur knapp einen Kilometer breit. *Blücher* lief an der Spitze des Verbandes und wurde von den Geschützen auf Oscarsborg schwer getroffen. *Lützow* und *Emden* konnten gerade noch abdrehen und sich in Sicherheit bringen. Karte: Martina Billerbeck, Bielefeld.

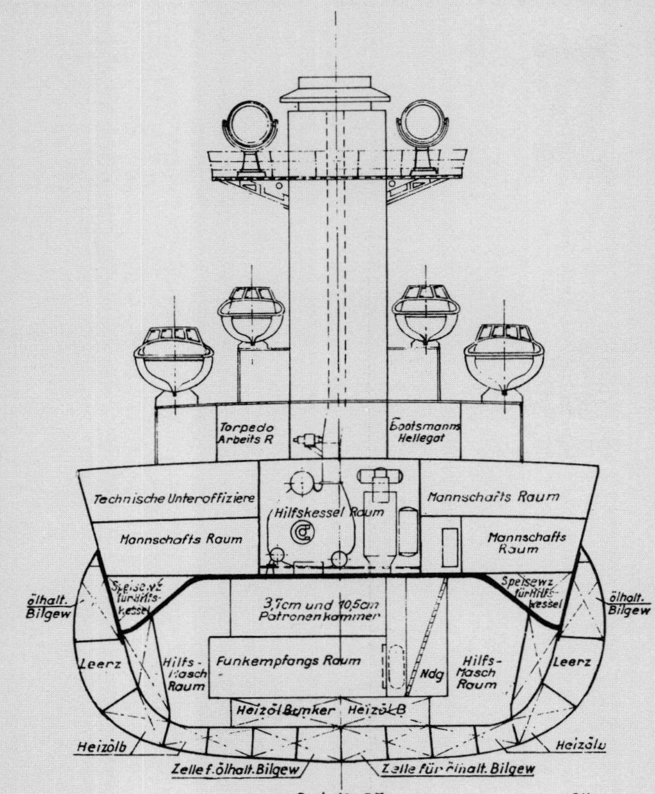

Bb Spt 104,25 Stb

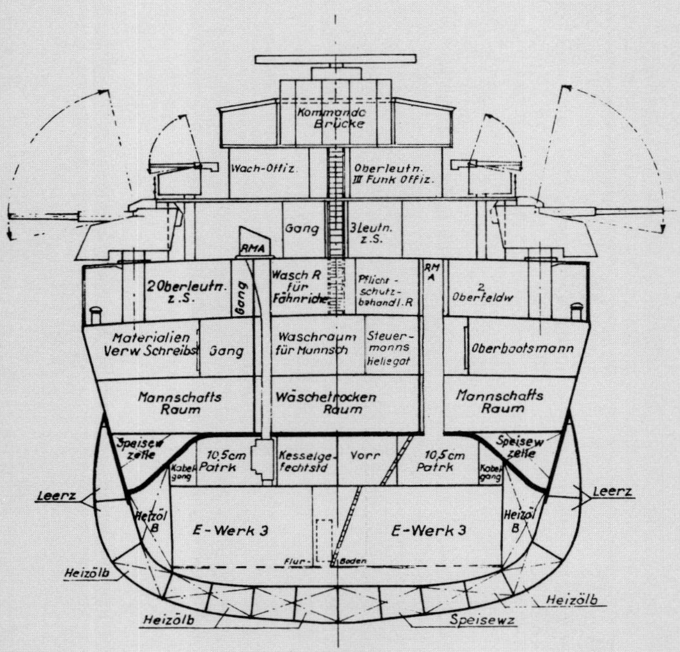

Bb Spt 125,75 Stb